编委会成员
(按照拼音顺序排列)

崔玉君　代艳利　郭铭芝　李青栩

吴梦云　邢　颖　张嘉娱　张祥元

借贷实务与要账攻略

王熙 主编
北京天用律师事务所 编著

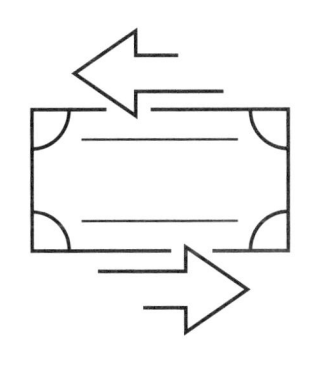

中国法制出版社
CHINA LEGAL PUBLISHING HOUSE

目录 Contents

01 Chapter 实务篇

第一章 借贷：谨慎借钱，安全收钱

第一节 借款"人"和财产界定 / 3
一、借款"人" / 3
二、借款"人"的财产 / 9

第二节 "万无一失"的借条 / 13
一、要有明确的主体 / 13
二、明确借款事实 / 15
三、确保借款人的偿还能力 / 19

第三节 借条和欠条的区别 / 21
一、借条和欠条的区别 / 21
二、出具借条和欠条的注意事项 / 27

第四节 这些钱一定不能借 / 28
一、借款用途不合法 / 28
二、债权超过诉讼时效 / 30
三、借贷合同无效 / 32
四、无民事行为能力人借款 / 33

五、借条形式的分手费 / 33

　　六、高利贷利息超过法律规定部分 / 34

第五节　几种特殊的"借贷" / 35

　　一、名为买卖实为借贷 / 35

　　二、名为购房实为借贷 / 36

　　三、名为股权转让实为借贷 / 39

　　四、名为投资实为借贷 / 40

第二章　合同：教你签订"完美合同"

第一节　全盘认识合作方 / 44

　　一、利用信息化 / 44

　　二、通过日常交流 / 46

第二节　"完美"合同这样签 / 51

　　一、合同主体 / 51

　　二、合同各方的义务 / 55

　　三、合同价款、结算方式及支付时间与方式 / 56

　　四、违约责任 / 58

　　五、合同争议解决 / 58

第三节　合同主要条款注意事项 / 61

　　一、质量的坑 / 61

　　二、数量的坑 / 62

　　三、包装方式的坑 / 63

　　四、验收时间、质量保证金的期限及支付时间 / 64

　　五、交货的期限、地点和方式 / 66

第四节　识别对方的危险信号 / 69

　信号1. 办公地点由高档向低档搬迁 / 69

　信号2. 频繁更换管理层、公司离职人员增加、
　　　　大规模裁员 / 70

信号 3. 频繁更换银行账户 / 71

信号 4. 被其他公司起诉 / 72

信号 5. 公司决策层存在较严重的内部矛盾 / 73

信号 6. 公司财务人员经常性地回避 / 74

信号 7. 多年找不到欠款人 / 75

信号 8. 公司负责人发生意外 / 76

信号 9. 以低价抛售商品信号 / 76

信号 10. 付款比过去延迟，多次破坏付款承诺 / 77

02 Chapter 技能篇

第三章 要账二十一计

第一计 要账的黄金时间 / 81

第二计 要账的节奏要点 / 89

第三计 快速查询欠款人的财产线索 / 98

第四计 让失联的欠款人出现的策略 / 104

第五计 揭开欠款人"假意还款"的面纱 / 109

第六计 借条如何不过期 / 114

第七计 破解欠款人转移财产的方法 / 121

第八计 欠款人有钱不还的应对策略 / 129

第九计 没有合同时之要账攻略 / 136

第十计 欠款人去世的破局秘籍 / 144

第十一计 "三角债"的解决方案 / 152

第十二计 发送律师函的最佳时机 / 161

第十三计 如何选择担保人 / 169

第十四计 攻克"无赖"欠款人 / 176

第十五计 申请"支付令"的要领 / 180

第十六计　保全类策略 / 189

第十七计　解决公司债务的要点（股东、个体户）/ 204

第十八计　"涉外债务"的解决路径 / 212

第十九计　要账的两条路之最优解 / 220

第二十计　强制执行的步骤（最强"老赖"黑名单）/ 228

第二十一计　破产申请要点 / 239

Chapter 01 实务篇

第一章　借贷：谨慎借钱，安全收钱

第一节　借款"人"和财产界定

一、借款"人"

在法律中共有三类"人"，一类是自然人，另一类是法人，还有一类是非法人组织。自然人是什么意思呢？简单来说，就是我们个人，像你、我、他这种称谓就是个人。那什么是法人呢？根据《中华人民共和国民法典》第五十七条之规定，法人是具有民事权利能力和民事行为能力，依法独立享有民事权利和承担民事义务的组织。比如，我们常见的公司就属于法人的范畴。而非法人组织就是不具有法人资格，但是能够依法以自己的名义从事民事活动的组织，包括个人独资企业、合伙企业、不具有法人资格的专业服务机构等。

由此可以看出，从法律上来说能够成为借款人的人就包括以上三类"人"。下面我们分别介绍这三类"人"在作为借款人时所产生的一系列法律上的效力。

（一）法律上的第一类"人"——自然人

根据《中华人民共和国民法典》第十三条之规定，自然人从出生时起到死亡时止，具有民事权利能力，依法享有民事权利，承担民事义务。也就是说，一个人从出生就开始享有法律上赋予的一切权利及承担义务，直至这个人死亡时为止。

为了严格区分不同自然人的行为所产生的不同法律后果，法律又将自然人分为完全民事行为能力人、限制民事行为能力的未成年人、无民事行为能力的未成年人、无民事行为能力的成年人、限制民事行为能力的成年人五类。

众所周知，法律对成年人和未成年人划分的标准是以其是否年满十八周岁为分界线。年满十八周岁就是成年人，没有达到十八周岁就是未成年人。那么，什么是民事行为能力呢？

民事行为能力就是一个人能否独立实施民事法律行为的能力。比如，在买卖法律关系中，一个成年人可以决定是否购买房产、汽车等，而一个未成年人如果要购买房产、汽车等必须要有其父母的同意、追认，也就是说，一个未成年所实施的民事法律行为必须是与其年龄、智力相适应的行为才可以，但是法律为了保护未成年的健康成长及身心健康，特别规定如果未成年独立实施纯获利益的民事法律行为则是有效的。举个例子，一个小孩子花了2元钱买了彩票，结果中了1000万元的大奖，这对小孩子来说就是实施了纯获利益的民事法律行为，法律当然支持了，所以这个中奖当然是有效的。

完全民事行为能力人就是一个成年人可以独立实施民事法律行为。此时也许大家注意到了，为什么民事行为能力前还有限制民事行为能力的成年人/未成年人，无民事行为能力的成年人/未成年人呢？

我们先说成年人，成年人的民事行为能力前的"限制"和"无"的核心区别为是否能够完全辨认自己的行为。比如，一个先天患有智力障碍的成年人，他的智力水平可能连一个五岁孩子的智力水平都无法达到，虽然成日里他像个天真快乐的孩子一般，但是他无法区分对与错、善与恶，不知道自己做出不同的行为可以带来不同的后果，法律出于对这类人的保护，规定无法辨认自己行为的人是无民事行为能力的成年人。在法律上，无民事行为能力的成年人由其法定代理人如父母代理他实施民事法律行为。

既然不能辨认自己行为的是无民事能力人，那么，限制民事行为能力人就是不能完全辨认自己的行为的人。比如，一个患有精神分裂症的成年人，根据病情的严重程度不同时而清醒时而糊涂。清醒时知道伤人犯法，糊涂时向无辜的人实施伤害行为。此种情况就是不能完全辨认自己的行为，因此法律规定限制民事行为能力的成年人实施民事法律行为由其法定代理人代理或者经其法定代理人同意、追认；但是，可以独立实施纯获利益的民事法律行为或者与其智力、精神健康状况相适应的民事法律行为。用一句话总结就是：这类人实施的民事法律行为由其父母等代理人同意、追认后有效，但是完全有益于该类人的行为，比如说中奖了或者与其智力、精神健康状况相适应的行为，比如说花钱买了个冰激凌，都是有效的。

下面说说未成年人的民事行为能力前的"限制"和"无"的核心区别，通过上面对成年人的详细叙述，大家一定有了深刻的认知，觉得未成年人是否也应当按照能否辨认自己的行为进行区别的呢？

法律认为未成年人都是无法完全辨别自己民事法律行为的人，那么，区分未成年人的民事行为能力则以年满八周岁作为分界点，达到八周岁就是限制民事行为能力的未成年人，未达到八周岁的就是无民事行为能力的未成年人。

而此时趋同一致的便是"限制民事行为能力"的成年人与未成年人做出民事法律行为所产生的后果一致，即其实施民事法律行为由其法定代理人代理或者经其法定代理人同意、追认；但是，可以独立实施纯获利益的民事法律行为或者与其智力、精神健康状况相适应的民事法律行为。"无民事行为能力"的成年人与未成年人做出民事法律行为所产生的后果一致，即由其法定代理人如父母代理他实施民事法律行为。

在生活中大家最常见的就是完全民事行为能力人作为借款人，也就是一个精神、意识等正常且能够完全明白自己在做什么的人向我们借款。那么，仅次于完全民事行为能力人，即限制民事行为能力人向我们借款时，尤其是我们还不知道借款人有此种情况时怎么办呢？

典型案例[①]

貌美如花的虎妞和兔妹是一对"塑料姐妹花"，一日兔妹向虎妞诉说生活艰难要向其借款10万元。虎妞财大气粗遂当场给了兔妹10万元，兔妹感动

[①] 本书典型案例中的案例，部分系作者团队主办，部分系在工作实践中收集，经过一定的加工、整理、改编，仅为说明具体问题，供读者研究和参考，下文不再提示。案例适用的法律法规等条文均为案件裁判当时有效，下文不再对此进行提示。

至极含泪写下借条。不日，虎妞从龙哥处听闻兔妹早就患上了精神分裂症，虎妞顿感不妙立即找到兔妹要求偿还借款 10 万元。兔妹听后泫然欲泣暗恨虎妞不顾姐妹情分，随手抄起菜刀追打虎妞。问：虎妞还能要回这 10 万元借款吗？

法律分析

首先，可以明确的是虎妞能够要回自己的 10 万元。为什么呢？兔妹患上了精神分裂症难道不是限制民事行为能力的成年人吗？那么，除了其纯获利益的行为等才能是有效的，其余行为都需要经过兔妹的法定代理人进行追认吗？

其次，如果要确定一个人是否为限制民事行为能力人必须要经过人民法院的认定，即认定公民为无民事行为能力、限制民事行为能力的特殊程序。只有经过该特殊程序后方可认定兔妹到底是否为限制民事行为能力人。

最后，无论兔妹是否为限制民事行为能力人其对于虎妞的 10 万元均具有返还义务，只是基于不同的法律关系。如果是民间借贷，就是我们老百姓通常所说的借款关系，那么，在借款到期日后兔妹要偿还该笔借款。如果因兔妹被人民法院认定为限制民事行为能力且其在借款之时属于意识不清等情况，兔妹的法定代理人（父母、配偶、成年子女）也需要对此承担返还义务，即向虎妞返还 10 万元。

律师支招

当朋友向我们借款以寻求帮助之时，我们都愿意伸出援手为其雪中送炭。但就像"英雄不能流血又流泪"一样，我们要在详细了解借款人的基础上才能决定是否要将自己的血汗钱出借给对方。

（二）法律上的第二类"人"——法人

根据《中华人民共和国民法典》相关规定，法人应当依法成立。法人应当有自己的名称、组织机构、住所、财产或者经费。法人成立的具体条件和程序，依照法律、行政法规的规定。法人以其全部财产独立承担民事责任。

法定代表人以法人名义从事的民事活动，其法律后果由法人承受。

正如前述，我们最常见到的法人就是公司。法定代表人和法人的区别是什么呢？其实简单来说，就是法定代表人代表法人行使职权，即法定代表人代公司、企业等行使职权。如果一家公司向我们借钱，经过对该公司评估后认为可以将钱借出，但是该怎么做才能保证这钱能安全地回来呢？

首先，公司如果借钱需要经该公司股东会决议一致同意借款行为，需要注意的是，最好让该公司将股东会决议复印件交予我们。

其次，公司借款可以让该公司股东个人承担保证责任，即股东对此债权承担连带还款义务，也可以让公司对该笔借款提供财物上的担保，如进行房产、设备抵押等。

最后，需要对该公司及股东的资信情况进行调查确认，如果该公司是空壳公司，其并未产生实际的经营行为，甚至公司及股东涉诉较多乃至成为失信被执行人，我们就不要将钱款借给公司。如果该公司及股东资信良好且有财产可供偿还，那么，我们就需要对公司及股东的财产线索进行收集，如公司、股东的银行账户信息、其名下房产的具体坐落信息等。一旦发生诉讼争议，就可以采取保全措施对其名下财产进行查封、冻结、扣押，以此防止其转移财产、逃避债务，这样，在得到胜诉判决后可以通过强制执行程序将被告的财产进行拍卖等用于偿还债务。

典型案例

虎姐和龙哥开了一家龙虎呈祥公司，公司设立初期经营较为困难，万般无奈之下，担任法定代表人的虎姐向鼠弟借款50万元。鼠弟同意出借后，虎姐随即在《借款合同》上的"借款人"处加盖了龙虎呈祥公司的公章。鼠弟将50万元直接转到了虎姐的个人账户上，自此之后，便开始心神不宁且夜夜难以入眠。一天鼠弟顶着两个大黑眼圈到龙虎呈祥公司找虎姐，恰巧龙哥也在。鼠弟顿时计上心来，向虎姐、龙哥表达了对其借款的不安，龙哥听后哈哈一笑为了打消鼠弟的疑问，便在《借款合同》上"借款人"处签上了自己的大名。虎姐一看也不甘示弱，立刻在《借款合同》上加上了"担保人虎姐"。鼠弟一看，霎时眉开眼笑。

> **法律分析**

龙虎呈祥公司有两个股东，即虎妞和龙哥，虎妞同时担任该公司的法定代表人代公司行使职权。由此可知，虽然开始是虎妞个人向鼠弟借款，但在《借款合同》上加盖的是龙虎呈祥公司的公章，所以真正向鼠弟借款的"人"是龙虎呈祥公司而非虎妞。虽然鼠弟将借款50万元转到虎妞的个人账户，但综合以上事实可知，虎妞身为法定代表人代公司行使职权，真正应当向鼠弟履行还款义务的"人"就是龙虎呈祥公司。

鼠弟因担心自己的钱要不回来，龙哥在《借款合同》的"借款人"处签字，此时真正的借款人由只有龙虎呈祥公司变成了该公司和龙哥同为借款人，也就是说龙哥和龙凤呈祥公司都是债务人、都有义务向鼠弟履行借款偿还义务。而虎妞在"担保人"处签上自己的名字，该行为意味着虎妞作为保证人也需对债务承担保证责任，即虎妞也需对鼠弟履行债务偿还义务。

（三）法律上的第三类"人"——非法人组织

根据《中华人民共和国民法典》第一百零二条之规定，非法人组织是不具有法人资格，但是能够依法以自己的名义从事民事活动的组织。非法人组织包括个人独资企业、合伙企业、不具有法人资格的专业服务机构等。

个人独资企业即一人投资经营的企业，因为企业负责人是投资者本人，独资企业投资者对企业债务负无限责任。

合伙企业是指由各合伙人订立合伙协议，共同出资、共同经营、共享收益、共担风险，并对企业债务承担无限连带责任的营利性组织。

由此可见，如果是个人独资企业或者合伙企业向我们借款，除了企业应当向债权人承担还款责任以外，投资人及各合伙人也应当对债权人承担连带的还款义务。

> **典型案例**

鸡哥、狗弟共同成立了鸡飞狗跳投资合伙企业（普通合伙），为了企业能够发展壮大，遂以合伙企业名义向小兔宝宝借款50万元，并约定还款期限为一年。后还款到期，鸡飞狗跳投资合伙企业（普通合伙）未能向小兔宝宝支付借款。问：到底谁有义务向小兔宝宝承担还款义务？

法律分析

根据法律规定，合伙人需要对合伙企业的债务承担无限连带责任，就本案来说，鸡哥和狗弟作为鸡飞狗跳投资合伙企业（普通合伙）的合伙人，其对合伙企业的债务应当承担无限连带责任。也就是说，依据法律规定，鸡飞狗跳投资合伙企业（普通合伙）、鸡哥、狗弟均应当向小兔宝宝承担还款的义务。

二、借款"人"的财产

在民事法律上，财产通常是指金钱、财物以及当事人享有的财产权利，也可以理解成财产分为动产、不动产和知识产权。在我国，只有合法财产才能受到法律的保护。我们就按照动产、不动产和知识产权这三大类为大家讲解一下到底债务人名下的哪些财产可以用来偿还我们的借款。

（一）动产

动产，单看其名大家就会知道能动的东西就是"动产"。但这个能动的东西是要有经济上的用途或者价值的物，因此，动产就是能够移动但又不损害其经济用途和经济价值的物，一般就是指金钱或者有价值的物品。比如，机器设备、货物、树木、车辆等，也包括债权，如应收账款、票据、物权凭证等。

通过动产的定义就可看出，在民间借贷的法律关系中，虽然借贷的标的物为金钱，除金融机构外（如银行）均可成为借贷主体，但对于债权人来说，除债务人偿还的是金钱外，还有很多途径可以实现债权。因动产涵盖的范围较广且动产所有权的转移除特殊规定外，大部分动产所有权的转移以交付为生效条件，即债务人将动产（如机器设备）交付债权人用于抵偿债权。

而根据法律规定，对于特殊动产，如船舶、航空器（如飞机）、机动车（如小轿车）等的所有权自交付起发生效力，其关于登记的相关规定只是为了确保一个动产之上有两个人主张权利的时候，谁先进行登记了就可以对抗其他人不再对该物主张权利。

> **典型案例**

鸡哥、狗弟为了鸡飞狗跳投资合伙企业（普通合伙）发展壮大，向小兔宝宝借款 20 万元。还款日到期后，鸡哥为了偿还小兔宝宝的债务将自己名下的一辆"牧马人"车给了小兔宝宝，小兔宝宝立刻在十二生肖车管所对车辆进行了更名登记。后狗弟知道了此事非常生气，便找到小兔宝宝说鸡哥因为办企业早先向狗弟借过钱并许诺把"牧马人"车给狗弟用以偿债。狗弟让小兔宝宝把车交出来给他，可小兔宝宝却说车就在自己家的院子里，而且这辆车也已更名至小兔宝宝名下了。狗弟一听大势已去，"牧马人"车已没办法再要回来了，只能失魂落魄地离开了。

> **法律分析**

根据《中华人民共和国民法典》第二百二十四条之规定，动产物权的设立和转让，自交付时发生效力，但是法律另有规定的除外。第二百二十五条规定，船舶、航空器和机动车等的物权的设立、变更、转让和消灭，未经登记，不得对抗善意第三人。

简单来说，鸡哥的想法是用车来抵偿欠付小兔宝宝的借款，而小兔宝宝认为既然鸡哥还不起钱那就收下"牧马人"车也是可以的。由此可以看出，鸡哥和小兔宝宝在"以车抵债"的问题上达成了一致，所以当鸡哥将"牧马人"车交给小兔兔宝宝后，小兔宝宝就拥有了车辆的所有权。但是因小兔宝宝担心会不会有其他人向小兔宝宝要车，所以小兔宝宝第一时间到十二生肖车管所对车辆进行了变更登记。这样，当狗弟得知车辆在小兔宝宝处并已进行变更登记后才明白小兔宝宝不仅是该车的主人，同时其变更登记的行为也意味着可以对抗狗弟主张车辆权利。

（二）不动产

通过以上对动产的介绍，想必大家能够明白，不动产就是不能移动且会因移动而损坏其价值的物。不动产的代表就是房屋了，还包括土地、海域以及房屋、林木等。对于房屋大家都知道必须要经过不动产所有权登记后房屋才能是自己的，这也就是说针对所有权的转移——动产交付、不动产登记。

在民间借贷的法律关系中，债权人在借款之时可以要求债务人以其名下所有的房屋进行抵押，特别是针对借款金额较大的情况时。在签订借款合同后，需要债权人、债务人共同到不动产登记中心对债务人名下的房屋办理抵押登记。这样就会确保一旦债务人无法按时还款，债权人就可以请求人民法院对该房屋强制执行，在强制执行程序中通过评估、拍卖等流程后就可以将抵押房屋作价拍卖用以偿还债权人的借款。

另一种情况则是当借款发生、债务人无法进行清偿后想以自己名下所有的房屋抵偿欠款，这种情况就是通常所说的"以房抵债"。"以房抵债"严格来讲是需要在债权人、债务人共同选定的房屋评估机构对债务人名下的房屋进行评估，这样可以确保债权不会以变相"折扣"的形式进行贬损。可实际上，除由法院对房屋进行评估鉴定外，一般债权人在对房屋市场价格大致了解后也会同意让债务人将房产直接变更登记在债权人名下以确保自己的债权得到清偿。

房屋登记不论是抵押登记还是转移登记，均需要到房屋所在地的县级人民政府不动产登记机构办理。一般需要提交的申请登记材料有：登记申请书、申请人身份证明材料、不动产权属证书等。不动产登记机构在收到该登记申请材料后会进行形式及实质上的审查，在确认无误后即可办理。

（三）知识产权

知识产权是指基于创造成果、智力成果所产生的权利。其主要包括著作权、专利权及商标权。举例来说，作者写小说，其构思该小说的过程用到了自己的创造力、智力等。小说完成后就可将小说看成作者运用自己的创造力、智力等成果。而根据该小说所产生的权利就是著作权，著作权即使未经登记，作者也天然地享有该权利。

在民间借贷的法律关系中，知识产权能否成为实现债权的物呢？答案当然是肯定的，只是用知识产权抵偿债务的形式在生活中并不常见。

首先，知识产权是一种无形资产，它不像动产（如车辆）、不动产（如房屋）看得见、摸得着。但它同样具有财产权利的属性，即具有经济价值，这就意味着知识产权可以像动产一样进行买卖、质押等。而以注册商标专用权、专利权、著作权等知识产权中的财产权出质的，质权自办理出质登记时设立。

如果债务人将自己所有的知识产权中的财产权利进行出质，债务人即为出质人，那么债务人在知识产权出质期间是不能转让或者许可他人使用的，除非债权人即质权人同意。

其次，知识产权在一定条件下可以转让。若债务人不能按时清偿借款，那么，债权人和债务人可以根据与知识产权转让有关的法律规定签订转让合同，将知识产权权利享有者由债务人（出让方）转移给债权人（受让方）。债权人可依据知识产权所产生的财产权利实现经济收益，如将一项专利技术许可他人使用从而获得专利权的许可费用。

最后，知识产权犹如房产一样，在进行抵债之时同样需要对其价值进行评估，它是用来确定知识产权现在的价值和通过未来的效应所得到的价值。通过对知识产权的作价评估：一是可以保证债权人的债权不会因对价失衡导致贬损；二是经过债权人、债务人共同选定的评估机构所作价格评估公平、公正，防止日后因知识产权转让对价因无法达成一致从而发生诉讼争议，以此可减少诉累。

通过本节对借款"人"和财产的揭秘，大家已经充分了解到可以将钱借给哪些人，以及哪些财产可以用于清偿债务。本节写作之初衷是为了提示大家在借款发生之前我们应当如何把控风险？而把控风险之初就是要对借款"人"及其财产进行充分的了解，并将有利的信息如债务人的财产信息进行重点收集。

第二节 "万无一失"的借条

在日常生活中常见到的借条大多表述较为简单，标头写"借条"二字，行文通篇只有一句话"××今借到××多少元"，落款处是债务人签名。债务人不还钱乃至诉讼时，这样简单的借条确实能够保证我们的权利吗？那么，借条怎么写才能做到"万无一失"呢？

一、要有明确的主体

在借款关系中债权人、债务人均是明确的主体，那落在纸面上就要注意，若是自然人，那么，姓名必须要写正确，有时因借款人、出借人是朋友关系所以在生活中会以小名称呼对方，但是在借条上债权人、债务人的姓名必须是身份证上的名字。在写上正确的姓名后最好在姓名后打个括弧，括弧里要写上该人正确的身份证号，因为在我国，身份证号码是识别每一个公民身份信息的重要标准，且每一个公民的身份证号码是独一无二的，尤其是在区分同名同姓的公民上起到了重要的作用。

同理，若借款人、出借人中有公司，不但要将公司的全称书写正确、避免错别字，也要将作为识别企业身份信息的统一社会信用代码清楚标注在公司名称之后，这样即使一不小心写错了公司名称，但因有统一的社会信用代码，也可以清楚地知道到底哪个公司是借款人或者出借人。

落在书面上我们应该怎么写呢？这其实是大家经常会忽略的问题，有的直接不写借款主体，无法分辨到底谁是借款人，有的是写得很含糊如某某借多少钱，乍一看好像这个某某是出借人，可一细想到底是某某借了多少钱还是某某借给多少钱呢？

由此可见，行文上的严谨性是非常重要的，这里建议大家在写借条的时候直接在开篇部分明确"出借人：××（身份证号：××）""借款人：××（统一社会信用代码：××）"。这样书写简单明了，一眼就知到底谁借了谁的钱、谁又欠钱未还！

不知道大家是否还记得本章第一节"借款'人'和财产界定"中的内容，借款主体除要按照上述要求确认外，还需要确认的就是向你借款的这个"人"是否为法律上的完全民事行为能力人！

如果借款人是自然人，首先，我们需要核实他的身份信息并进行留存，比如说我们要核对他的身份证原件，看其是否年满 18 周岁，在与其交流过程中可以对其的精神状态及智力水平进行初步判断，通过对借款人的语言表述是否具有语无伦次、词不达意的情况，借款人表述的事实是否符合当下的实际情况，有无空想、假想或者妄想的事实表述等进行观察，这些都可以作为其精神状态及智力水平的初步判断标准。一旦发现有与日常生活行为准则或者常识常理等情况不相符的地方，在出借款项之前就需要更加慎重了。其次，我们还需要核实借款人的工资流水及负债情况，因为工资流水作为借款人的实际收入情况能反映出借款人的月收入、单位性质及一定范围内的消费记录；而负债情况则可以反映出借款人是否有银行贷款、是否需要每月固定支出大部分收入用以偿还贷款等。还需要核实借款人的信用情况，核实借款人是否为失信被执行人，他在人民银行征信系统的信用记录是否良好，这些因素都可以作为借款人能否按时、全额偿还借款的判断标准。

如果借款人是法人或者非法人组织呢？比如说一家公司或者合伙企业需要借款。首先，留存其营业执照等证件是最基本的要求，因为营业执照上的公司名称及统一社会信用代码等公司基本信息是最准确的。其次，我们可以在国家企业信用信息公示系统中查询该公司的经营信息，如这家公司是否为存续状态、是否正常经营、公司的股东都有哪些人、经营风险都有哪些等，最重要的是应关注该公司有无涉诉案件，通过对涉诉案件的查询，大致可以判断出该公司的信誉如何及有无借款偿还能力等。

举个例子说明一下，比如说我们查询到该公司的股东及其持有该公司的股份比例，当我们点开其中一名股东的信息时可以看到该股东有无关联公司及该关联公司的具体信息，也可明确该股东对公司股权是认缴出资还是已经完成了实缴出资。如果其在认缴期限内未完成出资义务，当公司无力偿还债权人借款之时，作为该公司股东其认缴期限将加速到期，这样该股东就会产生对公司债务承担还款义务的责任。

通过对以上公司信息的查询，如该公司经营状态稳定、信誉良好、无不良处罚记录、无涉诉案件或者涉诉案件中没有关于恶意迟延履行金钱债务的情况，这个公司可以说是相对安全的。

综上所述，帮大家总结一下，借款人是自然人时，我们需要查看其身份证原件上的信息并留存身份证复印件，同时应当对其精神状态和智力水平进行初步判断，看其是否为老百姓口中的"正常人"。借款人是公司或者合伙企业时，需要留存其营业执照等证件的复印件并登录国家企业信用信息公示系统对上述证件上的信息进行核查，同时重点查询该公司的经营状态及涉诉案件等信息。

所以，借款之初的这个时间段我们称之为"透视最佳时期"，意思就是这个时间段是债权人完整了解借款人的黄金时期，因为借款人为了能得到借款，对于债权人提出的背景调查及提供相应的证件材料等要求都会采取积极的态度。而对于债权人，在透视最佳时期内可以对借款人的背景、资质尤其是是否具备偿还能力等进行充分了解，以此来帮助自己做出是否出借的判断。倘若债权人只是出于对借款人的盲目信任从而错失透视最佳时期，无论是以后向借款人讨债，还是万般无奈下只得到人民法院进行诉讼，都会在一定程度上造成不必要的障碍。

二、明确借款事实

在整个借款关系中，除了双方主体明确之外，最重要的部分莫过于借款事实如何准确无误地书写。一旦发生借款人到期未偿还借款的情况，在诉诸法院后，债权人主张借款人归还借款应当证明的事实有两个：一是双方就借贷法律关系达成一致；二是债权人实际向借款人交付了出借款项。那么，我们要如何书写才能做到借款事实是准确无误的呢？

典型案例

虎妞和龙哥开了一家龙虎呈祥公司，虎妞虽然担任该公司的法定代表人但不参与该公司的经营管理。一天，龙哥找到虎妞提出能否借款20万元，虎姐以为是公司出了什么问题，二话不说直接将保险柜里的16万元现金交给龙哥。龙哥感动于虎姐的信任，遂大手一挥写下借条一张并签上了自己的名字，上书：2023年1月1日龙哥给虎姐借了20万元。虎姐拿着借条望着龙哥高大的背影不禁感叹龙哥做事真讲究！

法律分析

单看借条内容大家是否觉得借款事实是清晰的呢？"龙哥给虎姐借了20万元"，从法律的角度上看可以明确的只有"借"这个字，因为这个"借"字说明了虎姐和龙哥之间的法律关系是借贷法律关系，除此之外可以明确的法律事实是没有的，究其原因是这个借条写得太糟糕了！虎姐和龙哥到底谁是借款人谁是债权人呢？借款金额真的是20万元吗？借款期限、利息有约定吗？借款用途是什么呢？是用于龙虎呈祥公司的经营资金还是作为龙哥的个人借款呢？案例中的借条连最基本的借款基础事实都没有明确，更谈不上万无一失了。

1. 要明确谁是债权人（出借人）、谁是债务人（借款人），并且需要在姓名后面附上该人的身份证号。比如，"债权人虎姐（身份证号：××……），债务人龙哥（身份证号：××……）"。根据法律规定，如果债权人持有的借据、收据、欠条等债权凭证没有载明债权人，持有债权凭证的一方在提起民间借贷诉讼的，人民法院应当受理。但是如果借款人对债权人的资格提出有事实依据的抗辩，经人民法院审查认为作为原告的债权人不具有债权人资格的，则人民法院裁定驳回起诉。简言之，即如果借条中没有明确的债权人，一旦债权人起诉借款人偿还借款，若借款人有证据证明该诉讼中的债权人并不是真正的债权人时，则法院直接驳回债权人的诉讼。所以，这就是必须要明确债权人主体地位的重要性！

2. 明确发生的时间及借款用途。比如，2023年1月1日借款人龙哥向出借人虎姐借款20万元，但是需要明确的事实却不止于此。龙哥的借款是用于做什么呢？是用于其个人借款还是用于公司经营呢？所以需要借款人确定你向债权人借款到底是用于干什么，如果是用于赌博、贩卖毒品等违法意图，这个借款是不能出借的，为什么呢？因为如果涉嫌违法犯罪，法律是不保护这种借款的。例如，根据法律规定，人民法院在立案后，如果发现民间借贷行为本身涉嫌非法集资等犯罪的，应当裁定驳回起诉，并将涉嫌非法集资等犯罪的线索、材料移送公安或者检察机关。而公安机关或者检察机关不予立案，或者立案侦查后撤销案件的，或者检察机关作出不起诉决定，又或者经人民法院生效判决认定不构成非法集资等犯罪的，当事人又以同一事实向人民法院提起诉讼的，人民法院应予受理。

由此可见，在借款之初如果对借款人的借款用途不加以明确的话，一旦涉嫌违法犯罪，人民法院会将案件以涉嫌刑事案件移送到公安机关或者检察机关，这样一来，我们就要等待刑事案件的结果才可以确定自己能否将债权再次起诉至人民法院，这样，要账之路就变得遥遥无期了。

3. 还需明确借款金额及交付方式，这个大家肯定很好理解，就是我到底借了你多少钱呀！像龙哥意图借款金额是 20 万元，但实际上呢，其只借到了 16 万元，借条上就应该写清借款金额是 16 万元而非 20 万元。如果这 16 万元是银行转账则不必多说，因为银行转账相关的记录是要保存 10—15 年，如果这 16 万元是现金给付的应该怎么办呢？这里就需要特别注意，在借条中一定要借款人明确是否收到借款现金 16 万元。

一般来说，如我们去物业缴纳物业费，可能老年人使用现金比较方便，就直接以现金方式向物业公司缴纳了该笔费用，这时物业公司会在收到物业费后向我们出具加盖物业公司公章的收据，上面明确载明哪年哪月哪日谁缴纳了什么费用，以及费用的金额是多少等具体收款信息。同样的，如果债权人是以现金方式给付了借款，就没有必要单独要借款人出具收据一张，可以直接在借条上写明"借款人已收到债权人以现金方式给付的借款 16 万元"。这样一来，该借条除明确了双方对借贷关系达成一致的意思表示外，也同样明确了债权人已履行完毕自身所负的借款出借义务，且债务人确认已实际收到该借款。

4. 明确是否约定借款利率。根据相关法律规定，借贷双方没有约定利息的，债权人在诉讼中主张利息的请求，人民法院不予支持。如果自然人之间借贷对利息约定不明确的，出借人主张支付利息的，人民法院同样不予支持。除自然人之间借贷的外，借贷双方对借贷利息约定不明确的，出借人主张利息的，人民法院应当结合借贷合同的内容并根据当地或者当事人的交易方式、交易习惯、市场报价利率等因素确定利息。法律还规定如果债权人请求借款人按照合同约定利率支付利息的，人民法院应予支持，但是当事人双方约定的利率超过合同成立时一年期贷款市场报价利率4倍的除外。那什么是一年期贷款市场报价利率呢？这个其实就是通常所说的"LPR"，即中国人民银行授权全国银行间同业拆借中心自2019年8月20日起每月发布的一年期贷款市场报价利率。

由此我们可以看出，只有在双方明确约定了借款利率且该利率不能超过法律规定的最高标准即全国银行间同业拆借中心一年期贷款市场报价利率（LPR）的4倍时，法院才予以支持。而法律规定的利率最高标准大约是在年利率15%，月利率大约是1.25%。这样，大家可以按照此标准明确约定借款利率是否在法律认可的范围之内。

5. 明确约定还款期限。借条上写明还款期限有利于借款人尽快还款，如果借款人在还款到期日还未还款，一方面，我们可以据此向借款人发送催款函，若其在收到催款函后依旧怠于履行还款义务，我们还可以直接向人民法院提起诉讼；另一方面，我们可以在借款到期日后起算逾期支付利息或者迟延履行利息。根据法律规定借款人在借款期间届满后应当支付借款本息，借贷双方对逾期利率有约定的可依约定，但是不能超过合同成立时一年期贷款市场报价利率4倍为限。如果借贷双方没有约定逾期利率或者约定不明的，则分两种情况处理：一种情况为既未约定借期内利率也未约定逾期利率的，则出借人主张借款人自逾期还款之日起承担逾期还款违约责任的，人民法院应予支持；另一种情况则是约定了借期内利率但是未约定逾期利率，债权人主张借款人自逾期还款之日起按照借款期限内约定的利率支付逾期利息的，人民法院应予支持。

若是没有明确还款期限，则在债权人的催告下借款人可在合理期限内偿还，而法院关于合理期限是没有明确规定的。就是说到底多长时间才算是合理期限呢？是1个月还是3个月，或者因借款人所在地发生自然灾害需要1年的合理期限才可还款？所以为了避免不必要的麻烦和争议，直接在借条中明确还款期限是最简单、最便捷的方式，最重要的是还有助于债权人主张逾期支付的利息。

三、确保借款人的偿还能力

在上述透视最佳时期内，我们除需要了解借款人的真实情况外，还必须掌握的就是借款人的财产情况，掌握借款人的财产情况有三个"有利于"：一是有利于确保借款顺利偿还；二是有利于诉讼后采取保全措施；三是有利于督促借款人尽快偿还借款。我们应该怎么做才能最大权益地保障债权呢？

如果借款人是自然人，应增加其配偶作为共同还款人。如果借款人是公司或者合伙企业，可以增加公司股东或者合伙人作为共同还款人，或者让借款人提供担保人，即保证人。我们对保证人也应当与了解、掌握借款人的情况一样对其情况进行全面的把控。

根据法律规定，保证人为借款人提供连带责任保证，如果出借人仅起诉借款人的，人民法院可以不追加保证人作为共同被告；如果债权人仅起诉保证人的，人民法院可以追加借款人作为共同被告。出借人在借贷、买卖等民事活动中，为保证其实现债权需要担保的，可依据法律规定设立担保物权。这里所述的便是人的担保即由当事人以外的第三人以其一般财产和信誉为债务人的债务提供担保，其典型形态为保证。由此可以看出，如果在该借款中有保证人，保证人和借款人同样对借款承担偿还义务，我们在诉讼之时即可将借款人和保证人作为共同被告要求他们一起承担借款偿还义务。

除保证人外，我们还可以要求借款人将自己的财产列成明细并附上相对应的证件材料。比如，房产等不动产、车辆等动产、股权、知识产权等具有经济效用的物均可作为用于偿还借款的财产。如果在借款发生之时，我们可以要求借款人将自己的房产进行抵押并在不动产所在地的区、县级别的不动产登记中心办理抵押登记。这里就是物的担保，即以当事人或第三人的特定财产为债务人的债务提供担保，主要方式有抵押、质押、留置、让与担保、所有权保留等。这样，一旦发生借款无法偿还的情况发生，我们就可以在强制执行程序中直接对抵押的房产进行拍卖，而拍卖所得的价款便可用于偿还借款。其实在强制执行程序中，对于可供执行的金钱债权的财产范围是大的，大致包括借款人名下的不动产、机动车、船舶、航空器；其名下占有的动产、存款、对第三人享有的一般债权（如货款等应收账款）；以及借款人名下的股权、基金份额、资产管理产品份额、信托收益权、知识产权、网络虚拟财产以及其他财产权利和利益。我们需要做的只有一点，就是将借款人名下的财产加以收集并整理成财产明细，这个明细就是日后我们债权的保障！

列明借款人的财产明细还有一个显而易见的好处，那就是在和解或者诉讼过程中采取诉讼保全措施。诉讼保全措施是指人民法院对于可能因当事人一方行为或者其他原因，使判决不能执行或难以执行的案件，在对该案判决前，依法对诉讼标的物或与本案有关的财物采取的强制性措施。简单来说就是，在起诉之后、法院作出判决之前，为了防止出借人恶意逃避债务、转移财产，出借人可以向人民法院申请对借款人的财产采取冻结、查封、扣押等的一种措施。诉讼保全措施只能由人民法院执行。这样，我们将之前早已准备好的借款人的财产清单交予人民法院并由人民法院直接对该清单上的财产采取冻结、查封、扣押等措施，这样一来不但能保证日后强制执行程序中借款人有可供执行的财产而不至于辛苦打了一场官司仅落了个一纸胜诉判决，也可以使借款人知悉自己的财产全部被人民法院采取保全措施，从而更加有利于借款人尽快还款。

俗话说得好：借钱时"好借好还，再借不难"。现实生活中一般能够将借款借给他人的，一般不是亲戚就是朋友。为了避免出借人借出钱后无可供执行的财产，最好的办法就是，除在借款之初了解、掌握借款人、保证人等身份、财产信息外，也要在借条上清晰无误地明确借款事实。只有两手都准备了，才能在借款人无法按时还款之时最大限度地保障债权人的利益！

第三节　借条和欠条的区别

借条和欠条均具有法律效力，虽然只有一字之差，但是它们却属于不同的法律关系。因此，在法律上所代表的含义也不尽相同。大致来说借条就是单纯的借钱给一方，而欠条所对应的法律关系就太多了。比如说，可以对欠付的应收账款出具欠条，也可以对股权转让款出具欠条。那么，下面我们就具体来说说借条和欠条的区别，以及在出具借条和欠条时哪些是我们应该注意的事项。

一、借条和欠条的区别

（一）含义及相对应的法律关系不同

借条一般反映的是借贷关系，以"借"为核心。而欠条则是多种法律关系的体现，往往是合同双方当事人之间的对于涉案合同标的物的一种结算，这种结算是经过合同双方共同签字确认的。

既然借条是对借贷关系的一种确认，那么，其相对应的是民间借贷法律关系。在借条中，我们可以对借款事实进行明确，如借款发生时间、借款用途、借款金额及利率、还款期限等。在借条背后往往隐含着资金流动，因为一般借贷关系中借的都是钱。

欠条可以是对具有合同法律关系所产生的一种结算结果的确认。比如，在买卖合同中，买方对欠付的货款金额向卖方出具欠条加以确认；又如，股权转让协议中，受让方对未支付的股权转让款项向转让方出具欠条加以确认。所以欠条应用的范围较广，而借条应用的范围仅限于借贷关系。如果是借贷关系，能否出具欠条呢？

典型案例

猪哥、马弟合作建煤厂，在后续的经营中马弟认为煤炭价格波动太大，担心无法收回成本，遂向猪哥提出退出经营。猪哥极力挽留，但马弟心意已决,在万般无奈之下,猪哥同意退给马弟退股款5000万元。2天后,双方签订了借款合同,约定了借款期限及违约金。后马弟为了以防万一再次让猪哥对5000万元的退股款写了欠条一张。

法律分析

在民间借贷案件中,需要核实的基本事实就是借贷关系是否存在。在本案中,猪哥和马弟都是自然人,马弟是出借人、猪哥是借款人,但从双方签订的借款合同来看,该合同的生效应当取决于马弟是否将借款5000万元交付猪哥。这是按照一般民间借贷案件的处理思路来看的。

但是归结于本案中,大家不难看出的是,马弟虽为出借人但其实际并未将5000万元的借款交予猪哥。而借款合同中的5000万元债权实际上是先从股金转化成欠款、后欠款转化成借款并形成了借款合同。

借款合同和欠条相对比形式、内容不同,对应的法律关系不同,由此对当事人实体利益也会产生不同的影响。欠条一般是由借款人单方出具的,其在内容上不记载出借人的情况下,那么,通常持有欠条的人被认定为出借人。而欠条内容是对已经发生的债权债务进行的记载,也就是说产生欠条的时间会晚于债权债务发生的时间。既然欠条应用的法律关系较为广泛,那么,一般的借贷关系亦可使用欠条来进行确认。

本案中同时存在欠条和借款合同,作为债权人的马弟若想对5000万元的债权进行主张,法院就需要审查、判断对借款合同和欠条中反映的同一债权是何种法律关系。虽然欠条和借款合同中债权的金额相同,但借款合同中的约定较为明确,如约定了借款期限和违约金,那人民法院会依据借款合同中的约定支持马弟关于违约金的诉求。而欠条中对于还款期限、违约金等均未有明确约定,如果马弟以欠条作为依据进行诉讼,关于违约金的主张,人民法院就不一定会支持。

(二)债权人的举证责任和诉讼风险不同

在人民法院审理民间借贷案件时对证据的认定是有严格的标准的,应从各证据与案件事实关联的程度、各证据之间是否相互联系、相互印证等方面进行全面、综合审查判断。而对于是否存在借贷关系以及借贷内容中所记载的事实等则需要债权人承担举证责任。

而欠条作为出借人向借款人主张欠款的直接证据，则需要对欠款事实及与欠款事实涉及的法律关系等一并举证证明。如果出借人仅能够证明欠条上债务人的签名是真实的，不足以证明欠条中所记载的事实是否实际发生。因此，人民法院在审查欠条证据的效力时，不仅需要确认欠条上借款人的签名是否真实，还应当审查、判断欠条的形成背景、欠条中所记载的事实是否已实际履行等。

典型案例

猪哥、马弟就棉花达成买卖合意并签署买卖合同，马弟按照买卖合同的要求将棉花送到了猪哥指定的地点后，猪哥应支付货款30万元。可马弟迟迟未收到该笔货款便和猪哥进行沟通，后猪哥向马弟出具欠条一张。

情形一：马弟起诉后，猪哥否认欠条上的签名是本人亲笔签名。

法律分析

马弟仅以一纸欠条作为依据进行诉讼，该欠条作为本案的直接证据亦为唯一证据，人民法院就需要对该欠条是否属实、欠条在形式上是否完整、其记载的内容是否真实进行审查。如果马弟出具的欠条并非原件，则猪哥可以该证据无原件直接进行抗辩。如果马弟出具的欠条虽是原件，但通过肉眼观察发现该欠条有可能经过了裁剪或者编辑后再打印的情况，也就是说欠条在形式上存在瑕疵，即便欠条上所记载的内容与猪哥书写的内容一致，猪哥也可以主张对自己在欠条上的签名并非本人签名。

律师支招

如果在诉讼中我们仅能以欠条作为唯一证据提交人民法院，债务人又不认可该欠条，那么，在证据效力上该欠条就很可能无法证明案件事实，因为人民法院除要审查欠条的真实性外，还要审查欠条中隐含的基础法律关系，如买卖合同关系，而买卖合同是否实际履行、是如何履行的等问题就成了人民法院审理案件的要点问题。这就要求我们在日常的商业交易中要规范自身的操作流程，在买卖关系中送货单、收货单、入库单合称为"合同三大单据"，而这三大单据建议能够有效留存。除此以外，如有物流运输情况的，也应当留存相应的物流运输合同、运输费用等相关单据。

情形二：虽然猪哥是借款人，但是欠条上的签名处是猪哥开具的猪头大耳公司的公章呢？

法律分析

在实践中，欠条是欠款人本人书写、交予出借人保存。但是我国法律并不禁止由他人代书欠条，也就是说不管该欠条由谁签字出具，借款人均应当在欠条上进行签字确认。根据本案情形，猪哥是真正的借款人，但是欠条签名的位置却是猪头大耳公司加盖的公章，即如果马弟没有其他证据相互印证的话，单凭欠条上的盖章应当认定为猪头大耳公司为借款人，对马弟承担债务偿还义务。

律师支招

为了避免上述情况的发生，也出于对债权清偿的保证，除要求作为借款人的猪哥在欠条上亲笔签名外，出借人还可以要求猪头大耳公司作为保证人对债务承担连带还款义务。这样一旦发生猪哥无法按时偿还债务的情况时，我们就可以将猪哥及猪头大耳公司作为共同被告诉诸人民法院，要求二者共同向债权人承担还款义务。

情形三：如猪头大耳公司作为借款人，但在欠条上注明"该欠条必须经公司全体股东一致认可后方可生效"。那么，该欠条是否有效呢？

法律分析

在马弟和猪头大耳公司的买卖合同实际履行之后，作为借款人的猪头大耳公司在欠条上注明的"必须经公司全体股东一致认可"后该欠条才会生效，其实这种约定是不明确的。而"全体股东一致同意"的标准也没有，怎样才算全体股东一致同意呢？是需要所有股东在欠条上一一签字吗？每个股东签字的具体时间不确定，就导致债权确定的时间遥遥无期，就更别说猪头大耳公司到底何时偿还债务了。

再者，该注明的条件与马弟和猪头大耳公司的买卖合同毫无关联性，无法决定买卖合同是否生效，更何况现在买卖合同都已经实际履行了。另，单从合同原则上来说，这样注明的条件是违反了公平原则，并不属于民事法律上的立法本意。所以，该欠条上注明的条件不能作为借款人猪头大耳公司对抗出借人马弟的事实及法律依据。

情形四：猪头大耳公司作为借款人，由其员工牛哥在欠条上签字，那么牛哥是债务人吗？

法律分析

牛哥作为猪头大耳公司的采购人员一直就买卖业务与马弟进行接洽。因猪头大耳公司欠付马弟货款，所以作为员工的牛哥代替公司在欠条上进行签字确认。而牛哥签字的行为到底是代表公司的职务行为还是其个人行为就需要结合全部的案件事实及证据才能作出准确定性判断。从本案来说，牛哥出具欠条的行为本身属于其单方面的民事行为，牛哥对于欠条中所反映出的权利义务关系是基于其本身作为公司员工的职务行为，而牛哥表达的不是与公司共同作为债务人向债权人马弟进行债务清偿。所以，因牛哥本身并无代为承担或者与公司作为共同债务人的意愿，所以牛哥不能作为债务人承担债务清偿义务。

（三）诉讼时效不同

什么是诉讼时效呢？诉讼时效，是能够引起民事法律关系发生变化的法律事实，又称消灭时效，是指权利人在一定期间内不行使权利，即在某种程度上丧失请求利益的时效制度。简单来说，就是你需要在多长时间内必须主张自己的权利，否则的话，即使你再有理、证据再充分，一旦过了这个期限，只要被告和法院说"他诉讼时效都过了，还起诉什么"之类的抗辩，那么，诉讼也不会得到法院支持，作为原告也就败诉了。

为什么法律要特别规定诉讼时效呢？其立法本意就是为了促进法律关系安定，及时结束权利义务关系的不确定状态，稳定法律秩序，降低交易成本。

用一句话概括，就是为了不让权利人躺在权利上睡觉！法律规定诉讼时效的初衷就是为了帮助大家尽快地解决问题。

那么对于没有还款期限的借条，出借人可以随时向借款人提出还款的要求，诉讼时效从权利人主张权利之时开始计算，借条的效力最长可达20年。而没有履行期限的欠条其实质是对交易双方以往经济往来的一种结算，权利人应当在欠条出具之日起3年内向人民法院主张权利。

上面的表述通俗地讲就是，如果是借条中没有约定还款期限，那么，出借人可以随时要求借款人履行还款义务，这样诉讼时效就从出借人告诉借款人"你要还我钱"的时候开始起算。根据《中华人民共和国民法典》第一百八十八条之规定，向人民法院请求保护民事权利的诉讼时效期间为3年。法律另有规定的，依照其规定。诉讼时效期间自权利人知道或者应当知道权利受到损害以及义务人之日起计算。法律另有规定的，依照其规定。但是，自权利受到损害之日起超过20年的，人民法院不予保护，有特殊情况的，人民法院可以根据权利人的申请决定延长。而没有履行期限的欠条，因其本质是双方对账后的结算，所以诉讼时效就是从欠条出具之日起3年内出借人向人民法院主张权利。

典型案例

2018年，猪哥、马弟就棉花达成买卖合意虽未签署买卖合同，但马弟按照猪哥的要求将棉花送到猪哥指定的地点后，猪哥应支付货款30万元。可马弟迟迟未收到该笔货款便和猪哥进行沟通，后猪哥向马弟出具欠条一张。2023年，因马弟迟迟未收到猪哥的还款，遂向人民法院起诉。

情形一：如果该欠条上没有约定还款日期，诉讼时效的起算时间如何确定呢？

法律分析

本案中，虽然猪哥、马弟未签订书面的买卖合同，欠条中也没有约定还款日期，如果马弟在诉讼中未提供证据证明双方对合同的履行期限进行过约定，那么，买卖合同就属于没有约定履行期限的合同。在法律上如果履行期限是不明确的，出借人可以随时向借款人主张履行，出借人也可以随时向借款人偿还债务,但是出借人要求借款人履行合同时需要给予借款人一定的合理期限作为准备时间。那么,就应当从出借人主张债权并给予借款人合理准备期限或者债务人履行付款义务之时作为诉讼时效的起算时间。

也就是说,如果马弟告诉猪哥需要在 2021 年 6 月 19 日之前向其清偿债务,若猪哥未在该期限内向马弟进行还款,诉讼时效的起算时间便为该合理期限的到期日。

合理准备期限怎么确定呢?这个就很简单了,可以根据该行业的交易习惯确定一个大概时间段,并以催告函或者律师函等书面形式告知债务人即可。而出借人需要注意的便是要将借款人确已知悉合理期限的相关证据材料进行留存,如快递单据、物流信息或者聊天记录等。

情形二:如果猪哥欠钱不还,马弟在催款函中也没有明确还款时间,诉讼时效如何计算呢?

法律分析

本案中,猪哥和马弟未签订书面买卖合同,猪哥签字的欠条上也没有约定明确的还款期限,马弟在向猪哥催收过程中也没有明确还款时间。如果马弟没有证据能够证明买卖合同约定了履行期限,诉讼时效就从马弟向猪哥主张权利时起算,即马弟向人民法院起诉之日时起算诉讼时效。

其法律依据即《最高人民法院关于审理民事案件适用诉讼时效制度若干问题的规定》第四条,未约定履行期限的合同,依照《中华人民共和国民法典》第五百一十条、第五百一十一条的规定,可以确定履行期限的,诉讼时效期间从履行期限届满之日起计算;不能确定履行期限的,诉讼时效期间从债权人要求债务人履行义务的宽限期届满之日起计算,但债务人在债权人第一次向其主张权利之时明确表示不履行义务的,诉讼时效期间从债务人明确表示不履行义务之日起计算。

二、出具借条和欠条的注意事项

1. 不论是欠条还是借条,内容均应完善。之前的章节中已经详细说明,这里不再赘述。如果是欠条，就要写清楚欠款的金额、物品的数量以及名称、品质、规格或者型号等基本情况。还应该写明拖欠的原因是什么、何时支付欠款、如果未按时支付款项应当承担的法律责任等。

2. 应当正确书写。在内容中的用语杜绝模糊，如"大概""可能"之类的表述。书写要规范，杜绝错别字，避免因表述不准确所产生的歧义。另债权人、债务人及涉及名称等均应正确书写，尤其是人名，要使用身份证上的姓名。如果是公司，还需要确认该公司是否还在存续、有无正常经营、公司名称是否进行了变更等。

3. 借条、欠条均应一式两份，双方各执一份。这是对借条、欠条最基本的要求，持有份数也可根据自身情况进行调整。因借条、欠条不像合同、协议书那样需要起草具体的内容，所以就有可能导致大家只写一张即可。如果仅有一张欠条、借条，一旦发生意外损毁或者动了手脚，不但有失诚信原则，且对一方也无公平而言。

通过对欠条、借条的介绍，相信大家对其内涵已十分明晰。在今后的商业交易中，除建议大家签订正规的、书面合同外，对欠条作为经济交易结算的核心也应掌握。虽说我们都不期望产生纠纷，可一旦发生了纠纷就应该拿起法律武器最大限度地维护我们自身的合法权益！

第四节　这些钱一定不能借

一般来说，找我们借钱的人都是我们比较相熟的人，如亲朋好友。但将自己的血汗钱借给他人也是有原则的，就是老话常说的"借急不借穷，帮困不帮懒"！如果我们将借款上升到法律层面，大家是否知道，有时即使债务人给我们出具了借条，一旦债务人不还钱，我们起诉至法院后可能也不会得到法律的支持与保护。所以本节我们就来说说到底哪些钱是一定不能借给别人的。

一、借款用途不合法

众所周知，合法的借贷关系会受到法律的保护，但是如果债权人明知债务人是要将借款用于一般违法行为，如赌博，法律便不会保护债权人的权益。如果债权人明知债务人借款是为了犯罪，一旦犯罪事实发生，债权人还有可能构成共同犯罪并按照共犯受到法律制裁，或者直接单独构成其他罪名接受刑事处罚！

根据最高人民法院于 2018 年 8 月 1 日发布的《最高人民法院关于依法妥善审理民间借贷案件的通知》之规定，加大对借贷事实和证据的审查力度。"套路贷"诈骗等犯罪设局者具备知识型犯罪特征，善于通过虚增债权债务、制造银行流水痕迹、故意失联制造违约等方式，形成证据链条闭环，并借助民事诉讼程序实现非法目的。因此，人民法院在审理民间借贷纠纷案件中，除根据《最高人民法院关于审理民间借贷案件适用法律若干问题的规定》第十五条、第十六条规定，对借据、收据、欠条等债权凭证及银行流水等款项交付凭证进行审查外，还应结合款项来源、交易习惯、经济能力、财产变化情况、当事人关系，以及当事人陈述等因素综合判断借贷的真实情况。有违法犯罪等合理怀疑，代理人对案件事实无法说明的，应当传唤当事人本人到庭，就有关案件事实接受询问。要适当加大调查取证力度，查明事实真相。

根据最高人民法院于 2011 年 12 月 2 日发布的《最高人民法院关于依法妥善审理民间借贷纠纷案件促进经济发展维护社会稳定的通知》第三条之规定，依法惩治与民间借贷相关的刑事犯罪。人民法院在审理与民间借贷相关的非法集资等经济犯罪案件时，要依照《最高人民法院关于在审理经济纠纷案件中涉及经济犯罪嫌疑若干问题的规定》的有关规定，根据具体情况分别处理。对于非法集资等经济犯罪案件，要依法及时审判，切实维护金融秩序。对于与民间借贷相关的黑社会性质的组织犯罪及其他暴力性犯罪，要依法从严惩处，切实维护人民群众的人身财产安全。要严格贯彻宽严相济的刑事政策，注意区分性质不同的违法犯罪行为，真正做到罚当其罪。按照第四条之规定：依法妥善审理民间借贷纠纷案件。人民法院在审理民间借贷纠纷案件时，要严格适用民法通则、合同法等有关法律法规和司法解释的规定，同时注意把握国家经济政策精神，努力做到依法公正与妥善合理的有机统一。要依法认定民间借贷的合同效力，保护合法借贷关系，切实维护当事人的合法权益，确保案件处理取得良好的法律效果和社会效果。对于因赌博、吸毒等违法犯罪活动而形成的借贷关系或者出借人明知借款人是为了进行上述违法犯罪活动的借贷关系，依法不予保护。

再根据《中华人民共和国刑法》第三百一十条关于窝藏、包庇罪的规定，明知是犯罪的人而为其提供隐藏处所、财物，帮助其逃匿或者作假证明包庇的，处 3 年以下有期徒刑、拘役或者管制；情节严重的，处 3 年以上 10 年以下有期徒刑。犯前款罪，事前通谋的，以共同犯罪论处。

由此可以看出，国家为了保证人民幸福生活、经济环境稳定健康，在尊重双方合同自愿，制定法律严厉打击违法犯罪行为，以此达到促进民间借贷规范平稳健康发展。在我们日常生活中常见的违法行为，如债务人借钱是为了赌博、吸食毒品，或者债权人明知债务人的借款是用于贩卖军火，债权人就有可能触犯刑法，构成犯罪。

二、债权超过诉讼时效

时效是民事法律上的一项重要制度，是某种事实状态经过法定时间的持续而导致一定民事法律关系发生、变更或消灭的法律后果。诉讼时效系以权利不行使的事实状态为要件，作为阻却权利行使的原因，简单来说就是一定的时间。

每个产品都有保质期，如果是食品，我们需要在保质期内吃完食品，如果过了食品保质期，那这个食品很可能就腐败、变质。而诉讼时效就相当于这个食品保质期，债权人需要在诉讼时效期间（3 年）向人民法院起诉，否则过了这个期间，一旦债务人指出已经过了诉讼时效期间，法院就不能保证债权人的胜诉权，也就是说我们面临的将是败诉的结局。

诉讼时效制度的设立目的，旨在督促权利人积极、及时地向相关义务人主张权利，进而尽快稳定相关民事权利义务关系，尊重现存法律秩序，维护交易安全，保障民事生活的和谐和安定。

典型案例

虎妞于2020年12月1日借给兔妹10万元，但并未约定还款时间。不日，虎妞从龙哥处听闻兔妹早就患了精神分裂症，虎妞顿感不妙，立即于2021年5月某天找到兔妹要求偿还借款10万元，兔妹借口自己患了精神病不肯还款。虎妞无可奈何。此后，虎妞经常向兔妹催款，有时候打电话，有时候亲自去找兔妹，每次间隔不超过2个月。直至2025年12月，虎妞听说法院可以帮其解决此事，就去法院起诉了兔妹。法庭上兔妹的精神病也好了，其条理分明地向法院陈述虎妹请求法院主张还款早已过了诉讼时效，法院应该判令虎妞败诉。虎妹百思不得其解，这欠钱的还有理了，明明是我有理，凭什么要判我输官司？

法律分析

本案中，双方未约定兔妹的还款时间，那么，兔妹就应当自虎妞第一次向其主张还款即2021年5月某天开始偿还债务。如果兔妹依旧不还款，那么，虎妞应该从2021年5月某天开始的3年内行使权利，如去向兔妹继续追讨欠款或直接向人民法院起诉；否则3年的诉讼时效一过，虎妞就是起诉，人民法院也不会判她胜诉。

但本案中，虎妞从2021年5月某天开始就一直不断向兔妹催要欠款，其诉讼时效不断被中断，即使虎妞起诉时已经从2021年5月某天开始过了5年多了，也不一定过了诉讼时效。为什么会出现这种情况呢，这就涉及一个诉讼时效中断的概念。诉讼时效中断，是指权利人在诉讼时效期间内主张权利，诉讼时效重新起算的法律制度。假设本案里的虎妞于2023年5月1日去向兔妹催款，诉讼时效就中断了，就从2023年5月2日起重新再算3年。事实上虎妞是经常去催款，间隔不超过2个月，诉讼时效不停地中断，所以到虎妞起诉时还没有过诉讼时效，法院应当支持虎妞的诉讼请求。不过，除非兔妹自己承认，否则虎妞还是得为她所主张的中断或中止的事实进行举证。

可见，诉讼时效就是债权人在法定期间内（3年）没有行使自己的权利，法院就不再依诉讼程序强制债务人履行其民事权利。诉讼时效的规定就是避免造成民事关系的长期不稳定,防止债权人躺在权利上睡觉,同时不会因为时间过长造成举证不利,这样也便于人民法院查明案件事实。

三、借贷合同无效

根据《中华人民共和国民法典》第一百五十三条之规定,违反法律、行政法规的强制性规定的民事法律行为无效。但是,该强制性规定不导致该民事法律行为无效的除外。违背公序良俗的民事法律行为无效。第一百五十五条规定,无效的或者被撤销的民事法律行为自始没有法律约束力。第一百五十七条规定,民事法律行为无效、被撤销或者确定不发生效力后,行为人因该行为取得的财产,应当予以返还;不能返还或者没有必要返还的,应当折价补偿。有过错的一方应当赔偿对方由此所受到的损失;各方都有过错的,应当各自承担相应的责任。法律另有规定的,依照其规定。

再根据《最高人民法院关于审理民间借贷案件适用法律若干问题的规定》第十三条之规定,具有下列情形之一的,人民法院应当认定民间借贷合同无效:(1)套取金融机构贷款转贷的;(2)以向其他营利法人借贷、向本单位职工集资,或者以向公众非法吸收存款等方式取得的资金转贷的;(3)未依法取得放贷资格的出借人,以营利为目的向社会不特定对象提供借款的;(4)出借人事先知道或者应当知道借款人借款用于违法犯罪活动仍然提供借款的;(5)违反法律、行政法规强制性规定的;(6)违背公序良俗的。

我们根据上述法律规定再结合本节第一点"借款用途不合法"来看,如果履行借款合同违反强制性规定,比如说借款用于在没有行政机构许可下买卖烟草等,抑或借款违反公序良俗,如托人情、找关系而形成的借款合同等均为无效合同。如果借款合同无效了,那么债权人的钱还能要回来吗?可以很肯定地告诉大家,是可以要回借出的钱!为什么呢?因为法律明确规定了行为人因无效的民事法律行为取得的财产应当予以返还。也就是说,债权人可以主张实际发生的借款本金,但利息等因本金所产生的相关利益则无法主张。而我们所探讨的该问题并不包含涉及刑事犯罪后借款本金能否向债务人主张。

其实大家可以想一想,一旦涉及刑事犯罪债权人在明知债务人借款用于违法犯罪，债权人应当成立共同犯罪，即为刑法罪名的共犯，与债务人一并接受刑事制裁。所以，如果涉及刑事犯罪，债权人就出借的行为就不再属于民事法律所调整的范围了，也就不存在债权人向债务人主张还款的情况了。

四、无民事行为能力人借款

对于该点我们就不再过多的赘述了，大家可参看本章第一节"借款'人'和财产界定"中有详细的讲解。

简单来说，就是限制民事行为能力人实施民事法律行为由其法定代理人代理或者经其法定代理人同意、追认。无民事行为能力人，由其法定代理人代理实施民事法律行为。该债权能否得到偿还，要看其法定代理人是否对借贷关系认可。

五、借条形式的分手费

男女双方解除恋爱关系、同居关系、婚姻关系时，若经协商后达成一致，约定一方给予另一方青春损失费、分手费的，通常会签署借条以确定给付金额。虽借条中表述谁欠谁多少钱，但实际上并不属于真正的借贷关系，且也未发生债权人将借款本金实际交付债务人的事实。

如果一方以借条为凭证起诉至人民法院要求对方还钱，那么，证据效力是不充分的。因为借贷法律关系除却双方达成的借款合意外，还需要债权人确实将借款本金实际交付给债务人，如果债权人都没有把钱借给债务人便主张还款，那肯定是无法获得法律支持的。此点的法律依据便是根据《最高人民法院关于审理民间借贷案件适用法律若干问题的规定》第十五条之规定，原告仅依据借据、收据、欠条等债权凭证提起民间借贷诉讼，被告抗辩已经偿还借款的，被告应当对其主张提供证据证明。被告提供相应证据证明其主张后，原告仍应就借贷关系的存续承担举证责任。被告抗辩借贷行为尚未实际发生并能作出合理说明的，人民法院应当结合借贷金额、款项交付、当事人的经济能力、当地或者当事人之间的交易方式、交易习惯、当事人财产变动情况以及证人证言等事实和因素，综合判断查证借贷事实是否发生。

这也是为什么人民法院在审理民间借贷纠纷案件时，要求原告提供完整的证据链，说明借贷事实的发生时间、地点、交付方式，提供转账记录、收据等，如果借条系孤证，不能证明借贷事实真实存在的，借条无效。

此种情况还有一点需要进行说明，那就是男女双方恋爱自由，如果一方索要青春损失费、分手费的有违公序良俗。而民事法律之所以需要规定公序良俗原则，是因为立法当时不可能预见一切损害国家利益、社会公益和道德秩序的行为而作出详尽的禁止性规定，故设立公序良俗原则，以弥补禁止性规定之不足。

公序良俗原则包含了法官自由裁量的因素，具有极大的灵活性，因而能处理现代市场经济中发生的各种新问题，在确保国家一般利益、社会道德秩序，以及协调各种利益冲突、保护弱者、维护社会正义等方面发挥着极为重要的机能。当遇有损害国家利益、社会公益和社会道德秩序的行为，而又缺乏相应的禁止性法律规定时，法院可直接依据公序良俗原则认定该行为无效。

六、高利贷利息超过法律规定部分

根据《最高人民法院关于审理民间借贷案件适用法律若干问题的规定》第二十五条之规定，出借人请求借款人按照合同约定利率支付利息的，人民法院应予支持，但是双方约定的利率超过合同成立时一年期贷款市场报价利率4倍的除外。前款所称"一年期贷款市场报价利率"，是指中国人民银行授权全国银行间同业拆借中心自2019年8月20日起每月发布的一年期贷款市场报价利率。根据第二十九条之规定，出借人与借款人既约定了逾期利率，又约定了违约金或者其他费用，出借人可以选择主张逾期利息、违约金或者其他费用，也可以一并主张，但是总计超过合同成立时1年期贷款市场报价利率4倍的部分，人民法院不予支持。

从上述法律规定可以看出，法律支持的最大限度的中国人民银行授权全国银行间同业拆借中心自2019年8月20日起每月发布的一年期贷款市场报价利率（LPR）的4倍，超过这个范围的利息法院不予支持。

利率的高低与经济发展密切相关的，在民间借贷案件中法院除了实际的借贷关系的审查，对利息的审查也为审理要点。对于各种以"利息""违约金""服务费""中介费""保证金""延期费"等突破或变相突破法定利率红线的,人民法院应当依法不予支持。对于"债权人主张系以现金方式支付大额贷款本金""债务人抗辩所谓现金支付本金系债权人预先扣除的高额利息"的,要加强对债权人主张的现金支付款项来源、交付情况等证据的审查,依法认定借贷本金数额和高额利息扣收事实。

作为债权人,在利息这一点上要把握法律支持的利息上限,即使出于督促债务人按时还款的目的约定了较高的利息标准,也要清楚超出法律规定标准的部分是无法得到人民法院的支持。

第五节 几种特殊的"借贷"

随着我国经济的快速发展,借贷的方式也呈现出多样化的表现形式,比较常见的有银行借贷、金融机构借贷、网络平台借贷及民间借贷等。正是因为借贷关系可以多种形式表示出来,大量看似如买卖合同纠纷、购房纠纷、股权转让纠纷、投资行为等其实质却为借贷法律关系。

所以在司法实践中,人民法院审理借贷案件的难点不是如何认定法律关系,而是对案件事实的认定问题,本节我们便着重介绍几种特殊的借贷。

一、名为买卖实为借贷

买卖合同纠纷本身是对合同的内容即买卖合同是否按照双方约定的条款履行所产生的纠纷,可民间借贷纠纷是针对是否实际发生借贷关系、借贷金额等异议所产生的纠纷。买卖合同关系与借贷关系二者之间是不能混淆的,因此,也不能单从形式上判断是否为买卖合同关系,而要从案件事实的实质上加以判断、甄别名为买卖实为借贷的情况。

典型案例

2022年,羊羊羊贸易公司分别与龙马实业公司、鼠来宝化工公司签订了《购销合同》,约定将化工产品专卖给化工公司,同时还约定了买卖标的物名称、规格、数量、价款、提货期限、付款期限、结算方式等,但实际上并未产生货物转移。2023年，羊羊羊贸易公司就龙马实业公司、鼠来宝化工公司拖欠货款300万元诉至人民法院要求其偿还本息。

法律分析

《购销合同》实际上就是买卖合同，该合同中约定了买卖标的物名称、规格、数量、价款、提货期限、付款期限、结算方式等，所以单从合同的形式上来看其符合买卖合同的构成要件，理应适用买卖合同关系的法律调整。然而在《购销合同》签订之后，龙马实业公司、鼠来宝化工公司并未收到羊羊羊贸易公司的货物，而货物买进卖出所需的流转证明，如发货单、运输单、入库单等也全部没有。从三方《购销合同》内容及履行情况综合考虑，该合同中的当事方形成了相同货物的买卖关系，相互之间有合同、货款支付凭证但并无货物实际的交付，因此不符合买卖合同的基本特征，其真实目的为羊羊羊贸易公司出借资金给龙马实业公司、鼠来宝化工公司使用。本案实质内核应为名为买卖合同、实为借贷关系，若再准确说应为企业融资借款。

那么，即为企业融资借款，该笔借款是否有效呢？根据《最高人民法院关于审理民间借贷案件适用法律若干问题的规定》第一条之规定，本规定所称的民间借贷，是指自然人、法人和非法人组织之间进行资金融通的行为。经金融监管部门批准设立的从事贷款业务的金融机构及其分支机构，因发放贷款等相关金融业务引发的纠纷，不适用本规定。也就是说，法律允许法人之间的产生借贷关系同时不违反法律强制性规定等，该借贷关系是有效的。

通过上述案例可以看出，作为原告无论主张什么样的法律关系，是买卖合同关系还是民间借贷关系，人民法院都会对案件事实进行全面审查并根据案件事实确定适用哪种法律关系。若原告主张的法律关系性质或者民事行为效力与人民法院根据案件事实所作认定不一致的情况下，人民法院会向原告进行释明。

二、名为购房实为借贷

在当前经济形势下，中小企业确实存在融资难的情况，尤其是近年来银行等金融机构对房地产开发企业紧缩贷款的现象，房地产开发企业便通过民间借贷的方式获取资金。企业通过民间借贷的方式虽然在一定程度上产生了稳定的现金流，但同时也产生了大量的纠纷。

而比较典型的操作模式便是企业作为债务人以尚在开发建设中的房屋与出借人签订《商品房买卖合同》，并办理预售登记备案手续，以此作为借款合同的担保。在企业如期清偿借款时，便解除《商品房买卖合同》，并撤销预售登记备案手续。在企业不能按期偿还借款时，将该建设好的房屋交付债权人冲抵欠款。

《商品房买卖合同》的双方实际上并不是为了真的履行该合同，所以一旦企业未能如期偿还债务发生争议，债权人主张按照商品房买卖合同关系要求债务人继续履行合同并交付房屋，而债务人往往以双方的真实意思是民间借贷，应当按照借款合同来认定进行抗辩。

典型案例

2020年，龙虎房地产开发公司向小马借款500万元，小马担心龙虎房地产开发公司不能按时还款，遂与该公司签订了《商品房买卖合同》，约定小马购买该公司130平方米的房子。在小马支付了500万元以后，龙虎房地产开发公司与小马办理了购房合同备案登记。2023年，因龙虎房地产开发公司无法清偿到期债务，小马诉至人民法院要求其交付房屋。

法律分析

本案的法律关系究竟是借贷关系还是合同关系取决于当事人双方的真实意思表示，即龙虎房地产与小马之间应为借贷关系。书面的借款合同或者借条并非认定借贷关系的必要条件，只签订《商品房买卖合同》并登记备案方式作为担保，然后再用债权人向债务人实际交付款项的方式建立的债权债务关系是目前一些民间借贷当事双方所选择的借贷方式。判断当事人法律关系的性质，不能仅看合同名称、形式和内容，更重要的是分析当事人之间的法律关系实质到底是什么。

如果一方有其他证据能够证明该笔款项的流转是基于借贷关系的，也应当予以认定。而签订《商品房买卖合同》的实质是开发公司以房屋为自己提供的担保，开发公司即使办理了房屋备案登记，其本意也不是为了履行《商品房买卖合同》。所以，小马向法院诉请要求开发公司交付房屋的请求是不会得到法院的支持。

通过上述案例，大家能够明白，判断是何种法律关系是要依照双方当事人的真实意思表示。接下来，我们就来说说除依照双方当事人的真实意思表示外，还有哪些能够成为判断是何种法律关系的标准呢？

1. 房屋价格及该房屋是否实际交付给购房者

众所周知，在真实的商品买卖中，购房合同中约定的购房单价与购房者实际支付的房屋价款相吻合。当地的房地产管理部门会公布本地房屋买卖的参考价格区间，所以很容易判断出该房屋的买卖价款与当地实际的市场价格有无明显的过高或者过低。如果购房价款与当地实际的市场价格相比明显过高或者过低，人民法院在审理案件之时会着重查明该事实。

如果是预售房屋，竣工验收后达到了交付标准之时，真正的购房者通常会实际占有房屋。而对于现房来说，开发商与购房者如何约定交房日期是双方意思自治的范畴，法律不会加以干涉。所以在以商品房为担保的借贷关系中，购房者通常不会真正地占有房屋，双方对于交房的方式、时间等约定虽也属于双方意思自治的范畴，但均不符合常理。

关于资金往来，从正常的商品房买卖合同的交易习惯来看，购房者在与开发商签订商品房买卖合同后，购房者应该按照合同的约定向开发商公司的账户中支付购房款，开发商在收到购房款后也应当向购房者开具正式的水务登记发票。由此可见，这种资金往来是单向的。

而在借贷关系中却不是这样的，债权人将借款本金支付给债务人，债务人按照双方之间的约定向债权人支付还款本金、利息，不管债务人是分期支付，还是一次性将还款本金、利息支付给债权人，该法律关系下资金流向是双向的。

由上述案例可以看出，名为商品房买卖合同实为借贷关系中，在该合同中双方的资金流向是双向的，这明显不符合真实交易的房屋买卖关系，所以在合同双方之间其资金流向到底是双向的还是单向的，也可成为判断其是否为购房关系或者借贷关系的重要标准之一。

2. 合同中有无约定回购条款

在房管局备案的商品房买卖合同中一般不会约定若购房者在一定期限内不能支付房款，则开发商对房屋享有回购权，这种情况在真实的商品房交易中是不存在的。

而约定回购权的情形恰恰更多地出现在以房屋买卖合同作为担保手段的民间借贷中，当事双方一般在签订完《商品房买卖合同》后会再单独签订《回购协议》或者《补充协议》中对回购权进行约定。债权人对房屋享有回购权，其前提是债务人在约定的还款期限内无法按时偿还债务时，债权人可以要求继续履行《商品房买卖合同》或者直接办理房屋产权变更登记，将房屋过户至债权人名下。所以回购条款的设置其实质上是债权人的私力救济，也是一种非典型性担保措施。回购权的约定主要是债权人出于督促债务人能够按时还款的目的而增设的，其与真实的购房关系所表现出来的不一致也是判断是否为购房关系或者借贷关系的重要标准之一。

三、名为股权转让实为借贷

股权转让是当今社会经济活动中比较常见的投资、经营方式，而股权转让协议就是公司的股东之间、股东与第三人之间相互转让所持股权时所签订的协议。股权转让协议中双方当事人即称为转让方和受让方，当受让方支付股权转让款后，转让方应当配合受让方到工商登记部门办理公司股东变更登记。同时，公司也会向受让方即新股东签发出资证明书、修改公司章程，以及在股东名册中注明新股东及其出资方式等记载事项。

近年来，股权性融资手段因门槛较低、风险可控性等优势，得到了经济市场主体的青睐，特别是处于一定成长期但仍属于创业期的小微企业。但是在实践中，股权性融资往往被作为单纯的融资工具，其表现形式即为融资人在一定期限内按照约定的固定价格从投资人即受让方处回购公司股权。也正因此类融资方式引发的纠纷中，人民法院审理的案件争议焦点便集中在股权转让协议是否构成名为股权转让、实为借贷。

典型案例

虎妹为了龙虎房地产开发公司能够发展壮大，于 2021 年 3 月 26 日与小马签订《股权转让协议》约定，虎妹转让龙虎房地产开发公司 5% 的股权给小马，并按照每月利率 2% 向小马支付利息。小马应向虎妹支付股权转让价款 200 万元，同时约定虎妹对转让股权享有回购权且回购期为两年，如果虎妹在两年内不向小马回购股权即丧失回购权，该股权永久归小马所有并应当办理工商登记手续。

法律分析

本案中，《股权转让协议》名为股权转让实为民间借贷。虎妹作为名义上的转让方，在这 5% 的股权具备交付条件的情况下却并未实际转让该股权的所有权，其协议的目的并不是通过转让股权取得股权转让款，而是取得名义上的股权转让款作为借贷资金并支付利息，相应股权份额仅是两年借贷期间届满后需交付的担保物而已。

小马名义上作为受让人，其协议目的亦不是取得案涉股权，而是在支付了借款本金后，按协议约定收取利息，在协议约定的两年履行期限届满后，虎妹不能偿还小马的借款本金及相应利息时，小马取得担保物即 5% 龙虎房地产开发公司的股权。

在公司经营过程中，有时会受交易习惯、交易双方对法律知识的掌握等因素的影响，加之股权转让的形式是多种多样的，这就会造成因欠缺一定的要素而不具有典型的股权转让协议的外观。所以在确定是股权转让关系还是借贷关系时，应按照合同所使用的词句、合同的有关条款、合同的目的、交易习惯以及诚实信用原则，来认定双方是否存在真实的股权转让关系。

四、名为投资实为借贷

如果双方签订的《投资合作协议》中并未约定当事双方需要共同经营、共享收益、共担风险的投资合作模式，且该协议中也没有关于此特征的表现。

反而是约定一方出资后,无论公司经营情况如何、是否亏损、公司有无债权债务均与投资方无关,投资方只需要按照《投资合作协议》中约定的以投资款为基数每月享有高额利息的投资收益。此种情况便是典型的名为投资实为借贷。

典型案例

2022年3月,龙虎房地产开发公司与小马签订的《投资合作协议》约定:因龙虎公司进行房地产开发项目的融资,小马投资200万元并汇入龙虎公司指定账户中。本协议签订后,在房地产开发项目建设期间一年内按照实际收益的15%计算分红。在项目期满以后,如果年净利润不足2000万元时按照2000万元计算,超出2000万元的部分则按照实际净利润计算分红。龙虎公司承诺两年内支付给小马的收益达到小马投资额度,实际收益未达到的,用龙虎公司收益弥补并支付给小马;每年分红一次,12月30日结账,次年1月15日前分红。同时约定,因龙虎公司经营管理不善造成亏损,小马不承担经济损失,并依旧按约定标准计算投资收益。

法律分析

从《投资合作协议》约定来看,小马的收益是采用固定回报的方式,并且有保底条款,投资款200万元的性质实际是借款,而非投资款。龙虎公司经营的损失由其自行承担,小马不承担龙虎公司经营的任何损失,但无论盈亏都要按照约定标准计算收益,由上述约定可知,小马不参与龙虎公司的经营管理,其投入的资金不承担任何经营风险,只收取固定数额的收益,所以不难看出龙虎公司的真实意思是借款。

协议以投资为名,但其本质是借贷关系。所以本案双方当事人之间的法律关系实质是民间借贷,而非投资。现按照双方协议约定,如果龙虎公司一直迟延履行支付利息的主要债务,小马经过多次催要并给予龙虎公司一定的合理还款期限,但是在合理期限内,龙虎公司仍然没有履行,依据相关法律的规定,当事人一方迟延履行主要债务,经催告后在合理的期限内仍未履行的,可解除协议,因此,小马可以明确向龙虎公司提出解除《投资合作协议》。

龙虎公司收到小马支付的 200 万元后，如果没有按照双方协议约定按期给付利息，致使双方签订的协议无法履行，也应当依法解除。而在《投资合作协议》解除后，龙虎公司应当将案涉借款偿还给小马，并按照约定支付相应的利息。

从上面的案例中我们分析一下，真正的投资关系与借贷关系之间都有哪些区别呢？

1. 主体不同

投资关系的主体通常可以直接或者间接参与公司、企业的经营管理，投资人投资后便成为公司股东、合伙人等，其履行出资义务，承担瑕疵出资的责任。投资关系的主体享有决策权，包括参与决策权、利润分配权、知情权、选择管理者等权利。

借贷法律关系的债权人不参与公司实际经营管理，不承担公司的经营风险，只是要求债务人在约定还款期限内返还本金及利息。

2. 收益性质不同

投资法律关系中，投资者获得的收益与公司经营状况密切相关，获得收益主要是公司股权分红或经营利润分配。该分配的前提是需要公司有可分配的利润。投资者在成为股东后另一项收益便是转让投资份额，在公司经营状况良好且存在盈利的情况下，此时投资者转让其投资份额，即可获得比当时投资更多的收益回报。

借贷法律关系中，借款期限届满后，不论债务人是否有盈利，都应当按约定归还借款本金及利息，债权人收回借款本金及所获得的利息的资金可以是债务人公司的经营收入、利润，甚至包括债务人通过第三方融资款。

3. 风险不同

投资者因投资行为获得投资人身份，享有公司的利益分配权、重大事项决策权、经营管理等相应权利，同时承担公司的经营风险，获得一定的经济利益或社会效益。投资者收益由公司营业利润决定，按照约定比例或投资比例分配利益。当公司经营不善不产生利润甚至公司亏损之时，就有可能发生投资者的投资金额全部或部分损失掉的情况。

而在借贷法律关系的情形下，无论公司经营状况如何，债权人均享有要求债务人按时、足额返还借款本金及利息的权利。即使债务人公司发生亏损导致未能按约定归还本金及利息，债权人依旧享有可以向其主张本金及利息的权利。

需要注意的是，随着我国不断加大对高利贷的规制和打击力度，便有一些公司为了规避金融机构借贷需要资质或者民间借贷最高利率的限制，通过"投资协议"等方式签下合同，有些便是披着"投资"的外衣但其本质却为借贷关系。

本节通过对常见的几种实为借贷情形的分析，相信大家已经有了一定的了解。对于民间借贷的法律关系以其他合同形式被掩盖的，应当在查明事实的基础上对法律关系进行准确的定性。我们应当透过合同的主体、合同的标题等形式要件去审查合同的本质内容。而合同法律关系与民间借贷法律关系在资金性质、主体权利义务承担、主体地位、资金来源、资金用途等方面存在区别。通过区分不同法律关系中权利义务关系性质及内容，准确界定民间借贷纠纷的法律关系性质和内容。

第二章　合同：教你签订"完美合同"

第一节　全盘认识合作方

合作促进了经济发展和社会进步，古时候，人与人之间的合作往往是通过熟人介绍，抑或已经形成了良好的口碑。现如今，合作内容与合作模式的多样化给合作的渠道带来了新的挑战，即除了熟人与口碑之外，我们还能通过什么来判断合作方的可信度？本节内容将讲述从哪几个方面全面、细致地认识个人和公司合作方。

一、利用信息化

1. 中国执行信息公开网

如果合作方为个人，确定其准确姓名后，进入执行信息公开网，点击"综合查询被执行人"，输入其姓名、身份证号、验证码进行查询，查询结果那一栏如若没有任何信息，说明目前合作方还未失信，但是并非绝对，有可能是由于失信信息同步的迟延。如果查询结果显示存在失信记录，就需要重点观察。

在实践过程中我们往往并不知晓合作方的身份证号，又该如何查询呢，首先我们要做的就是确定合作方的性别、户籍地区、大概年龄，在知晓以上信息后根据查询出来的结果看是否有相符的信息，如果各项信息相符就需要通过其他途径再行确定。

2. 中国裁判文书网

中国裁判文书网是记载涉及诉讼的信息，如果合作方参加过诉讼程序或是启动过诉讼程序，在不涉及个人隐私、国家秘密、商业秘密，以及其本人未申请不公开的情况下，相关的诉讼信息会在中国裁判文书网中进行留存，我们可以通过裁判文书网查询合作方是否有被起诉以及被起诉的频率是否频繁等信息。

如何查询呢？进入中国裁判文书网的界面之后注册后才能使用，注册成功后，在检索信息的一栏里直接输入合作方的姓名点击查询，此时显示出的结果数量可能非常之多，我们再根据我们已知的其他信息再次筛选，最终确定查询显示的信息是否和我们的合作方各项信息相对应。

3. 国家企业信用信息网

该网站可查询市场主体的注册登记、注册资本、法定代表人姓名、注册地、许可审批、年度报告、行政处罚、抽查结果、经营异常状态等信息（不含我国港澳台地区企业信息）。我们可以从以上信息中获得哪些有用的信息呢？

注册资金：注册资金是国家授予企业法人经营管理的财产或者企业法人自有财产的数额体现，通过注册资金，我们可以初步确定合作企业的规模，如果合作的金额远远大于合作方的注册资金，那我们就需要进一步确定合作方的注册资金是否已经实缴。

注册地址：公司注册地址是在公司营业执照上登记的"住址"，一般情况下，公司以其主要办事机构所在地为住所。可以实地考察合作方是否在该地址办公，如果不在该地址办公，是否还有其他办公地址，合作方能否重新提供能够联系上的地址，防止后期出现对接人失联的情况。

经营范围：经营范围是指国家允许企业生产和经营的商品类别、品种及服务项目，反映企业业务活动的内容和生产经营方向，是企业业务活动范围的法律界限，体现企业民事权利能力和行为能力的核心内容。从合作方的经营范围可以看出合作的项目是否在其被批准的经营范围内，如果超越了其经营权限，即使后期有合同也会涉及合同的效力问题，故为了避免该问题的出现，我们在合作初期就需要调查合作方是否具备合作的基本条件。

合作方企业性质：企业性质指的是企业的所有制形式，主要有国有企业、集体企业、联营企业、股份合作制企业、私营企业、个体户、合伙企业、有限责任公司、股份有限公司。实践中比较常见的为有限公司，顾名思义，有限公司指的是有限责任，公司股东在其认缴的范围内对公司债务承担连带清偿责任。

股权结构：合作方的股东数量以及股东持股比例，如果仅有一名股东则为自然人独资公司，如果有多名股东则需要看各自的持股比例。

变更记录：通过该项内容我们可以得知合作方在何时变更何项目，以及变更的频率高低，若内部股东、高管频繁变动，则需要进一步了解频繁变更的缘由。

年度报告：从年度报告中去了解合作方在去年一年缴纳社会保险的员工人数，如若缴纳社会保险的人数为零或仅有几名，从某方面可反映出合作方的员工是不稳定的，同时，可能也不具备长期发展的可能。

企业行政处罚信息、列入经营异常名录信息、列入严重违法失信名单（黑名单）信息：如果合作方在上述三项信息内存在一项或多项，我们就需要谨慎判断是否还能够继续合作。

4. 国家税务总局及地方税务局

在税务局的网站上可查询的合作方是否有欠税情况及其他税务违法信息。如果查询出合作方有欠税信息，一定要谨慎合作。

5. 企查查、天眼查、爱企查

上述三种软件，直接输入合作方的姓名，根据查询出来的信息进行筛选判断即可。

6. 网络搜索引擎

网络搜索引擎内集成了各类型信息，对合作方进行关键字搜索，全面查看与合作对象有关的新闻、资讯、广告、评论，查看是否存在负面消息以及存在的数量。

二、通过日常交流

都说合作"合"的是人品、信誉，短时间内去深入了解对方的过往人品、信誉，往往是困难的，但可以通过当下的交流，觉察到一些蛛丝马迹。

1. 从事该行业的时间

如果合作方已经从事该行业多年，在该地区本行业内应当具有一定的口碑，我们可以向周边商家进行打听。如果合作方是刚开始从事该行业，我们需要从交流中试探其对该行业是否了解以及了解的程度。

2. 是否守信

合作前的洽商尤为重要，奠定了合作的基础，从认识到洽商的过程正是双方加深了解的过程，在该过程中，双方可以约定时间对合作项目进行考察，如对方未按照约定时间或者临时通知取消考察又没有合适的理由，可以初步判断出对方不具备作为合作方的基本条件——守信。

3. 交流内容

合作前期，双方互不了解，假若对方一直在空泛地强调自身优势，却又回避实际问题，我们则需要主动出击，从以下几个方面和对方展开交流：

（1）客户案例：除要合作的项目外，偶尔要交流对方以往的案例和客户，从其对以往案例的描述判断其对待合作方的态度以及项目的真实性。

（2）合作的主体：合作的主体即为合同的订立主体（普通民事主体，即自然人、法人或者其他组织）。根据《中华人民共和国民法典》规定，合同是民事主体之间设立、变更、终止民事法律关系的协议。了解了主体这一概念后，我们才可以认识到主体是合作的开始，但是这个开始往往被我们忽视，主体是合作的基础，如果主体错误或者不当，可能会给后续的合作带来麻烦，所以我们在开始时就需要找准合作方，与能够代表合作方的人员沟通、洽谈。

（3）合作的方式：合作的方式有多种，但归根结底为合作方预计用什么达成合作，是以财产（动产、不动产或是知识产权）、资源还是人力技术。在以上三种模式中，财产无疑是最好理解的也是最常见的，而财产的合作模式较常见的为买卖方式，一方提供货物，另一方支付对应的货物价款。

（4）流程规范：深入探讨项目合作的过程，从开始启动到落地需要做哪些准备，会面临哪些困难，面临困难时如何解决，这一系列是否有规范且合理的流程。

(5) 双方的权利义务。

(6) 违约责任的约定：违约责任，即违反合同的民事责任，也就是合同当事人因违反合同义务所承担的责任。诚实信用原则被公认为民商事活动的根本原则，在法律中有明确规定，其目的在于实现合同订立方之间权利义务的实质性公平，作用机制就是利益平衡。诚实守信是人类社会普遍崇尚的基本价值，社会实践中要依法保护、鼓励诚实守信的合同方，要依法制裁、谴责不讲诚信的当事人，所以产生了违约责任。

违约责任一般如何约定，主要有以下几种方式，我们可以通过对违约责任的沟通判断合作方的合作诚意。

①继续履行

a. 继续履行的概念。继续履行也称强制实际履行，是指违约方根据对方当事人的请求继续履行合同约定的义务的违约责任形式。

b. 继续履行的适用。继续履行的适用，因债务性质不同而不同：

金钱债务：无条件适用继续履行。金钱债务只存在迟延履行，不存在履行不能，因此，应无条件适用继续履行的责任形式。

非金钱债务：有条件适用继续履行。对非金钱债务，原则上可以请求继续履行，但下列情形除外：法律上或者事实上不能履行（履行不能）；债务的标的不适用强制履行或者强制履行费用过高；

②采取补救措施

采取补救措施作为一种独立的违约责任形式，是指矫正合同不适当履行（质量不合同）、使履行缺陷得以消除的具体措施。

③赔偿损失

赔偿损失，是指违约方以支付金钱的方式弥补受害方因违约行为所减少的财产或者所丧失的利益的责任形式。首先，赔偿损失是对违约所造成的损失的赔偿，与违约行为无关的损失不在赔偿之列。其次，赔偿损失是对守约方所遭受损失的一种补偿，而不是对违约行为的惩罚。

④违约金

违约金是指当事人一方违反合同时应当向对方支付的一定数量的金钱或

财物。《中华人民共和国民法典》第五百八十五条规定，当事人可以约定一方违约时应当根据违约情况向对方支付一定数额的违约金，也可以约定因违约产生的损失赔偿额的计算方法。约定的违约金低于造成的损失的，人民法院或者仲裁机构可以根据当事人的请求予以增加；约定的违约金过分高于造成的损失的，人民法院或者仲裁机构可以根据当事人的请求予以适当减少。接下来通过三个案例讲述合作主体、合作资质及违约金。

典型案例

2020 年 3 月，王某经人介绍与张某相识，张某挂靠于浙江某船厂，王某与张某经过洽商后签订了《船舶加工合同》，约定由船厂为王某加工水泥罐装船，交付日期不得晚于 2021 年 4 月 30 日，费用为 868000 元。2020 年 4 月，王某与船厂签订《委托代购材料协议》，约定由船厂为申请人代购钢材、机械设备和船体辅料等设备，价格共计 280 万元。2021 年 4 月初，因船厂仍未将船体建造完成，王某出于天气以及体谅被申请人等角度考虑，于 2021 年 4 月 5 日与船厂签订《补充协议》，约定将交船日期推迟至 2021 年 9 月 30 日，如还未按时交船，则需按每天 2 万元的标准支付违约金。2022 年 1 月 26 日，双方签署《建造船舶交接书》。以上合同的签订人均为王某和船厂，张某在船厂代表人处签字，但所有的洽商及合同签订均是与张某完成。因迟延交船，致使王某未能及时营运产生了损失，于是王某诉至仲裁委，要求张某与船厂共同赔偿违约金。仲裁委的裁决结果为船厂向王某支付违约金，但因无法证明张某与船厂系挂靠关系，故张某不承担违约责任。

法律分析

我们在合作时一定要注意实际合作人与名义合作人的区别，防止后期"竹篮打水一场空"，名义合作人以未实际合作为由推诿责任，实际合作人以合作方不是其为由推诿责任。我们该如何避免该种情况呢？下面提供两种方式：一种方法是让名义合作人向实际合作人出具一份针对该合作项目的授权，并由我们保留授权原件；另一种方法为实际合伙人在合作项目中进行担保。

> **典型案例**

2019年年底，A公司与B公司就新能源项目达成如下会议纪要：（1）关于合作分工。1. B公司负责项目前期、建设期、运营期所需要的行政手续申请及批复。2. B公司负责本项目推进过程中所必需的行政许可申请及批复常规费用支出。3. A公司负责项目前期的立项及落地。（2）关于合作费用确定及支付节点。1. B公司承担的对价为每瓦0.2元。2020年3月，涉案项目取得备案证明。为了项目顺利进行，B公司于2019年年底设立了全资子公司C公司。但在项目的落地过程中，B公司擅自于2020年年底对C公司均进行工商注销登记。致使A公司前期投入的成本付诸东流，但因双方仅有会议纪要，并无正式的合作合同，也未约定违约责任，故诉讼时以实际损失为由要求B公司进行赔偿。法院判决B公司承担既得利益8%的损失。

> **法律分析**

该案例中是由于缔约过失造成的损失，是信赖利益损失，应包括直接损失和间接损失，即实际支出的费用和在现有条件下从事正常经营活动所获得的利润损失，但商业行为需要有投入，也均有风险，故法院在双方未约定的情况下仅能根据现有证据判决。如果双方在前期合作中明确约定了符合法律规定的违约责任，后期一旦产生违约，对应违约责任的计算也将变得简单。

> **典型案例**

李某在甲公司工作，2018年甲公司在河南某住宅小区的招投标项目中标，针对该项目的桩基工程需要分包，因刘某与李某是多年好友，李某便通过甲公司将桩基工程转包给刘某。2018年9月10日，甲公司与刘某签订《桩基工程承包合同》，合同中对承包内容、管桩类型、规格、工程量、工程造价、验收等均作出约定，又因双方系好友，合同约定的付款节点为进场前预付30%工程款，施工至50%时再支付20%工程款，施工至75%时，支付20%，施工完毕验收合格后支付25%工程款，余下5%工程款待两年质量保证期满后再行支付。施工时间为2018年9月10日至2019年5月10日，如逾期交工需按照每日1000元的标准支付违约金。2020年8月16日施工完毕，因逾期交工，剩余30%工程款甲公司未及时支付，因此刘某将甲公司诉至法院要求支付剩余工程款，但只字未提逾期交付的事实，甲公司提出反诉，要求按照合同和约定支付逾期交付违约金259000元。法院判决甲公司支付剩余30%工程款，驳回甲公司要求支付违约金的诉讼请求。

法律分析

本案例中，因刘某无建筑施工企业资质，故双方签订的《桩基工程承包合同》应系无效。根据《最高人民法院关于审理建设工程施工合同纠纷案件适用法律问题的解释》[①]（法释〔2004〕14号）的规定，建设工程施工合同无效，但建设工程经竣工验收合格，承包人请求参照合同约定支付工程价款，应予支付。但因双方合同无效，故案涉合同中有关违约责任的条款的约定亦属无效，甲公司也就不可依据该条款向刘某主张逾期交付的违约金。

第二节 "完美"合同这样签

完美，即没有缺陷和漏洞，是否存在"完美"的合同呢？合同是双方乃至多方的，具有相对性，如果对"甲"完美，可能对"乙"就不完美，所以我们指的"完美"为相对完美，而非绝对完美。

合同的类型有很多种，如买卖合同，供用电、水、气、热力合同，赠与合同，借款合同，租赁合同，融资租赁合同，承揽合同，建设工程合同，运输合同，技术合同，保管合同，仓储合同，委托合同，行纪合同，居间合同。日常实践中又以买卖合同和借款合同最为常见，接下来我们以买卖合同为例进行分析。

一、合同主体

合同的订立主体（普通民事主体，即自然人、法人或者其他组织）。在上面的内容中我们已经叙述过合同主体的定义，这一节我们将详细说明一下各

---

① 该文件现已失效。

个主体。

1. 自然人：自然人即生物学意义上的人，是基于出生而取得民事主体资格的人。其外延包括本国公民、外国公民和无国籍人。自然人分为完全民事行为能力人、限制民事行为能力人和无民事行为能力人

2. 法人：法人是具有民事权利能力和民事行为能力，依法独立享有民事权利和承担民事义务的组织。法人的本质是法人能够与自然人同样具有民事权利能力，成为享有权利、负担义务的民事主体。《中华人民共和国民法典》以法人成立目的的不同为标准，将法人分为营利法人、非营利法人和特别法人。

3. 其他组织：是指合法成立、有一定的组织机构和财产，但又不具备法人资格的组织，包括：（1）依法登记领取营业执照的个人独资企业；（2）依法登记领取营业执照的合伙企业；（3）依法登记领取我国营业执照的中外合作经营企业、外资企业；（4）依法成立的社会团体的分支机构、代表机构；（5）依法设立并领取营业执照的法人的分支机构；（6）依法设立并领取营业执照的商业银行、政策性银行和非银行金融机构的分支机构；（7）经依法登记领取营业执照的乡镇企业、街道企业；（8）其他符合本条规定条件的组织。

合同主体贯穿整个合同，首先，在合同的首页需写明合同的主体，包含主体的全称、联系方式、住址等信息。其次，在合同的末尾，合同主体需要进行签署，若是自然人，则需要签署姓名；若是法人或其他组织，则需要盖公章和代表签字，此处的代表一般为法定代表人、负责人或是具有授权的代理人。签署时需要注意的一点为，核对公章的信息，是否系合同相对方，防止错盖或故意盖成关联公司抑或分公司和其他部门的章。涉及个人签字的部分，需要核对其身份信息防止无授权的代理人代签（如有授权，需留存备份）。现在我们用两个案例对合同的主体进一步说明。

典型案例

李某年事已高，为提高晚年生活质量，决定将自己名下位于中央花园的一套房屋挂在中介机构委托其帮忙售卖，挂出后不久，张某看中了这套房屋，于是双方签署订购协议，很快张某就将全部购房款支付给了李某，李某也按

照约定办理了房屋过户手续。过户手续办理完成后,张某即进行了重新装修并办理入住。此时,李某儿子李小某发现了房屋已更名并且已有人入住,便一纸诉状交到法院要求确认李某为无民事行为能力人,并委托法院选定鉴定机构对李某进行行为能力鉴定,鉴定结果确认李某为无民事行为能力人,法院指定李小某为李某的法定代理人。拿到法院的裁定书后李小某立即以李某的名义起诉张某要求法院确认李某与张某签署的《房屋买卖合同》无效,并要求张某返还房屋。审理过程中,李小某提交了李某的住院病历以及鉴定报告,证明李某患有脑血管疾病,该类疾病为慢性病并非突然形成,以此可以推断出李某出卖房屋时不具备行为能力。

> **法律分析**

1. 如何判断对方有没有行为能力?

完全民事行为能力即为能够辨认自己所实施的行为。可以从以下方面判断。首先,从年龄判断,查看对方身份证,看是否已满18周岁。如果未满18周岁但是已满16周岁,并且以自己的劳动收入为主要生活来源的,就可以视为完全民事行为能力人,有权对外以自己的名义订立合同。其次,从和对方的交流过程中分析判断对方说话是否有条理及逻辑性,如果对方说话吐字不清、逻辑混乱、词不达意,这时我们一定要注意了,他/她很有可能是无民事行为能力人或限制民事行为能力人。

2. 签订合同后发现对方不具备完全民事行为能力怎么办?

对上述问题,可分为以下三种情况讨论:

(1) 合同签订但未履行

合同未履行的情形下可以直接将合同作废,理由为对方不具备行为能力,合同实际上未生效。或者可以和对方沟通让其通过法定程序指定代理人,再与代理人补签该合同,如此,合同即为有效合同。

(2) 合同签订正在履行

此种情形仍是两种办法,需要我们综合判断哪一种对我们更有利,一种是简单直接地终止履行,如果终止履行带来的损失过大,可以要求对方予以赔偿合理损失，请求赔偿损失的依据即为因对方主体原因导致合同无法继续履行。另一种则是继续履行，为了确保后续合同的效力，可以要求对方的法定代理人补签合同。

（3）合同签订已履行完毕

合同在已经履行完毕的情况下，如果对方不请求撤销合同，我们则无须主动要求补签合同。但如果对方请求撤销合同，我们需要搜集一些证据（如视频录像、沟通记录等），证明其在签订合同时具备相应的行为能力。

3. 因对方不具备行为能力导致合同被确认无效怎么办？

合同被确认无效的后果为因该合同取得的财产，应当予以返还，没有必要返还的，应当折价补偿。有过错的一方应当赔偿对方因此所受到的损失，双方都有过错的，应当各自承担相应的责任。本案中，张某因合同取得了房屋，李某因合同取得了购房款，合同被确认无效后李某需向张某返还购房款，张某需要李某返还房屋。此时大家不禁有疑问，那张某的装修费用如何计算呢？张某的装修费用属于因合同无效造成的实际损失，由过错方予以赔偿，但是这个案例中很难判断李某主观上是否具备恶意签订无效合同的意思表示，所以实践审判过程中可能会适用公平原则予以判决，由李某和张某共同承担装修损失。

典型案例

2018年年底至2019年年初，陈某与某公司对位于北京市东城区某大厦的装修工程共签订了6份合同，包含玻璃及不锈钢采购合同、酒窖钢结构玻璃楼板、大堂栏杆定制安装、入户大门定制安装及不锈钢旋转楼梯制作安装工程合同，以上六份合同总金额共计1557000元。2020年，上述合同中工程项目的材料供应及安装均已完成，并且已超过合同中约定的质保期。但某公司仅支付了30%的合同预付款，剩余的款项均未支付，为了拿到剩余的款项，陈某不得不诉至法院，要求某公司支付款项及合同中约定的逾期付款违约金。在法院的审理过程中，陈某才得知某公司在合同落款处盖的章系某公司的财务专用章，某公司以此抗辩合同无效无须支付违约金。

> 法律分析

1. 财务专用章能否替代合同章？

答案是不能的，财务章属于专用章，只能作为财务相关用途的章使用，而合同章是专门用于签订合同的印鉴。

2. 仅加盖了财务专用章的合同是否有效？

一般来说，合同中一方仅加盖了财务专用章的合同是无效的。

3. 如果加盖了财务专用章该如何补救？

可以要求对方在合同中重新加盖合同章/公章或是重新签署一份合同加盖合同章/公章。

4. 这个案件中如果合同因加盖财务章被确认无效会带来什么后果？

本案中，陈某的义务已经全部履行完毕，但某公司未按约定货款，即使合同无效，某公司也需要向陈某支付剩余的货款，但是却不用支付合同中约定的违约金，这是因为合同无效导致约定的违约责任也无效。

我们在合作时一定要注意实际签署方的全称，防止后期主体不明或合同无效。明知道对方可能会以合同并非其签署或是合同无效等缘由来推诿责任，我们该如何避免该种情况呢？合同主体为公司的，要求对方提供一份加盖了公章的营业执照复印件，签署合同时仔细核对公章/合同章中的名字，注意区分总公司、分公司，公章、项目章和财务章。

二、合同各方的义务

（一）买方的义务

1. 支付价款。价款是买方获取标的物所有权的对价。依合同的约定向卖方支付价款，是买方的主要义务。买方须按合同约定的数额、时间、地点支付价款，并不得违反法律以及公共秩序和善良风俗。合同无约定或约定不明的，应依法律规定、参照交易惯例确定。

2. 受领标的物。对于卖方交付标的物及其有关权利和凭证，买方有及时受领义务。

3. 对标的物检查通知的义务。买方受领标的物后，应当在约定或法定期限内，依通常程序尽快检查标的物。若发现应由卖方负担保责任的瑕疵时，应妥善保管标的物并将其瑕疵立即通知卖方。

（二）卖方的义务

1. 交付标的物。交付标的物是卖方的首要义务，也是买卖合同最重要的合同目的。标的物的交付可分为现实交付和观念交付。现实交付是指标的物交由买方实际占有；观念交付包括返还请求权让与、占有改定和简易交付。

2. 转移标的物的所有权。买方的最终目的是获得标的物的所有权，将标的物所有权转移给买方是卖方的另一项主要义务，这也是买卖合同区别于其他涉及财产移转占有的合同的本质特性之一。

3. 瑕疵担保义务。卖方对其所转让的财产负权利瑕疵和物的瑕疵的担保义务。

（1）权利瑕疵担保义务，是指卖方就其所移转的标的物，担保不受他人追夺以及不存在未告知权利负担的义务。

（2）物的瑕疵担保义务，是指卖方须保证标的物移转于买方之后，不存在品质或使用价值降低、效用减弱的瑕疵。各批标的物有关联的，则可就该批以及以后的各批标的物解除合同。

三、合同价款、结算方式及支付时间与方式

合同价款一定要明确，如实在无法确定的，也需要写明暂定的具体价款。结算方式分为两种：一种为一次性付款，另一种为分期付款。如为分期付款，则需明确每次付款的时间及金额，付款的时间切不可模棱两可。而不论是采取哪种结算方式，支付的方式均需确定，实践中最为常见同时也较为便捷的支付方式为银行汇款，但有时也可以约定为银行承兑汇票、商业承兑汇票、支票等付款方式，总体来说，商业承兑汇票的风险较大，我们以下面这个案例为例来介绍商业承兑汇票的风险性。

典型案例

连某公司与鑫某建筑材料有限公司系合作关系，截至2020年年底，鑫某建筑材料有限公司共欠刘某货款50万元，于是其向连某公司出具商业汇票一张，金额为30万元。出票人为某房地产开发有限公司，收票人为鑫某建筑材料有限公司，承兑人为某房地产开发有限公司。该汇票在鑫某建筑材料有限公司、某建材公司及连某公司之间连续背书转让。汇票到期后即2021年7月31日，连某公司在电子商业汇票系统上提交申请，提请承兑人支付，但被拒付。故诉至法院要求鑫某建筑材料有限公司、某建材公司承担付款责任。诉讼过程中，连某公司得知所有涉及鑫某建筑材料有限公司的电子汇票纠纷，均由当地中院集中管辖，连某公司担心鑫某建筑材料公司转移财产，便申请了财产保全，但是并未保全到任何财产。

法律分析

1. 如何判断商业汇票是否可以顺利承兑？

第一步核对承兑人的企业信息以及企业信誉，具体的可参考"全面认识合作方"一节内容中列明的查看方法进行查看。第二步查看背书信息，看背书的企业及背书时间。

2. 商业承兑汇票的承兑时间是否有限制？

汇票上会明确注明到期日，我们需要在到期日后提请承兑，无须提前承兑，提前承兑可能会导致后置程序错误。

3. 提请承兑后被拒付怎么办？

发现被拒付后需要立即申请追索，千万不能不当回事，等想起来再追索可能就超时了，拒付追索的时间为6个月，自被拒绝承兑或者被拒绝付款之日起算。追索需要追索所有背书人，最大限度地保障自身权益。

结算方式尽量不要选择商业承兑汇票，确为商业承兑汇票的需注意出票人、背书人的履行能力，可以查询上述公司的信誉情况及经营情况，避免后期兑付不了，资金回笼困难。

四、违约责任

买卖合同中常见的违约行为包括未按时交付货物、交付的货物不符合标准、未按时足额支付价款、合同履行过程中毁约等。针对以上常见的违约行为，可以作出如下责任约定：

1. 毁约

一方不能履行合同的，应向另一方赔付损失并支付违约金，损失包含实际损失及逾期损失。一般商品的违约金为合同总价款的_____%（在1%—30%之间确定）。

2. 未按时交货

（1）卖方提前交货，如因此造成买方额外支付了本不需要支付的仓储费及其他费用，卖方应向买方赔偿实际损失及违约金（违约金以提前交付的货物总价值为基数，每提前一天支付_____%的违约金）。

（2）卖方逾期交货，应向买方赔付损失并支付违约金，损失包含实际损失及预期损失。违约金以逾期交付的总价值为基数，每逾期一天支付_____%的违约金。

3. 未按时足额付款

买方逾期不足额付款的，应向卖方赔付损失并支付违约金，损失包含实际损失及预期损失。违约金按逾期付款部分货款总值为基数，每逾期一天支付_____%的违约金。

五、合同争议解决

双方履行合同过程中，发生纠纷时，应本着顾全大局、相互谅解的精神，及时协商解决。协商不成时，任何一方均可请求第三方调解，调解不成的，按以下第（　）项方式处理：（1）申请_____仲裁委员会仲裁；（2）向_____人民法院起诉。

此处需要着重注意的是，仲裁委员会和法院只能择其一，必须明确，不能既约定仲裁委员会又约定法院，这样会导致约定无效，等同于未约定。如果约定仲裁委，需要写明仲裁委员会的全称，切忌模棱两可或写了一个并不存在的仲裁机构。

如果约定法院管辖，也并非随意选择，以下纠纷适用专属管辖的约定：（1）因不动产纠纷提起的诉讼，由不动产所在地人民法院管辖[①]；（2）因港口作业中发生纠纷提起的诉讼，由港口所在地人民法院管辖[②]；（3）因继承遗产纠纷提起的诉讼，由被继承人死亡时住所地或者主要遗产所在地人民法院管辖。

除上述专属管辖的限制外，仍有一定的法院选择限制，即选择的法院需要和纠纷的发生有一定的关联性，以买卖合同为例，可以约定合同签订地、买方住所地、卖方住所地、供货所在地等与合同及合同履行有牵连的地方法院。

> **典型案例**

2020年12月28日，杜某与华某商贸公司签订了《商铺租赁合同》后。2020年12月29日，美某商贸有限公司、华某商贸公司与杜某签订超市转让协议，协议约定由杜某支付给美某商贸公司400万元转让费，并约定由甲仲裁委管辖。协议签订后杜某按约支付了转让费。并先后花费了50万元进行装修，有装修凭据为证。2022年4月30日，超市被华某商贸关停，给杜某造成了巨大的停业损失，2022年7月27日，华某商贸公司向杜某发送关于解除《商铺租赁合同》的通知函，解除了杜某的租赁权和超市经营权，并要求杜某腾退。于是杜某诉至甲仲裁委，但发现该仲裁委并不存在，该地方仅有一个仲裁委，为乙仲裁委员会。故杜某只得重新整理材料尝试向当地的法院提起诉讼。

[①] 不动产纠纷仅指因不动产的权利确认、分割、相邻关系等引起的物权纠纷。农村土地承包经营合同纠纷、房屋租赁合同纠纷、建设工程施工合同纠纷、政策性房屋买卖合同纠纷，按照不动产纠纷确定管辖。

[②] 港口作业是指在港口进行货物装卸、搬运、保管等作业。

法律分析

1. 可以约定法院和商事仲裁委员会共同管辖吗？

不可以，这种约定是无效的。

2. 约定的县级仲裁委员会虽然不存在，但是市级仲裁委员会在该县有办事处，这样的管辖有效吗？

实践中做法不一，有的法院会根据双方约定了仲裁管辖为由而不予受理，但有的法院也认为约定的仲裁委员会不存在视为未约定，故法院可以受理。

3. 约定仲裁管辖和法院的区别是什么？

（1）程序时间：法院程序较为繁杂，审理期一般较仲裁机构长，适用普通程序审理期限一般为6个月，简易程序一般为3个月，如果上诉进入二审程序，又会增加几个月的审理时间，其中还不排除有延长审限的情况发生。仲裁审理案件时间短、效率高。实行"一裁终局"制度，没有"二审"程序。（2）审判人员的选择：法院不可以选择案件审理法官。仲裁可以选择仲裁员。（3）救济途径：对法院一审判决不满意的可以进行上诉。对仲裁不服的无法上诉，一裁终局。（4）成本：小标的额的案件法院一审诉讼费相对仲裁费用低一些，但一审、二审两次审理费用相加也有可能就高于仲裁费用了。仲裁费相对法院单级别审理费用会高一些，但一个案件只收取一次费用，相对法院一审、二审两次收费也可能就低于法院费用。

争议的解决主体需明确具体，如果约定仲裁委员会管辖，可先行查询该仲裁委员会是否存在以及仲裁委员会的全称，避免遗漏或书写错误，造成后期维权困难。

第三节　合同主要条款注意事项

生意合作最重要的就是诚实信用，但是书面约定也必不可少，这样就可以避免很多不必要的纠纷。很多供货商就是因为对对方过于信任，仅作口头约定或是简单书面约定，以至于供货过程中出现各种问题。本书将对供货过程中容易"踩坑"的地方进行总结。

一、质量的坑

不写质量标准或标准不明确。质量标准，是国家标准还是行业标准抑或约定标准，成套产品的，不但要写清主件的质量标准，还要写清附件的质量标准。看样订货的，一定要将样品封存好，作为验收的标准。需要详细注明标的物的全称、品种、品牌号、商标、规格型号、生产厂家全称、随机备品、合格证、使用说明书。

典型案例

2019年10月25日，张三与李四签订《产品买卖合同》，合同中约定，张三向李四购买型号为某厂0703号的27吨猪头，质量标准验收方式为实地验货或图片，口头约定猪头为"白头"。合同签订后，张三向李四指定账户支付了162000元的预付款。2020年1月15日，李四通知张三前往港口进行货物验收，张三发现实物与约定的不符，约定的是"白头"实际到货的为"红头"。于是张三及时告知李四无法验收并要求退还预付款，但李四以到港的货物就是约定的某厂0703号猪头为由拒绝退款。

法律分析

从这个案例中我们可以看出，双方只约定了货物，即猪头的型号，但是并未对该型号作出明确具体的约定，仅是口头说明了为"白头"，猪肉买卖行业中一般将猪头的品质约定为"白头""红头""黑头"，通常情况下"白头"最为优质，"红头"次之，"黑头"再次之。张三拒绝提货的原因也正是由于到货的为"红头"并非"白头"。

1. 如何才算质量约定明确呢？

约定明确即具有唯一性，不会模棱两可。大家可以分析一下这几句话：

（1）甲方向乙方提供 100 千克玉米种子；

（2）甲方向乙方提供 100 千克玉米种子，种子需符合国家标准以及行业标准；

（3）甲方向乙方提供 100 千克玉米种子，种子标准为：纯度98%、净度98%、芽率95%、水分13%。

在上述三种表述中相信大家都看出了哪一种表述最为准确，最不容易产生歧义。

2. 签订合同时暂时无法确定具体的质量标准怎么办？

如果在签订合同时无法确定质量标准，就可以先根据货物的类型确定大体标准，并在其后备注（具体标准后期双方另行约定，如后期无补充则以本合同约定的标准为准）。例如，乙方向甲方提供 100 千克苹果，苹果产地需为新疆阿克苏，每颗果净重需大于 350 克。假若后期甲方要求苹果直径需大于等于 80 毫米，则双方另行签署补充协议。如果双方后期没有另行约定，则乙方提供每颗大于 350 克的并且产地为新疆阿克苏的苹果就视为货物合格。

二、数量的坑

具体数量不明确或计量标准不一致。产品的数量应以国家统一的标准计量单位表示，没有统一计量单位的，产品数量的表示方法由双方确定，但必须具体明确，切不可用含糊不清的计量概念表述，如一件、一箱、一打等，应对使用的计量方法具体解释，如一件、一箱、一打等的表示，具体包括的产品数量是多少。除数量的计算方法需要明确外，对于运输过程中产生的数量差范围也应进行约定。

典型案例

2015 年 8 月 7 日，甲公司与乙公司签订《锰产品订货合同》，合同约定甲公司向乙公司购买一定数量的锰产品，货到甲方指定地点经甲方验收合格后一次性付款。2015年8月8日，乙方根据合同要求将锰产品装车发货，因天气恶劣致使比预期到达时间迟延了48小时。甲方验收时发现重量与合同约定的不符，要求乙方退还差价或重新供货。

法律分析

数量差以及合理损耗需要明确。对某些产品，必要时应当在合同中写明有关主管部门颁发的（没有主管部门规定的由合同双方商定）交货数量的正负尾差、合理磅差和在途自然减（增）量规定及计算方法。需要注意明确什么是多交、少交和如数交付。锰材料等工矿产品购销合同在履行过程中，由于运输、计量、自然、产品本身的性能等多方面原因，在发货数、实际验收数、合同规定的交货数之间，有时会出现差额，发生不一致现象。只有符合法律规定的磅差和增减范围的，才能以少交、多交或如数交付论处。

三、包装方式的坑

针对不同的产品包装要求必然也不一样，如对于玻璃等易碎物品包装不仅需要达到固定防止窜动的程度，还应在外包装上注明为易碎物品。

典型案例

2016年8月，张三承包了50亩农地用于种植树木，并通过朋友介绍找到了从事苗木生意的李四，由于是熟人介绍，双方仅是简单签署了一份合同，合同约定由李四负责将苗木妥善包装并运输至张三处。李四共分三次将苗木运输，其中一次在运输过程中部分枝条发生断裂、土球散开。张三拒绝收货并要求李四重新供货并赔偿2万元损失费。

法律分析

出现上述情况的原因是包装要求未写明确以及因包装不善引起的货物损坏责任，对"妥善包装"的定义不明确，应注明树枝要收拢合适，不能损坏树皮和树尖，土球不能松散，不能有严重断裂的现象发生。故不论针对何种商品，均应写清包装物、包装标准、包装标签的内容等。对包装物的供应、回收，费用负担也要写清楚，以免出现纠纷。对包装不善引起货物损坏的违约责任约定清楚。

四、验收时间、质量保证金的期限及支付时间

典型案例

2014年2月26日，A公司作为买受人，B公司作为出卖人，双方签订的《设备买卖合同》约定：由B公司向A公司供应2台电梯设备，规格型号：×××L，品牌或制造厂：×××。单价37.5万元，合同总价为75万元。交货时间为3个月。第2条质量标准：以国家标准和双方签订的技术协议内容为准。第3条出卖人对质量负责的条件及期限：安装调试竣工、终验收合格之日起计算，设备整机质保期限为1年，备件及软件质保期按本合同第2条执行。合同履行地点：为买受人厂区。验收标准、方法、地点及期限：终验收在买受方进行，在设备安装调试完毕30日内完成，如设备无法通过终验收，买受人有权要求退货并向出卖人索赔。货款结算方式为：(1)按设备总价支付20%定金合同生效；(2)设备预验收合格后付设备总价的30%发货，设备终验收合格后付设备总价的45%货款；(3)设备总价的5%为质量保证金，终验收合格1年内无重大质量问题后支付。违约责任：因买受人延迟付款，交货时间顺延。合同争议解决方式：协商解决，协商不成任何一方可向买受人所在地人民法院提起诉讼。技术协议、安全管理协议、招标文件、投标文件为本合同附件与本合同具有同等法律效力。

2014年1月3日，B公司作为乙方、A公司作为甲方签订《技术协议》约定：第3.1.2条执行的有关标准：所有电梯的设计、制造及调试均符合中华人民共和国国家标准等标准的全部要求。安装调试以重庆市技术监督局检测验收合格为准；竣工验收第8.4.1条规定：电梯安装调试后，B公司应先进行电梯结构性能、功能和安装质量等方面的自检，自检合格后，通知监理检查、验收，合格后方可通知技术监督局检验，再申请进行竣工检验。检验由监理方主持和组织，甲方、乙方参加。竣工验收的目的是全面检查安装质量和整机性能。初步验收第8.5.1条规定：初步验收指项目所在地电梯检测机

构对电梯在投入使用前的检验,由乙方组织,监理、甲方代表参加,只有通过了检验并取得准用证的电梯,甲方才能签署初步验收证书并接收移交。最终验收第 8.6.1 条规定:最终验收在质量保证期结束进行,由招标人组织、主持,乙方、监理参加的联合检查;第 9.4 条规定:在正常操作的情况下,乙方必须对合同货物的正常使用给予 24 个月的质保期,此质保期从电梯通过技术监督局的检测验收,并取得《电梯准用证》和《电梯安全准用证》之日起开始计算。

合同签订后,A 公司于 2014 年 4 月 15 日向 B 公司支付定金 15 万元,B 公司出售并安装的 2 台电梯于 2014 年 5 月 22 日通过预验收,A 公司于 2014 年 6 月 10 日向 B 公司支付货款 22.5 万元,B 公司按照合同约定向 A 公司供应了 2 台电梯设备并组织人员进场对电梯进行了安装。2015 年 2 月 9 日,B 公司出售并安装的 2 台电梯取得重庆市特种设备检测研究院出具的检验合格报告,取得《电梯准用证》和《电梯安全准用证》,B 公司于 2015 年 3 月 2 日将验收合格的 2 台电梯移交给 A 公司使用至今。A 公司尚欠 B 公司货款 165000 元。

法律分析

以上案例中出现两种约定,即质量保证期的期限以及支付质量保证金的时间。2014 年 1 月 3 日签订的《技术协议》第 9.4 条规定:在正常操作情况下,乙方必须对合同货物的正常使用给予 24 个月的质保期,此质保期从电梯通过技术监督局的检测验收,并取得《电梯准用证》和《电梯安全准用证》之日起开始计算。2014 年 2 月 26 日签订《设备买卖合同》第 3 条规定:设备总价的 5% 为质量保证金,终验收合格 1 年内无重大质量问题后支付。到底以哪一种约定为准呢?

这个案件中双方签署的《技术协议》及《设备买卖合同》均系双方的真实意思表示,签订的《设备买卖合同》在后,《设备买卖合同》是对《技术协议》的变更,故 B 公司要求 A 公司支付设备终验收合格后付设备总价的 45% 货款,终验收合格 1 年内无重大质量问题后支付设备总价 5% 的质保金,并从逾期支付之日起按中国人民银行同期同类贷款利率的150%支付逾期付款损失合法。既然已经在合同里明确约定了为何还会产生以上差异呢？

针对买卖合同内容后期如若进行了变更，应注明一句话"如本协议与前述约定不一致，以本协议为准"。买卖合同中需明确规定货物的验收办法，事关供需双方预期的经济效益，也是最易发生质量纠纷的地方，必须注意明确订明。合同中应明确载明：验收的时间；验收的手段；验收的标准；由谁负责验收和试验；当验收中发生纠纷后，由哪一级主管产品的质量监督检查机关执行仲裁等。同时，合同中应明确规定其验收期限。国家有验收期限规定的，按国家规定的期限进行；没有验收，不得动用，一旦动用，就视为验收合格，不能再提出数量及质量的异议。此外，合同中也应明确规定验收的地点。

五、交货的期限、地点和方式

典型案例

2019年1月23日，A公司（甲方）与B公司（乙方）签订《订货合同》，主要约定：甲方向乙方订购"和谦三七粉"铁盒7万个、"和谦熟三七粉"铁盒4万个，产品外观和结构均依甲方设计图样为准；单价均为含税8.5元，金额共计935000元。交货时间为收到货款后35日内交完并附有随货同行单，发货时间为2019年3月20日；在生产过程中会出现耗损问题，交货数量为两款合同产品订货数量的±5%，实际数量以甲方验收合格数量为准；乙方将货物运往甲方指定地址，运费由乙方负责，送货上门。付款方式为甲方在下达订单后，3个工作日内支付乙方50%定金467500元，出货前预付尾款后再出货。验收标准见附件，甲方收到货后10个工作日内完成验收工作，如验收合格率低于95%，甲方有权拒收或由乙方在3个工作日内提出解决方案，双方友好协商达成一致，否则产生的损失由乙方承担；若合格率达95%，甲方在使用中发现不合格品，整理收集不合格数量，以拍照或邮寄方式告知乙方，乙方确认后，需补发相对应数量的产品或者退回相对应的货款。乙方不能按时交货或甲方不按时支付货款，均属违约；违约方按逾期交货或逾期付款的每天千分之五向对方支付违约金。合同附件为"铁盒行业AQL质量检验标准"，载明了具体检查的要求。

合同签订后，A 公司向 B 公司转账支付了部分货款，其中于 2019 年 1 月 24 日支付 467500 元，于 2019 年 3 月 22 日转账支付 20 万元。B 公司以物流方式向 A 公司交付了两批货物，其中于 2019 年 3 月 25 日交付生粉铁盒 4500 个、熟粉铁盒 4830 个，于 2019 年 4 月 30 日交付生粉铁盒 6000 个。A 公司称该两批次的铁盒均已验收合格。B 公司提交的其法定代表人与 A 公司的采购部负责人之间的微信聊天记录显示，采购部负责人于 2019 年 3 月 15 日发信息称己方仓库较小，要求发货前先行沟通发货数量，以便仓库准备；B 公司法定代表人回复"共有 276 方，分两车出，一车约 1834 箱，每箱 30 个"。B 公司法定代表人于 2019 年 3 月 18 日发信息称货物已备好，仓库放不下，要求 A 公司按合同约定付款发货，不行就先交付一半即 130 方的货物。

2019 年 7 月 17 日，B 公司出具一份《情况说明》，内容大意：合同双方结合实际情况，付款方式在原合同基础上调整为"第一期款于甲方在下达订单后 3 个工作日内支付乙方 50%定金 467500 元，第二期款于 2019 年 3 月 22 日预付 20 万元，第三期款于 2019 年 7 月 18 日预付 20 万元，余款于最后批次产品到货验收完成后，乙方根据实际货物验收合格数量开具发票"。A 公司于 2019 年 7 月 19 日向 B 公司转账支付了 20 万元。B 公司于当月 20 日向 A 公司交付生粉铁盒 20790 个、熟粉铁盒 6000 个，共计 893 件；A 公司的工作人员于当月 22 日签收，并在送货单上备注"实收 893 件，其中 39 件潮湿"。A 公司提供一组照片，称签收的铁盒存在生锈、变形、刮花等质量问题。

A 公司提交的电话录音显示采购部负责人与 B 公司法定代表人在 2019 年 8 月、9 月多次进行通话，就 B 公司 2019 年 7 月 22 日交付的铁盒存在生锈、变形等问题进行协商。采购部负责人称经检验铁盒基本都有生锈的情况，经筛选后也无法使用，且生产后才三四个月就生锈，工艺不合格；如果经挑选后能用的铁盒就留下，不行的要求退货。B 公司称系 A 公司下单太多，铁盒生产后都存放在 B 公司的简易仓库中不收货，又逢广东梅雨季节，时间久了没有保护层的部位有锈点是正常现象，如果能擦掉锈点，可以补漆，其他的不能负责；之前两批铁盒都没出现生锈，说明生产工艺没有问题。

2019年12月18日，A公司以快递方式向B公司发出《关于和谦三七粉铁盒及和谦熟三七粉订货合同的函》，内容大意为：B公司于2019年7月23日第三批次交付了生粉铁盒20910个，熟粉铁盒5880个，价值227715元；A公司发现大部分货品出现生锈等严重质量问题，合格率未达到95%；后双方经协商，由A公司在该批次商品挑选可使用部分进行使用，对于出现质量问题的部分由B公司处理，但B公司答复部分生锈部位不能修复。因生产需要，B公司仅挑选出质量微小的1690个铁盒，剩余38590个生粉铁盒，29620个熟粉铁盒均存在质量问题无法使用，故要求B公司于30个工作日内将上述铁盒更换成符合合同约定质量标准的铁盒，逾期将解除双方签订的《订货合同》，并要求B公司退回相关铁盒价款及承担相应损失。

2019年12月18日，B公司向A公司发出《通知函》，内容大意为：根据双方签订的《订货合同》约定，B公司于2019年3月14日保质保量生产完成全部货物，共计约276立方米。因广东天气在3月以后进入梅雨季节，空气中湿度大，不能存放，故已多次告知A公司并要求收货。但A公司以无仓库存放为由仅于2019年3月25日收货311件，每件30个，共计9330个；于4月30日收货200件，共6000个；7月20日收货893件，共26790个；此后A公司以7月签收的铁盒上有小锈点为由不再收货。B公司现要求A公司提走所有产品，否则将从2019年12月24日起按每月1万元收取仓储费用。7月签收的货物有生锈点，并不是B公司产品的问题，具体原因已多次告知，但A公司此前拒不收货，责任不可能由B公司负责。鉴于双方长期合作关系，B公司提出两个解决方案：1. A公司直接提走剩下库存产品；2. 如A公司提出解决生锈点问题，由A公司负责材料费，B公司同意免费加工，完成后提走货物。现A公司以交付的货物不符合要求提起诉讼，要求解除合同关系。

法律分析

本案例中的情况是否符合解除合同的法定条件呢？

答案是不符合。首先，2019年3月18日，B公司告知对方货物已经完成，要求A公司按照合同约定付款发货。其次，B公司已多次催促A公司进行收货，A 公司以无仓库存放为由未按照合同约定的时间进行收货，存在逾期四个月才收货的情况。B 公司已经为货物的交付做好了准备，货物已处于可交付的状态，而 A 公司则违反了及时接收货物的合同义务。从违反合同时起，A 公司应承担货物毁损的风险。因此，A 公司主张解除《订货合同》的理由不符合法律规定。

本案中最后一期交付的标的物欠缺约定品质，为物的表面瑕疵。认定物的瑕疵的标准，合同有约定的，依合同约定；如无约定而由卖方提供标的物的样品或有关标的物的质量说明的，以该样品或说明的质量标准为依据。不存在上述两种依据时，可事后协商标准，依协商标准；如无协商标准，按照合同的有关条款或交易习惯所确定的标准。如标准仍不能确定的，按照国家标准、行业标准履行；没有国家标准、行业标准的，按照通常标准或者符合合同目的的特定标准履行。

标的物瑕疵应由卖方负担保义务时，如有瑕疵，买方可以请求减少价款，也可以要求卖方更换、修理，或者自行修理，费用由卖方负担。因标的物的瑕疵使合同目的不能实现时，买方可以拒绝接受标的物或者解除合同。本案中正是由于标的物瑕疵不影响合同的履行，故 A 公司无法定解除条件。

第四节　识别对方的危险信号

大家在工作生活中是不是经常会遇到欠款的问题，有别人欠你钱、也有你欠别人钱，欠款类型也是五花八门，有货款、借款、投资款、买房款、设备租赁款、买车款、工程款、劳务费等，你怎么了解你的欠款人目前到底是一个什么样的状态呢？你的欠款人身上都有哪些明显的特征？你的欠款人到底是真的没钱还是故意躲避欠款？我们通过以下这 10 个方式来分析一下：

信号 1. 办公地点由高档向低档搬迁

身边的欠款人是不是经常会这么说：我还差你这点钱吗？我只是最近在×××区又开了一个项目。

> **典型案例**

甲公司和乙公司于 2019 年 3 月签订了订购合同，乙公司按照合同约定给甲公司送了 200 万元货物后，甲公司仅支付 24 万元货款后，就以各种原因拖延货款，比如说货物存在质量问题，甲公司无奈之下只好开车 600 多公里去乙公司当面催要货款，当满怀希望的甲公司负责人到达乙公司之后，才发现该公司已经人去楼空，经过电话联系乙公司业务经理，经理表示因为自己公司订单太多，需要扩大经营才搬到了山东的一个小镇上，最主要的是这个地方租金只有原来的一半，面对这样的情况，甲公司赶紧查询了一下，发现该公司已经有了 3 起涉诉案件，且都是以撤诉结案，甲公司第一时间启动了诉前保全程序，保全了对方公司的基本账户，乙公司无奈之下与甲公司商议，最终在立案 19 天后达成和解，顺利回款。甲公司能够在得知乙公司搬迁后想办法查询对方的涉诉情况，以便了解对方真正的经营状况，能够在采用得知危机后第一时间采用保全方式，快速要回欠款。

> **法律分析**

如果你的欠款人也是这种情况，一定要尽快核查一下目前这个公司的位置是不是已经从高档写字楼搬出，这个时候有可能公司连房租都交不上了，只是目前还有一部分客户，还有部分货物等需要处理，这有可能是对方在回笼资金，你的欠款已经很危险了，这个时候一定要赶快采取措施。

信号 2. 频繁更换管理层、公司离职人员增加、大规模裁员

众所周知，一个企业的良好发展，离不开中层领导的努力，中层领导起着承上启下的作用。

> **典型案例**

A 公司承接了 B 公司的消防工程，A 公司指派李××作为本公司项目经理直接负责本工程的所有事宜，张××通过朋友介绍给李××负责的项目送消防管道，2017—2018 年，张××给李××负责的项目送出管道价值 127 万元，截至 2018 年 12 月项目完工，张××材料款还有 87 万元没有结算，谁知道 B 公司因

为环保问题一直未能完成验收，结算也遥遥无期，张××无奈之下只好又找到了当时给自己介绍这个项目的刘大哥，两个人带着5000多元的礼品去了李××家里，经过沟通才知道B公司已经搬迁到一个小镇上，且这个项目已经成了烂尾工程，A公司到现在也没有拿到一分钱，并且李××作为项目经理当时还垫付了27万元的工程费用，直到现在垫付的费用迟迟没有审批，工资也2个月没有如期支付，李××已经离职1个多月了，跟他一起负责这个项目的监理工程没干完就离职了，自己是因为垫付的费用一直拿不到才熬到现在，张××如果要钱只能尽快找公司要，其他的自己也无能为力了，张××彻底傻眼了，因为是朋友介绍，也没有签订合同，只是口头说按照项目经理提供需求送货即可，货到后项目经理确认收货即可。张××手里没有任何资料，且手机丢失过，里面的聊天内容已经丢失。

法律分析

想要回欠款，证据整理是关键，首先，要从货物的运输方式物流记录、装车记录、出库记录、对方打款记录等方面入手，如果这个企业频繁更换管理层、离职人员大量增加，甚至裁员，极有可能是资金链出现了问题。管理层不发绩效，连续拖欠工资3个月以上，你想一想，这样的企业工资都发不出来了，还会给你钱吗？

信号3. 频繁更换银行账户

我们先自己数一数，自己的银行账户是不是好几个，但是最常用的是不是就一两个，公司企业基本户也是一样，根据《人民币银行结算账户管理办法》[①] 的规定，存款人可以自主选择银行开立银行结算账户。除国家法律、行政法规和国务院规定外，任何单位和个人不得强令存款人到指定银行开立银行结算账户。

---

① 《中国人民银行关于取消企业银行账户许可有关事宜的决定》（中国人民银行令〔2019〕第1号）规定："不再执行《人民币银行结算账户管理办法》（中国人民银行令〔2003〕第5号发布）第六条、第二十九条、第三十一条、第三十八条规定，以及第十八条、第十九条、第二十一条、第二十三条、第二十八条、第三十二条、第三十六条、第五十四条、第五十五条、第六十三条涉及银行账户核准以及开户许可证（开户登记证）的相关规定。"

> **典型案例**

北京某材料经销部诉河北某建筑安装工程公司拖欠87万元材料款一案，北京某材料经销部第一时间对河北某建筑材料有限公司和自己所有来往账目进行整理，发现该公司账户竟然多达十几个，法院经过网络查控发现，其中尾号为0352、311×、8462、0326的四个银行账户直接用于河北某建筑安装工程公司发放工资及缴纳各项税费等公司经营活动。还有3个临时账户，且临时账户存在时间有的不足一月，且只有一两笔交易，金额远超出正常经营内的交易金额，3个账户的转出都是转到案外同一个人的账户。后经法院查询，发现对方在悄悄转移财产。

> **法律分析**

对公账户分为四类：

（1）基本账户，是办理转账结算和现金收付的主办账户，经营活动的日常资金收付以及工资、奖金和现金的支取均可通过该账户办理；

（2）一般账户，因借款或其他结算需要，在基本存款账户开户银行以外的银行营业机构开立的银行结算账户；

（3）临时账户，因临时需要并在规定期限内使用而开立的银行结算账户；

（4）专用账户，银行为各单位开立的具有特定用途的账户。

一个公司可以开很多对公账户，但基本账户只有一个，基本账户能提出现金，结算账户可以有很多个，但结算账户不能提现，只能转账。

一个公司只有一个基本账户，这个开户许可证书全国唯一可以查询到，开票资料的账户信息都是基本账户信息。

除基本账户，可到其他银行开立一般账户或专用对公账户。基本账户和一般账户不能在同一银行网点开立。

如果一个公司多次开设临时账户，有可能公司账户已经被封或者已经开始转移资产了。

信号4. 被其他公司起诉

如果你查询到已经有别的公司起诉你的欠款人了，不要抱着侥幸心理认为,"我的钱少、我和他是多年的朋友、我要再等等他、我相信他不会不给我的"。

> 典型案例

彭先生和肖先生是多年朋友,2014年6月,肖先生以做生意需要资金周转为由,向彭先生借款60万元用于支付工程材料款。因为肖先生说有人起诉自己,担心有人查他的账户,彭先生便按照肖先生的指令把出借资金直接支付给不同的材料供应商,之后,彭先生多次找肖先生催要欠款,肖先生无奈之下于2017年5月3日向原告出具欠条,载明"欠条,今欠彭××借款90万元,保证在2017年8月30日前还清欠款,欠款人:肖××,2017年5月3日",彭先生于欠条到期后,发现肖先生早已失联多日,2017年9月彭先生起诉,经过法院查询,肖先生早在2013年就已经是"老赖"了,截至目前,欠款金额已经500多万元了。

> 法律分析

如果借款人已经是银行黑户了,无论是什么样的关系,都要提高警惕,如果你对他还心存幻想,那就错了,因为他的银行账户有可能都已经被冻结了,他拿什么还你钱?

信号5. 公司决策层存在较严重的内部矛盾

公司决策层存在较严重的内部矛盾,可能会导致公司未来发展方向不明。

> 典型案例

孟老板常年给××餐饮管理有限公司送牛羊肉,2020年6月12日,孟老板如往常一样给餐饮公司供货牛肉,开车来到餐饮店门前却大吃一惊,发现该餐饮店玻璃大门紧锁,室内的桌椅也消失不见,一幅人去楼空的景象!孟老板赶紧拨打该餐饮店联系人刘某电话,但发现电话已关机,后来发现自己已经被对方拉黑。这可愁坏了孟老板,先不说之后的生意怎么办,该餐饮店之前还有20万元的货款没有支付给自己!经过委托律师调查才发现,××餐饮管理有限公司是一家连锁餐饮管理有限公司,每个城市都有几家连锁店,且每个连锁店都有单独的经营负责人，该负责人也是××餐饮管理有限公司持股股东，因为各种原因，3家餐馆已经连续6个月亏损严重，无奈之下该股东要求撤资保本，3家餐馆"一夜之间"全部撤店。

> **法律分析**

如果一家公司有多个股东，且连续6个月没有正常回款，这个时候一定要小心，股东之间可能会互相推诿，互相算计自己的利益，有可能某个股东会随时撤资。

信号6. 公司财务人员经常性地回避

众所周知，公司经营状况和现金流只有公司财务最清楚。

> **典型案例**

某科技公司在合同履行、货款结算及支付上管理规范、流程清晰。某科技公司对外采合同货款的支付，均履行先结算后付款的审批流程，即合同双方确认货物数量及货款金额后，由张总挂靠某建筑公司开具符合某科技公司结算要求的发票及供货清单，某科技公司收到后发起货款结算和支付流程。按照内控管理要求，业务岗和财务岗分岗设置、相互牵制，即采购部门发起财务挂账流程，账务会计和出纳审核结算合规性，审批通过后再发起货款支付流程，财务会计和出纳审核货款支付合规性，结算和付款流程审批通过到付款大概30天后支付货款。某科技公司结算每笔季度货款时，采购部门均在收到发票并确认具备付款条件后，在财务管控平台发起货款结算和支付审批流程，待财务会计、出纳、财务负责人全部审核通过后，在合理的宽限期限内结清季度货款。这是以往双方之间的交易习惯。某建筑公司按照惯例给某科技公司开了60万元发票后，某科技公司对接人一直以财务请假、培训、签字等为由拖延货款，直到130天过去了，某科技公司还是没有履行付款约定，张总来到律所咨询，律所查询后才发现某科技公司已经有了2个执行案件，也就是说有可能是因为某科技公司账户都已经被查封了。

法律分析

如果一个公司财务经常以"财务请假,不能做主、审批,老板不在,没有盖章"等理由拒绝你的时候,很有可能财务那里接到的还钱订单已经超过正常预期了,到底先给哪一笔自己也不敢做主,或者是现金流经常不够,给了你订货的钱,有可能开工资的钱都不够了,最坏的结果有可能是对方公司已经被执行,上了法院的黑名单,那你的欠款有可能就是"呆账"了。

信号7. 多年找不到欠款人

已经欠款一年,但是经常找不到欠款人,俗话说:知己知彼才能百战百胜,盲目地去跑来跑去要账肯定是竹篮打水一场空,不但要不到钱还有可能又搭进去很多钱。

典型案例

小芳和小玲系朋友关系,小芳曾在小玲经营的公司打工。2006年4月至2008年7月,小玲因扩大经营需要资金周转,多次向小芳提出借款请求,小芳倾尽全力为小玲筹措资金,累计出借本金共计50万元,后来小玲因结婚,公司也搬到了山东。

但接下来的16年间,小芳找了小玲公司多次,都未曾找到人,小玲就像人间蒸发了一样。不但人没找到而且为找人还花费了将近3万元,小芳一直猜想,小玲肯定是在生活上遇到了很大困难,或者是家庭遇到了重大变故。因为小玲曾经对她说过,"小芳,你放心,我一定会把钱还你"。小芳也始终相信,总有一天,小玲会出现在她面前,将这笔钱还上。但是多年寻人无果,小芳在心里也渐渐放弃了讨债的想法。因为自己确实无能为力,但却心有不甘。希望可以通过律师帮助自己,律师接到案件后,全面梳理了案情,发现在这个债权债务纠纷当中,仅有几张模糊不清的借条,既没有转账记录,也没有现金交易记录,且其中有两张借条上借出款项人还是小芳70多岁的婆婆。因此,这个案件面临着三重风险:一是纠纷年限拉的时间太长,诉讼时效的风险问题;二是依据借条显示这56万元的借款中一部分的项目出借人并未写小芳本人；三是小玲这个人凭空消失，找不到小玲也不知道公司所有信息，根本就无法立案。后经律师的不懈努力，查到了小玲的相关信息。

法律分析

对于自己的欠款人，我们必须有所了解。包括他的行程、爱好、家庭、社交圈、社交平台等。

信号 8. 公司负责人发生意外

如果公司负责人意外身故或丧失民事行为能力，可能会影响公司的经营管理。

典型案例

刘老先生是上海××贸易有限公司大股东，持股比例 60%，另外 4 个儿女各持股 10%，公司总价值 2000 余万元，刘老先生不幸于 2017 年 6 月突发脑溢血变成了植物人，刘老先生拖欠张××货款 791600 元，张××因为和刘老先生是多年朋友，碍于情面，一直没有催要欠款，在得知刘老先生重病信息后，第一时间找到 4 个子女和项目经理催要欠款，4 个子女互相推诿、扯皮，张先生了解到这一情况后，立刻找到律所，律师第一时间准备起诉材料，在拿到材料的 72 小时内做了诉前保全，保全后通过法官了解到刘老先生生意现在无人用心经营，4 个儿女也因为继承股份问题闹到法庭，累计欠款已经超过公司总价值，后经过法院调查发现，4 个子女虚设债权达到总债权的 20%。

法律分析

如果债务人公司有重大变故，一定要第一时间对自己的债权进行梳理，尽快启动要账程序，不要抱有任何侥幸心理。

信号 9. 以低价抛售商品信号

公司正常运营期间，以促销为由，用低于市场价格诱导消费者，一般都是公司资金链遇到问题，需要快速融资的一种手段和方法。

> 典型案例

山东××有限公司是橡胶材料采购商，经朋友介绍认识被告江西××化工科技有限公司，并于2020年2月21日、2月26日通过银行转账预付货款70万元，江西××化工科技有限公司负责人甲通过微信承诺预付款给予优惠后按80万元预付款发货，并约定10天内发货，截至2020年4月6日，江西××化工科技有限公司一直以设备等问题为由拖延供货，导致山东××有限公司损失严重，再次找江西××化工科技公司协商发货和退款事宜，双方于2020年8月6日达成协议，约定2020年8月20日前发货，若未按约定发货，江西××化工科技有限公司同意双倍赔偿山东××有限公司损失并双倍退还货款，2020年8月30日，江西××化工科技有限公司没有如期发货，山东××有限公司无奈之下诉至法院，法院经过走访调查发现，江西××化工科技有限公司自2019年以来已经涉案20多起，涉案金额已经达2800多万元，基本都是以促销为由，获取大量订单和货款，然后再以不同理由拖延发货，其实江西××化工科技有限公司连自己的生产场地都没有，最多就是个中间商赚差价，公司法人已经69岁，且是"三无"人员，山东××有限公司最后无奈只能跟对方和解，并以高价收购对方转接过来的包装物折抵货款告终。

> 法律分析

之所以发生这种情况，一般是对方利用销售思维，抓住人们爱贪便宜的心理，用超出正常的优惠力度抬高订货量，达到快速融资的效果。

信号10. 付款比过去延迟，多次破坏付款承诺

"你放心，我元旦前给你，你放心，我年前一定给你，你放心，我年后回款第一时间给你，你放心，我利息给你写到3月底，你放心，我有车有房，只是暂时资金周转不开"。这样的话你是不是很熟悉？

> 典型案例

小北是消防材料供应商，经过朋友介绍认识了小贾，小贾夫妻两人在

2015 年至 2018 年从小北处拿货，累计欠付货款 283000 元整，并于 2018 年 10 月 10 日向小北出具欠条。欠条约定，"283000 元货款于 2019 年 10 月 10 日前付清，月利息每月为 3000 元，落款人：小贾"，2019 年 10 月 10 日，小贾没有如期还款，小贾又答应在 2020 年的 1 月 10 日前还清，并可以预付 3 个月的利息 9000 元，小北碍于朋友情面再次答应，而小贾却再次违背协议约定，小北后多次找小贾催要欠款，双方再次达成一致意见，小北租赁小贾的房子用于偿还货款，租期为 2 年，租金共计 10 万元，用该租金折抵部分货款。剩余货款一年内还清，直到 2021 年 11 月，小北突然接到法院电话，说自己现在居住的房子已经被法院查封，小贾拖欠银行 130 万元，拖欠某供应商材料费 33 万元，且都已经到了执行阶段，小北再次联系小贾，小贾夫妇早已失联多日，小北无奈之下只能尽快启动诉讼程序。

法律分析

面对多次破坏、延误还款的欠款人，一定不要感情用事，犹豫的时间越长，将来付出的代价也往往会超出预期，时间越长要回的概率越小。

希望大家早日摘下欠款人的面纱，早日启动要账程序，早日盘活资金，让呆账变活，坏账变好，死账盘活，活账变现！

Chapter 02 技能篇

第三章 要账二十一计

第一计 要账的黄金时间

作者的话

> 在讨论本节内容之前,我们可以确认如下几个问题:还可以联系上欠款人吗?电话接听、短信回复吗?手里有合法且有效的借条、欠条、借款协议吗?有约定利息吗?欠款人的身份信息您都了解吗?有欠款人的身份证复印件吗?欠款到期的时间是不是确定的?

对于以上问题,正常状态应该是:欠条合法有效且写明了欠款到期的时间和利息,同时附有清晰的身份证复印件,可以联系上欠款人且欠款人愿意沟通。如果以上条件您都满足,就需要进一步了解要账的黄金时间是在什么时候,何时与欠款人沟通欠款事项要求其归还欠款最为有效了。本节将按照时间顺序重点介绍。

1. 在临近还款的最后期限前几天联系欠款人归还欠款

我们在日常生活中都经历过归还信用卡、支付宝花呗或者贷款的情形,当临近还款期限时,银行或者借贷平台都会提前几天通过电话或者短信提醒我们在还款截止日期之前进行还款,这其实一种善意的提醒,以防我们有可能会忘记或者错过。同样地,在临近还款最后期限时,我们可以通过各种形式提醒借款人按时归还借款及利息,如果借款人无意拖欠,一定会认可甚至是提前还款。相反,如果借款人没有回复,或者要求延迟还款,借款人可能不能按时还款的警示灯就要在心中亮起了。这时候需要特别关注后续的风险了，我们可以这样发信息："××，过几天就是你借我××元的还款期限了，利息是××元，不要忘记了。"（形式仅供参考，主要写明欠款人姓名、本金利息金额、还款最后期限等要素点即可）如果对方回复说能不能宽限几天，就需要进一步向借款人明确可以还款的时间，并同时提醒需要支付利息。借款人同意后，则按照新的还款时间履行。

2. 如果借款人没能如期还款，需要抓住几个关键时间点

（1）到期日

到期日，顾名思义就是借款需偿还的当日，如借款可以顺利在当天归还最好，如果截止到当日的 24：00 时仍未还款，就说明借款人已经逾期，未如期归还借款。在此，特别提示广大读者，在签订借条时，一定要约定明确的还款日期，不要只是笼统地写"××天后""一个月""一年后"等，这些都不能明确约定还款时间。

到期未归还，就需要于次日通过文字的形式向借款人进行催要，可以这样发信息："××，昨天是你借我××元的还款最后一天，但是你没有还，现在已经逾期，你什么时候可以还钱？利息×%开始从今天计算了！"（形式仅供参考，主要写明借款人姓名、借款金额、到期日、到期未还、有利息等这些要素即可）如果借款人回复表示会还款，必须告知归还时间，利息照计。如果不回复，请及时拿起法律武器保护自己，咨询专业人士寻求更好的帮助。

（2）到期后的 7 天至 10 天

如果在到期后的 10 天内每天或者在这期间联系过借款人几次，而借款人每次都是含糊其词，拖了一天又一天，那多半是想赖账了，这时候需要保持警惕，保存好和借款人沟通的所有记录，准备走上"要账之旅"。

（3）到期后的 2 年至 3 年

为什么要把 2 年至 3 年这个时间区间拿出来说，是因为这个时间点非常重要。笔者在日常办案中经常能接触到欠款一欠就欠很多年的当事人。当问到这些年有没有一直联系借款人呢？回答很多都是联系过几次，但是并没有

证据可以证明。这就要引出我们下面这两个案例，希望能让各位读者有所启发和警醒。

> **典型案例**

原告景某甲诉称与被告景某乙原住同村同屯，且系同姓家族，被告称原告为四姑。自2013年7月16日始，被告以"打官司，家有事情，继续用钱"等为由，先后十一次向原告借款250000元，并出具了借条，约定借款利率为1.5分。至2019年3月21日，累计利息合计192150元。此款虽经原告每年多次催要，但被告总是推脱，至今本息分文未还。后来为躲避债务将房屋出租，举家迁至锦州。故此，向法院提起诉讼，请求判决：被告清偿借款本金326100元及利息192150元。

景某乙辩称其对景某甲诉其欠本金250000元、利息192150元不认可。景某乙称，"我与原告签订的借条都已写明出借人、借款日期、还款日期、借款数额、借款人，我已按约定时间还款，如果像原告所说，我先后十一次借款250000元，只借不还，有悖常理。我向原告出具两份借条，还钱时毁了我那份借条，我还钱时让原告撕毁原告也说撕毁了。我因赡养年迈瘫痪重病的婆婆，才举家搬至锦州居住，非原告称躲避债务。原告伪造证据，存在涂改借条并且墨迹不一致，不具备法律效力；借条已超过诉讼时效，因此，请求法院驳回原告诉请，本案诉讼费用由原告承担"。

当事人围绕诉讼请求，原告提交了8份借条、被告提交了1份收条，具体如下：

1. 借条①记载经景某甲手借款贰万元，月利息1分5厘，借期一年，借款人景某乙，证明人景某甲，借日2013年7月16日（蓝色油笔书写）；

2. 借条②记载经景某甲手从禹某丽家借款叁万元，月利息1分5厘，借期一年，到期本利还清，借日2013年10月24日，借款人景某乙（蓝色钢笔书写）；

3. 借条③记载经景某甲手借蔡某英家现金叁万元，月利息1分5厘，借期一年，到期本利还清。借日2013年10月24日，借款人景某乙（钢笔书写）；

4. 借条④，与借条①除借日笔迹和文字颜色不同，其内容、格式、字迹及字迹间距一致；

5. 借条⑤，与借条①除借日笔迹和文字颜色不同，其内容、格式、字迹及字迹间距一致；

6. 借条⑥，与借条⑦除借日、证明人景某甲签名和文字颜色不同，其内容、格式、字迹及字迹间距一致；

7. 借条⑦记载今借景某甲四姑现金贰万元整（计20000元），借期一年，利息1.5分，计一年利息3600元，借款人景某乙，2015年5月25日，"该25"日"2"有改动痕迹（钢笔书写）；

8. 借条⑧记载经景某甲手借现金贰万元整（20000元），利息1分5厘，"借款人景某乙，借日2015年12月25日至2016年12月25日"被圈在内（钢笔书写）；

9. 被告景某乙提交收条，记载今收到景某乙欠款伍万元整。伍万元欠条没找到，欠条没给景某乙，等找到后给拿回。收款人景某甲，2018年4月17日。

法院对于以上证据作出如下认定：（1）被告认为原告提交的借条④⑤与①完全相似是复印件，从证据表面上看借条除文字颜色外格式、字迹及字迹间距确实高度一致，法院认定原告提交的借条④⑤为复印件，对借条载明的借款事实不予认定；（2）被告认为原告提交的借条⑥与⑦完全相似是复印件，从证据表面上看除证明人景某甲签名和文字颜色不同，其内容、格式、字迹及字迹间距一致，借条⑥借日为2015年5月15日，借条⑦中借日"25"日"2"有改动痕迹，法院认定原告提交的借条⑥为复印件，对借条载明的借款事实不予认定；（3）关于被告提交的收条，原告当庭陈述收条不是其笔迹，但未在法院限定的时限内申请文书鉴定；对双方无异议的证据予以确认并在卷佐证。

法院经审理认为，本案的争议焦点为：（1）借条是否超过诉讼时效；（2）借款是否存在，是否偿还。

1. 本案借条是否超过诉讼时效。根据《中华人民共和国民法总则》第一百八十八条规定，向人民法院请求保护诉讼权利的诉讼时效为3年。《最高人民法院关于适用〈中华人民共和国民法总则〉诉讼时效制度若干问题的解释》第二条规定，《中华人民共和国民法总则》施行之日，诉讼时效期间尚未满《中华人民共和国民法通则》规定的2年或者1年，当事人主张适用《中华人民共和国民法总则》关于3年诉讼时效期间规定的，人民法院应予支持。本案借条①②③在《中华人民共和国民法总则》实施前均已超过诉讼时效2年，本案原告虽陈述多次向被告索要但找不到人，未能提交证据证明诉讼时效中止、中断，故认定该三份借条超过诉讼时效。因法院已确认借条③超过诉讼时效，故被告申请对该借条借款人"景某乙"签名做文书鉴定的请求，未准许。诉讼时效期间届满，义务人可以提出不履行义务的抗辩，故对被告提出超过诉讼时效不履行义务的辩解，予以采纳。

2. 借款的事实及偿还。本案借条④⑤⑥为复印件，其载明的借款事实不予确认；借条①②③借款已超过诉讼时效；关于借条⑦⑧是否偿还的事实认定如下，其中借条⑦系向景某甲本人借款，借条⑧虽然未明确出借人，但是经景某甲本人向景某乙出具借款的事实双方无异议，现景某甲持有该二份借条原件，故认定景某甲向景某乙出借此二笔借款的事实存在；被告反驳借款当时出具二份借条，到期已还款且撕毁一张借条，另一张由原告保存承诺撕毁而未撕毁，本案借条即应当撕毁借条；被告提供的收条系原告收到欠款五万元，不能确认系偿还借条⑦⑧的借款；现原告持有借条，被告反驳已还款只有被告本人陈述，无其他证据佐证，故对被告反驳已经偿还借条⑦⑧借款的观点，证据不足，无法确认；关于借条⑦⑧中记载的利息认定，借条⑦记载利息1.5分，计一年利息3600元，推定该借条利息为每月1.5%，本案原告提交的其他借条中均明确写明为"月利息"，但在借条⑧中却写"利息1.5分"，故认定此笔借款利息为年利息。

法院后于2019年9月30日作出民事判决：景某乙于本判决生效后30日内一次性偿还景某甲借款本金40000元，其中20000元本金的利息自2015年5月25日起按照月利息1.5%计算、另20000元本金的利息自2015年12月25日起按照年利息1.5%计算至实际给付之日。

法律分析

从该案中，大家可以看出，超过诉讼时效以及没有向法院提供借条原件的借款事实，法院是不认可的。所以一直持续不断地向欠款人要账，并且必须要留下证据，这是后期维权的重要依据。一旦处理不当，就很有可能不会被法院支持，从而造成不必要的损失。

典型案例

2015年2月25日，某乙因需向某甲借款，某甲当日通过现金方式给付某乙借款10000元，同时某乙向某甲出具借条一张，约定借款月利率为2%，借款使用期限为1年，某乙父亲高某春为该笔借款提供担保，未约定保证方式、期限和范围。

某乙辩称：（1）双方之间的民间借贷关系属实，但涉案借款在2015年下半年至2016年上半年，某乙通过其父分数次已偿还清某甲的借款本息12000多元，因此，某乙现在不欠某甲的借款本息；（2）本案已超过诉讼时效，因为某乙已还清某甲的涉案借款本息，自从2016年上半年至今，某甲未向某乙及家人主张过权利，故本案早已超过诉讼时效。

法院经审理查明，某乙主张其父亲高某春于2015年下半年至2016年上半年通过现金支付方式已偿还某甲借款本息12000多元。某甲认可高某春通过现金支付方式已偿还12000元，但认为该12000元系2016年至2020年偿还。某甲未就其起诉尚未超过诉讼时效向法院提供相关证据。

某甲、某乙之间订立借款合同，系双方的真实意思表示，合同依法成立并生效，受法律保护，双方当事人均应按照合同约定全面履行各自义务。本案的争议焦点为涉案借款是否偿还完毕以及某甲起诉是否超过诉讼时效。首先，双方当事人均认可涉案借款已经偿还了12000元，但对给付时间主张不一致，某甲在第一次起诉时主张某乙尚欠借款本金10000元及利息，与本案主张相矛盾，可以认定某甲陈述虚假，某甲尚无充分证据证实某乙未还清借款；其次，根据法律规定，向人民法院请求保护民事权利的诉讼时效期间为3年。双方合同约定借款期限为1年，涉案借款到期日为2016年2月25日，而某甲第一次起诉主张权利是 2022 年 1 月 27 日，显然某甲的起诉已经超过诉讼时效。综上，某甲要求某乙偿还借款的证据不足、理由不能成立，其主张法院不予支持。驳回某甲对某乙的诉讼请求。

法律分析

通过以上案例很明显可以看出，把握住诉讼时间节点可以更好更容易同时也能胜算更大地完成要账过程。这里就要解释一下什么是诉讼时效，直白来讲就是法律保护您可以在多长时间内通过诉讼途径保护自己的权益。我国法律规定的诉讼时效（起诉期限）有 1 年、2 年、3 年、5 年、20 年等。对于本书所讲的要账相关的民事诉讼来讲，我们需要关注的最新时间期间为 3 年。

在《中华人民共和国民法典》正式施行前应当适用当时有效的法律规定，即《最高人民法院关于适用〈中华人民共和国民法总则〉诉讼时效制度若干问题的解释》规定，在《中华人民共和国民法总则》施行前（2017 年 10 月 1 日），诉讼时效已经届满 2 年的，法律不再保护；在《中华人民共和国民法总则》施行前诉讼时效未满 2 年，可以适用 3 年诉讼时效。《中华人民共和国民法典》（2021 年 1 月 1 日）施行后需统一适用 3 年的诉讼时效。直白来讲，如果纠纷发生在 2017 年 10 月 1 日以后，适用 3 年诉讼时效。如果纠纷发生在 2017 年 10 月 1 日以前，到 2017 年 10 月 1 日尚未满 2 年的，按照 3 年计算，已经满 2 年的，不予保护。不过《中华人民共和国民法通则》施行前发生的案件到目前为止仍未提起诉讼的（不考虑时效中止、中断情况），无论如何都已超过诉讼时效。

那有的读者会问了：什么是诉讼中止中断的情况呢？所谓诉讼时效中止，是指因法定事由的存在使诉讼时效停止进行，待法定事由消除后继续进行的制度。这些法定事由多半是非因当事人原因导致无法起诉主张权利的情况，此时如继续计算诉讼时效，对当事人显失公平。需要注意的是，诉讼时效中止不代表诉讼时效无限期延长，一旦中止事由丧失，权利人应当在 6 个月内起诉，否则同样视为诉讼时效届满。

所谓诉讼时效中断，是指在诉讼时效期间进行过程中，出现了权利人积极行使权利等法定事由，从而使已经经过的诉讼时效期间归于消灭，重新计算期间的制度。需要特别注意的是，本节前半部分多次提醒各位读者在不同时间节点向借款人发送提示信息或者催付信息都属于诉讼时效中断的情况！这个制度很好地体现了法律的"人情味"，如果一直不停地在向欠款人书面追讨欠款，诉讼时效就可以不断地被更新重计，但也不是无限制的，建议还是尽快通过诉讼程序来维护合法权益。

那这里又会出现疑问：诉讼时效制度是由法院主动适用的吗？法院不得主动适用诉讼时效制度。所谓主动适用，是指不管当事人是否提出抗辩，法院都要依法裁定的事项，如合同纠纷中合同效力问题就是人民法院必须先依法审查的事项。法律规定，人民法院不得主动适用诉讼时效制度，直白来说，如果欠款人在诉讼中不主动提出诉讼时效的抗辩，法院是不能主动依照诉讼时的法律规定对案件进行裁判的。同时，法院也不得通过释明或其他不当方式，提醒欠款人适用诉讼时效制度。

相关规定

《中华人民共和国民法典》

第一百八十八条　向人民法院请求保护民事权利的诉讼时效期间为三年。法律另有规定的，依照其规定。

诉讼时效期间自权利人知道或者应当知道权利受到损害以及义务人之日起计算。法律另有规定的，依照其规定。但是，自权利受到损害之日起超过二十年的，人民法院不予保护，有特殊情况的，人民法院可以根据权利人的申请决定延长。

第一百九十二条　诉讼时效期间届满的，义务人可以提出不履行义务的抗辩。

诉讼时效期间届满后，义务人同意履行的，不得以诉讼时效期间届满为由抗辩；义务人已经自愿履行的，不得请求返还。

第一百九十四条　在诉讼时效期间的最后六个月内，因下列障碍，不能行使请求权的，诉讼时效中止：

（一）不可抗力；

（二）无民事行为能力人或者限制民事行为能力人没有法定代理人，或者法定代理人死亡、丧失民事行为能力、丧失代理权；

（三）继承开始后未确定继承人或者遗产管理人；

（四）权利人被义务人或者其他人控制；

（五）其他导致权利人不能行使请求权的障碍。

自中止时效的原因消除之日起满六个月，诉讼时效期间届满。

第一百九十五条 有下列情形之一的，诉讼时效中断，从中断、有关程序终结时起，诉讼时效期间重新计算：

（一）权利人向义务人提出履行请求；

（二）义务人同意履行义务；

（三）权利人提起诉讼或者申请仲裁；

（四）与提起诉讼或者申请仲裁具有同等效力的其他情形。

第六百六十七条 借款合同是借款人向贷款人借款，到期返还借款并支付利息的合同。

总结一下本节的要点：还款时间要写明，要账时间要记牢，快到期的先通知，已到期的勤催促，2年、3年要分清。

第二计　要账的节奏要点

作者的话

上一节我们讨论了要账的几个关键时间节点，本节将重点阐述向欠款人索要拖欠欠款的节奏技巧并提供实用的建议。

在商业活动中，欠款是一种常见的问题。欠款人拖欠欠款可能会导致财务困境，影响业务发展。因此，向欠款人索要拖欠的欠款是现代商业活动中必不可少的一部分。本文将探讨向欠款人索要拖欠欠款的节奏和步骤。

步骤一：调查和了解欠款人的情况

在向欠款人索要拖欠的欠款之前，首先需要进行调查并了解欠款人的情况，了解欠款人的背景信息，上一节中，我们介绍了在和借款人签订借条的过程当中，务必留存借款人的身份证等信息，这些信息可以显示出借款人的基本身份情况。另外，我们还可以通过护照、驾照等信息来获取欠款人的基本信息，如姓名、性别、年龄、职业、地址等信息。

典型案例

某甲、某乙分别于2021年3月2日和2021年3月3日与某丙签订两份《借款合同》，约定到期还本付息。金额均为331000元，后某丙归还了3000元，剩余金额加上利息应为660000元。某甲、某乙多次向某丙追索该笔款项，但都未果。当事人委托律师后，承办律师发现协议上没有借款人的身份信息，经承办律师询问，出借人拍过借款人的驾驶证内页，上面载有借款人的个人身份信息，从而使得案件顺利立案。

法律分析

因为在起诉状中，被告身份信息是原告必须要提供给法院的。如果出现欠款人到期拖欠归还款项的情况，在需要提起诉讼的情况下，掌握相关信息，就给我们带来了便利，方便尽快提起诉讼。

另外，借款人的年龄、职业也是特别需要关注的情况。对于年龄来讲，如果正值盛年，有行动能力，一般说明借款人是有能力偿还借款的，但如果借款人年龄较大，则需要关注借款人是否处于退休或者待退休的状态，退休以后有没有退休金，或者说他的健康状况是不是允许他通过其他方式赚钱，以尽早地归还欠款。

而对于职业方面，需要关注借款人是否属于公众人物和机关单位。如果是以上这些类型的借款人，您可以和借款人进行交涉，因为像这类的借款人由于他们的工作性质较为特殊，一般是不会想要通过诉讼的方式解决的，往往都会在和解阶段就可以归还您的借款，或者说会想方设法归还您的借款，因为要知道一旦公开了借贷案件的判决文书，可能对他的个人职业生涯都是有影响的，会大大影响这个人的个人信誉。所以您作为出借人需要掌握第一手的资料，充分地了解您的借款人，尽可能多地掌握他的个人情况。

典型案例

自 2014 年起，某乙向某甲陆续借款共计人民币 500000 元，并分别于 2021 年 4 月 2 日、2021 年 5 月 10 日、2021 年 8 月 1 日、2021 年 10 月 5 日及 2021 年 12 月 16 日出具本金为 50000 元、170000 元、120000 元、110000 元及 50000 元的《借条》，除 2021 年 4 月 2 日的《借条》约定年利率为 12% 外，其他 4 张《借条》的利息约定均为 10%。某乙仅于 2023 年还款本金 40000 元，并支付了部分利息，剩余款项及利息均未还清，经过某甲多次催要，某乙均以各种借款拖延还款。当事人委托律师以后，承办律师了解到，借款人某乙是当地的小学校长，经承办律师与借款人沟通，并反复提到对方的身份问题，当事人十分在意，后主动要求和解解决，目前该案已经进入执行阶段，并且某乙已经归还了大部分欠款。

典型案例

2020 年 11 月 23 日，某乙向某甲称其可以将父亲名下的一间门面房转让给某甲，某甲基于对某乙的信任，委托某乙为其购买该门面房并给付了购房款。某乙于 2021 年 1 月 7 日、2021 年 2 月 26 日向某甲分别出具两份收条，收条中表明某乙已收到该笔购房款，共计人民币 450000 元。双方约定某乙应在一个月之内办理完此事，如某乙未能成功办理则需将购房款退还给某甲，未及时退还的应按照日 2% 向某甲支付违约金。履行期间，某乙并未按约定如期办理此事，在双方的一致协商下，2021 年 4 月 7 日、2021 年 7 月 30 日，某乙分别向某甲出具两份保证书，双方约定某乙应于 2021 年 9 月 18 日前归还购房款或向某甲交付门面的房本，若某乙未及时履行，某甲有权以诈骗罪向公安机关报案。某乙仅通过现金给付的方式归还某甲违约金共计 129400 元，本金及剩余违约金一直未支付，并以各种理由推托。某甲多次向某乙催收无果。当事人委托律师以后，承办律师了解到借款人某乙是当地某局的科长，又由于本案借款数额较高，且在调解阶段，承办律师同样运用反复和借款人强调款项判决以后可能会影响他的职业生涯的方式，使得该案最终通过调解解决。

法律分析

了解欠款人的财务状况：可以通过欠款人的银行对账单、征信报告等资料来了解欠款人的财务状况，如收入、支出、负债等情况。可以通过注册中国裁判文书网查询欠款人是否有其他案件正处于诉讼、执行过程当中，同时，也可以登录中国执行信息公开网"综合查询被执行人"板块查询欠款人是否已经被列为失信被执行人。如果欠款人曾经透露过自己的存款情况，也可以作为其财产状况的证据留存。

这需要在借款时尽量多地掌握借款人的信息，出借之前可以通过网络搜索的方式检索借款人姓名，了解他的个人情况。可以在企业信息查询网站上查询，看是否入股过公司、是不是公司的法定代表人、高管等。这些信息都有利于进一步掌握借款人的个人信息。

了解欠款人的工作单位：可以通过欠款人提供的工作证明、工资单等资料来了解欠款人的工作情况，如工作单位、职务、工作时间等信息。一般发生在熟人之间的欠款行为，可以通过对欠款人的了解，或者通过和欠款人的共同好友来更深入地了解欠款人。当然，也可以在出借款项时详细向借款人本人了解对方职业、家庭住址等信息。总之，充分了解借款人是要账的第一步。

典型案例

2015年12月1日，某乙向某甲借款20000元，并出具借条，双方约定了月息3分的利息。2015年11月16日，某乙谎称为某甲办理信用卡，向某甲借款共计37000元。后因为各种事又先后两次向某甲借款共计9000元。某甲基于对某乙的信任，均将上述款项出借给某乙。时至今日，某甲多次向某乙催收无果。承办律师了解到，借款人某乙是在临近还款期时突然失联的，某甲无奈之下向当地法院起诉，但是仍然找不到某乙，某甲发动周围的亲朋好友多方打听，找到了他的工作地点，并实地调查，终于找到了某乙，最终同样是和解解决。

> **法律分析**

俗话说，"人要脸树要皮"，谁也不希望自己的同事朋友知道自己欠着外债不还。所以，一般出入借款人的工作单位，都可以达到震慑的目的，促使欠款人尽快还款。

了解欠款人的社会关系：可以通过欠款人提供的联系人、朋友圈等资料来了解欠款人的社会关系，如家庭成员、朋友、同事等关系。平时多关注借款人的动态，如果和对方之间有共同好友，也可以保持时刻的联系，了解借款人的实时动态，不要等"借款人"变成"欠款人"时才着急了解情况；如果和借款人是熟人，建议经常前往他的住所，如果已经在拖欠借款了，那更需要和欠款人保持密切联系。可以朋友叙旧的方式和借款"拉家常"，目的很简单，就是了解房子、车这些动产不动产的所有权是不是他的。目前的婚姻状态，如果即将结婚，彩礼、嫁妆、婚房、婚车等这些都是怎样支出的。如果即将离婚，那需要高度警惕，当事人有可能出现转移财产的情况，这时候也是追讨欠款的合适时机。

了解欠款人的资产情况：可以通过欠款人提供的房产证、车辆证明等资料来了解欠款人的资产情况，如房产、车辆等。在借款时就需要对借款人进行充分了解，甚至可以对其动产或者不动产建立抵押权关系，这样既可以了解借款人的资产情况，又可以为未来可能出现的风险上了一道保险锁。另外，这里也可以简单地介绍法院的保全程序，后续章节会有详细解读。

> **相关规定**

《中华人民共和国民事诉讼法》

第一百零三条 人民法院对于可能因当事人一方的行为或者其他原因，使判决难以执行或者造成当事人其他损害的案件，根据对方当事人的申请，可以裁定对其财产进行保全、责令其作出一定行为或者禁止其作出一定行为；

当事人没有提出申请的，人民法院在必要时也可以裁定采取保全措施。

人民法院采取保全措施，可以责令申请人提供担保，申请人不提供担保的，裁定驳回申请。

人民法院接受申请后，对情况紧急的，必须在四十八小时内作出裁定；裁定采取保全措施的，应当立即开始执行。

第一百零四条 利害关系人因情况紧急，不立即申请保全将会使其合法权益受到难以弥补的损害的，可以在提起诉讼或者申请仲裁前向被保全财产所在地、被申请人住所地或者对案件有管辖权的人民法院申请采取保全措施。申请人应当提供担保，不提供担保的，裁定驳回申请。

人民法院接受申请后，必须在四十八小时内作出裁定；裁定采取保全措施的，应当立即开始执行。

申请人在人民法院采取保全措施后三十日内不依法提起诉讼或者申请仲裁的，人民法院应当解除保全。

第一百零五条 保全限于请求的范围，或者与本案有关的财物。

通过保全程序可以在诉前及诉中阶段，查封、冻结或者扣押欠款人的财产，以防止其违法转移财产逃避债务。

总之，调查和了解欠款人的情况对于后续的索要欠款行动至关重要。如果欠款人没有能力偿还欠款，索要欠款的行动可能会徒劳无功。如果欠款人有其他债务或财务问题，可能需要采取其他行动来解决问题。

步骤二：与欠款人建立联系并提出索要欠款的请求

上一节中，我们已经重点介绍了索要欠款的话术、注意事项及技巧，需要充分了解欠款人的情况，与欠款人建立联系并提出索要欠款的请求。可以通过电话、邮件、短信或面谈等方式与欠款人联系。在建立联系时，需要礼貌、诚实和坚定，提出具体的索要欠款金额和偿还期限，并要求欠款人对此作出回应。在与欠款人建立联系时，需要注意：

在与欠款人建立联系之前，需要选择一个合适的时间，避免在欠款人工作繁忙或生活紧张的时候打扰。通常选择在欠款人工作日的下班时间或周末的休息时间与其联系，避免影响其正常工作或生活，造成情绪上的反感，从而更易产生"躲债"的心理。但是，如果欠款人存在恶意欠款的情形，可以通过正常合法的渠道寻找借款人，提出还款要求。这就需要首先掌握借款人的住所信息、工作单位信息，一旦出现不归还的情况，便可以有所准备，提前上门沟通。

在与欠款人建立联系时，需要用温和的语气与其交流，尽可能地保持冷静和耐心，不要过于激动或威胁欠款人，要注意人身安全。

典型案例

某甲与某乙系朋友关系。某乙以做生意为由向某甲借款，某甲自2020年5月开始通过向银行贷款、银行转账、微信转款等方式分五笔借给某乙共计人民币150万元。2021年5月22日，某乙签署《借条》，认可借款金额为人民币140万元。《借条》约定借款期限为一年，即2022年5月12日到期还本付息。后某乙陆续还款共计人民币20万元，剩余120万元未还。借款人某乙拖欠借款已达数月，但出借人某甲掌握了借款人父母的家庭住址，便直接前往，没有出格的举动，只是和欠款人的父母讲述了欠款的事宜，由于欠款人年龄相对年轻，可能没有短期内还款的能力，所以他的父母得知情况后，立刻表示愿意替欠款人还款，最终该案得到了解决。

法律分析

追讨欠款时一定要注意方式方法，本案是找到了欠款人的父母，父母自然是爱子心切，不愿意让自己的孩子涉诉，另外，事情不但能得到解决，也让年轻人的家长知道了孩子目前在外的生活状态。

记录与欠款人的联系和沟通过程，以备后续如果出现拖欠的情形可以在诉讼过程中作为提交给法院的证据使用。可以通过录音、录像的方式清晰记录和借款人联系的过程。同时，也可以委托律师进行视频录像存证。

步骤三：采取法律行动

如果通过以上介绍的方法尝试了多种方式向欠款人要账，但欠款人仍拒绝偿还欠款，甚至是无法联系到欠款人，就可以考虑采取法律行动来维护合法权益。可以选择直接向法院提起诉讼，或委托律师进行法律咨询和代理，在采取法律行动之前，需要了解国家和地区的相关法律法规，并评估采取法律行动的风险和成本。

相关规定

《中华人民共和国民法典》

第六百六十九条　订立借款合同，借款人应当按照贷款人的要求提供与借款有关的业务活动和财务状况的真实情况。

第六百七十一条第二款　借款人未按照约定的日期、数额收取借款的，应当按照约定的日期、数额支付利息。

第六百七十五条　借款人应当按照约定的期限返还借款。对借款期限没有约定或者约定不明确，依据本法第五百一十条的规定仍不能确定的，借款人可以随时返还；贷款人可以催告借款人在合理期限内返还。

第六百七十六条　借款人未按照约定的期限返还借款的，应当按照约定或者国家有关规定支付逾期利息。

第六百七十七条　借款人提前返还借款的，除当事人另有约定外，应当按照实际借款的期间计算利息。

第六百七十九条　自然人之间的借款合同，自贷款人提供借款时成立。

《最高人民法院关于审理民间借贷案件适用法律若干问题的规定》

第二条　出借人向人民法院提起民间借贷诉讼时，应当提供借据、收据、欠条等债权凭证以及其他能够证明借贷法律关系存在的证据。

当事人持有的借据、收据、欠条等债权凭证没有载明债权人，持有债权凭证的当事人提起民间借贷诉讼的，人民法院应予受理。被告对原告的债权人资格提出有事实依据的抗辩，人民法院经审查认为原告不具有债权人资格的，裁定驳回起诉。

第十四条　原告以借据、收据、欠条等债权凭证为依据提起民间借贷诉讼，被告依据基础法律关系提出抗辩或者反诉，并提供证据证明债权纠纷非民间借贷行为引起的，人民法院应当依据查明的案件事实，按照基础法律关系审理。

当事人通过调解、和解或者清算达成的债权债务协议，不适用前款规定。

第十五条 原告仅依据借据、收据、欠条等债权凭证提起民间借贷诉讼，被告抗辩已经偿还借款的，被告应当对其主张提供证据证明。被告提供相应证据证明其主张后，原告仍应就借贷关系的存续承担举证责任。

被告抗辩借贷行为尚未实际发生并能作出合理说明的，人民法院应当结合借贷金额、款项交付、当事人的经济能力、当地或者当事人之间的交易方式、交易习惯、当事人财产变动情况以及证人证言等事实和因素，综合判断查证借贷事实是否发生。

第十六条 原告仅依据金融机构的转账凭证提起民间借贷诉讼，被告抗辩转账系偿还双方之前借款或者其他债务的，被告应当对其主张提供证据证明。被告提供相应证据证明其主张后，原告仍应就借贷关系的成立承担举证责任。

第十七条 依据《最高人民法院关于适用〈中华人民共和国民事诉讼法〉的解释》第一百七十四条第二款之规定，负有举证责任的原告无正当理由拒不到庭，经审查现有证据无法确认借贷行为、借贷金额、支付方式等案件主要事实的，人民法院对原告主张的事实不予认定。

总结一下本节要点：早早了解 TA 信息，保持联系莫忘记，催款失败找律师，节奏步骤要遵循。

第三计　快速查询欠款人的财产线索

作者的话

> 你是不是真的了解你的欠款人，你是不是只知道他就在那个市场有门店？你还知道他有京牌车？有好几家装修公司？据听说在北京某区域还有房？在湖北、北京有多个项目？大家好好想一想：你真的了解你的欠款人吗？门店的营业执照你看了吗？是欠款人的名字吗？北京牌照的车他开着就在他名下吗？你看到行车证了还是看到车辆保险单了？在北京的房产你真的确定是他的吗？你见到了房产证、购房合同还是物业交费票据？在多个地方都有项目？是他的项目还是他在这个项目打工？你确认他是项目经理？还是实际施工人？还是劳务班组？我们带你了解一下欠款人身上到底都有哪些特征？这些特征是不是跟你的欠款人有诸多相似之处？你都通过哪些方式查询过欠款人的财产线索？你身边的欠款人身上到底有多少欠款？他除了欠你钱以外还欠别人钱吗？你是不是只是听说他欠了好多人的钱？

打开浏览器，进入中国执行信息公开网页面，点击"综合查询被执行人"可以根据提示填写欠款人：姓名或者公司名称，再输入欠款人身份证号码或者欠款人公司组织机构代码。这两项必须正确、完整填写，然后再输入验证码，验证码必须后面提示验证正确，才能进入查询界面，点开查询界面如果显示在全国法院（包含地方各级法院）范围内没有找到欠款人相关的结果，恭喜你，欠款至少现在还算是良性的，如果打开查询是这个界面，证明欠款人在法院涉诉案件已经很多，且都已经进入执行程序，也就是说欠款人早已是失信人，被法院限制了高消费，列入黑名单，是典型的"老赖"了，你的欠款有90%以上的可能已经成了呆账赖账了。

1. 我听他说总包方没有给他钱，已经有人起诉了，等他拿到钱就会给我了，我该怎么办？他从去年就一直说钱快下来了，但一直没有下来？

可以通过登录中国裁判文书网，查询是否有起诉的文书结果，这个文书包括调解书、判决书或者裁定书，如果有相关信息，代表对方的描述有一定的可信度，如果没有任何信息，应该提高警惕。另外，也可以通过直接向总包方发书面函件的形式来确定对方描述的是否真实。

2. 我听说有人已经起诉他了？已经是"老赖"了？不知道是不是真的？

打开中国执行信息公开网，输入对方的名字和身份证号或公司的名称和组织机构代码，可以查询执行信息和限制消费信息，如果已经出现了这种情况，那么对方的资信已经很差了，需要积极主张自己的权益。

3. 我听说他名下有公司，好像还不止一家，我怎么能查到？

打开浏览器，进入国家企业信用信息公示系统网站，输入欠款人姓名即可搜索到欠款人作为法定代表人、公司股东的企业。进入企查查、天眼查网站，点击查询"人员"并输入你想要查询人员的名字，然后按照省份筛选地区和行业类型即可查到同行业同名的人员，这些人员都是公司法定代表人或者股东，如果欠款人名下有公司，在这里就一定可以找到你想要的答案。

4. 我听说他名下有好几个公司？但我不知道叫什么名字？只知道地址怎么办？

如果他名下有好几家公司，就需要继续筛选，输入欠款人的姓名并筛选地址，点开搜索到你所对应欠款人所在的企业，直接点开可以看到欠款人作为公司股东、高管、实际控股人、实际受益人或者法定代表人的所有公司。

5. 我还想知道他所在的公司到底有没有钱？公司是他的吗？我能找他公司要钱吗？

打开天眼查，根据提示搜索到欠款人所在的公司，点开工商信息，可以看到企业信息工商性质，欠款人所属的公司性质到底是有限公司、个体工商户还是自然人独资企业，如果是自然人独资或者是个体工商户，就要再查一下他的资金出资情况到底是不是实缴？如果不是实缴，认缴日期是什么时间？

如果是有限责任公司，要查一下股东出资情况，欠款人在公司持股比例是多少？必要时还是要查询下一实际受益人和实际控股人到底是不是所谓的欠款人，有可能这两个是不同的两个人或者两个主体。

6. 欠款人的收入来源、银行转账、存款、现金怎么查询？

一般情况下，欠款人的收入来源是很难调查清楚的，可依法向法院申请调查令，请法官开具调查令，律师拿着律师证、律所介绍信、委托书、调查令等材料可以调取欠款人名下的所有银行卡余额和银行流水，大额资金转入和转出都一目了然。

7. 房产等不动产信息怎么查询？

可以通过向法院申请调查令，去不动产中心调取不动产的详细信息。

8. 我想知道他老婆名下有没有房产？应该怎么办？

最常见的方式是通过法院调查令进行调查，还有一种方式，是向法院申请对配偶的个人财产或者夫妻共同财产采取保全措施，这样法院就可以一键查控双方名下的财产。

9. 我去了房管所或者不动产登记中心，办事人员说不能给我查，我该怎么办？

查询他人房产信息的，需要同时提供查询人员的身份信息及工作机构介绍信等相关证明（国家公安机关办案人员、律师、法律工作者、法官等），调取到的房产信息可以显示房屋权利人姓名，身份证号码、产权证号、发证机关、房屋面积、房屋归属、房屋购买登记时间、使用年限等详细信息。

所有房产信息类的查询，需要到当地的房管部门或者是不动产中心，房地产交易中心、房屋管理处、房管处档案办公室办理窗口查询。

10. 我知道他名下有车，但是不知道车牌？通过哪些方法可以查到？调取车辆信息到底能调取到哪些信息呢？

查询货运或者客运车辆等需要律师带律师证、委托书、介绍信等材料前往公安局、公安交通管理局车辆管理所，调取到的车辆信息会显示车辆种类是小型汽车还是客运车辆，车辆牌照所属地，车辆所有人的姓名和身份证号码，车辆所有人登记的手机号码，住所地址（这个地址不一定是户籍地，也可能是经常居住地），车辆初次登记时间，检验有效时间，报废时间，车辆识别码、发动机号、车辆品牌、颜色、车辆型号、有无抵押等详细信息。

11. 股票、基金等理财产品怎么查询？

查询基金持股情况可以通过证券基金交易平台，如天天基金网、支付宝、基金官网等方式查询。

典型案例

小明和小玲系多年朋友关系，小明曾在小玲经营的加油站打工。2006年4月至2008年7月，小玲因扩大经营需要资金周转，多次向小明提出借款请求，小明倾尽全力为小玲筹措资金，累计出借本金共计38万元。后来小玲经营加油站因经营不善而倒闭，小明也因此去别处打工，两人便各奔东西。

但接下来的16年间，小明多次去小玲老家找小玲都未曾找到人，小玲就像人间蒸发了一样。小明一直猜想，小玲肯定是在生活上遇到了很大困难，或者是家庭遇到重大变故。因为小玲曾经对她说过，"小明，你放心，有我吃的就一定有你喝的，我永远也不会忘记你在我困难时对我的帮助，我就是砸锅卖铁都会将借你的这笔钱还上"。善良的小明也始终相信，总有一天，小玲会出现在她面前，连本带息将这笔钱还上。但是16年过去了，如今小明已经两鬓斑白，小明在心里也渐渐放弃了讨债的想法，因为自己确实无能为力，但却心有不甘，因为他无论如何也不能相信，最后会为自己的善良和无知买单，因为当时都是现金出借，没有银行转账，也没有取款凭证，这38万元可都是自己一点一点省吃俭用攒下来的。直到找到了专业做债权债务的天用律所，天用律师接到案件后，全面梳理了案情，律师发现，在这个债权债务纠纷当中，仅有几张模糊不清的借条，既没有转账记录，也没有现金交易记录，且其中有两张借条上借出款项人还是小明70岁高龄母亲的名字。因此，这个案件面临着三重风险：一是纠纷年限拉的时间太长，诉讼时效的风险问题；二是依据借条显示这38万元借款中一部分的出借人并未写小明本人而是小明母亲冯女士的名字；三是小玲这个人凭空消失，找不到被告也不知道身份信息，根本就无法立案。

办案律师厘清思路，确定处理方案。第一步先着手寻找债务人，律师依据欠条上欠款人的名字，先是查到了她的户籍信息，才知晓此人行踪，也因此而得知小玲是欠款人的曾用名，可能是因为逃避债务，后改名为闫某玲，于是又根据身份证信息了解到财产信息。

接下来在只有4张模糊不清的欠条，没有其他任何材料的情况下，天用律师先将查询到的银行账户和房产线索进行诉讼前保全，立案当天即递交了保全材料。案件办理得很顺利，三天后案件已经分配至办案法官，天用律师立即联系法官申请在 48 小时内对小玲名下的银行线索账户进行保全。这时消失多年的小玲早已坐不住了，一天后小玲通过中间人主动找到小明，表示愿意还钱，先还一部分，希望将保全终止，解封账户。在天用律师的帮助下，保全手续做完一天后，小明顺利拿到了小玲拖欠了长达 16 年的欠款。

法律分析

是否有财产线索，对于借贷纠纷能否顺利解决起到关键性作用，所以对于财产线索的掌握程度就代表事情成功解决的可能性的大小，对于"老赖"来讲，没有十分有力的制约措施，他们是不愿意主动偿还债务的，但是对方的财产线索一旦被我们掌握且采取了保全冻结措施，那么我们也将化被动为主动了。

典型案例

陈女士和王女士是多年邻居，因为两个人的老公是同事，所以陈女士和王女士也就成了无话不谈的好朋友，2017 年 9 月，陈女士老公拿出 40 多万元准备回家投资创业，陈女士就跟王女士透露了这个想法，王女士就告诉陈女士他们公司有个好项目可以让他入股，因为陈女士不是他们公司的内部员工，不能以陈女士名义入股，但是王女士可以给陈女士写借条，并口头约定每 10 万元收益为 1.5 万元，陈女士对王女士的话深信不疑，就把 40 万元一次性全部转给了王女士，王女士也按照约定打了借条，3 个月后就在陈女士和丈夫坐等收益到账的时候，王女士告诉她这钱被她挪用到别的项目中去了，王女士又于 2017 年 12 月 15 日向陈女士出具借条，记载"借条，今陈××借给王××人民币 68.27 万元整自 2017 年 12 月 15 日至 2018 年 12 月 14 日，期限为一年，利率为 10 万元每年 1.5 万元，全部本息于 2018 年 12 月 14 日一次性偿还。借款人：王××"。并告诉陈女士自己老公不知道这个事，如果老公知道这个事肯定会跟她离婚，陈女士实在不忍心看着曾经的好姐妹因为欠款这事导致家庭破碎，勉强答应了王女士的苦苦哀求，陈女士也相信王女士不会赖下这笔钱，只是暂时周转遇到了困难，但是一年之后，王女士手机号换了，把陈女士微信也拉黑了，陈女士和老公跑到王女士曾经居住的地方，早已人去楼空，陈女士赶紧打电话报警，警察让陈女士去法院立案起诉，陈女士经过咨询律师后得知可以夫妻共同债务起诉对方夫妻两个人，遂委托律师起诉，经过律师一系列调查后得知，王女士在法院已有执行案件 2 起，也就是所谓的失信人，律师向法院申请调查令调取王女士婚姻信息发现，王女士丈夫结婚登记时没有登记详细的身份证信息，那也就意味着没办法查询王女士丈夫名下的财产线索，后来终于在另一起案件中发现了王女士丈夫的身份信息，且夫妻两人近 1 年来涉案数量就达 8 件，涉案金额已经将近 400 万元。

法律分析

面对投资一定要谨慎，高额收益诱惑大多数是陷阱，欠条转账一定要留下正确的身份证信息，时间越长回款越难。在法院已经有了涉诉案件且已经有了多个执行案件的欠款人，他的银行账户、微信、支付宝早已被法院冻结并划拨仅有的余额，名下房产、车辆都已经被冻结、查封，这种情况的欠款人是没必要再进行查询他名下的财产的。

典型案例

小冯和小刘同是××劳务公司的劳务班组，小冯负责水电工程，小刘负责消防工程，2019 年，××劳务公司因为多个项目拖欠工程款被起诉并被法院执行，小冯还有 18 万元劳务费没有结算，小刘也还有 37 万元工程款没有拿到，小冯犹豫再三决定放弃起诉，因为他这个项目的欠款大部分都已经拿到了，剩下的就是纯利润了，自认为别要不到钱再花出去 2 万元，有点得不偿失，小刘经过法院起诉后案件也顺利进入执行阶段，经过执行法官的不懈努力，查询到××劳务公司法定代表人在外地重新注册了一家新的公司，法定代表人是其妻子，经过对其妻子账户进行监控发现该账户有多笔来自×××建筑有限公司转账，经过执行法官追踪调查得知，为了躲避执行，近两年来，××劳务公司的客户和债权都转移到了这个公司，再由这个公司以各种项目转到目前该公司法人的账户，法官以拒不履行法院判决、恶意逃避执行等把原公司法人传唤到法院，面对确凿的证据，欠款人最终同意偿还小刘所有欠款，而小冯却因为没有起诉错过了最佳的诉讼时效。

法律分析

如果你已经确定这钱不要了的话,那就没必要起诉了,如果你还想要这笔钱,那最好的方法就是先要把债权确认下来,因为民事诉讼时效的期限是3年,法院的判决书是永久的,执行案件更是要伴随你一生的,只要你一直没有拿到钱,法官就会一直帮你执行、查控、恢复执行、循环查询欠款人的财产。

第四计 让失联的欠款人出现的策略

作者的话

之前我们总结了要账的时间和节奏,但有些时候可能会面临欠款人失联的窘境,导致欠款难以追回。本节将探讨让失联的欠款人出现的策略,并提供实用的建议和技巧。

策略一:进行多渠道的寻找和联系

在让失联的欠款人出现之前,需要进行多渠道的寻找和联系。可以通过现有已掌握的信息对其在互联网上进行查询,是否有欠款人的最新动态或者个人信息,也可以按照上一节介绍的方式在中国裁判文书网和中国执行信息公开网对欠款人进行搜索,如果还掌握欠款人的社交媒体账号或者对方好友的社交媒体账号,均可尝试与对方沟通联系,当然,最基本的电话留言方式也是必不可少的。在和欠款人进行联系时,需要在合适的时间联系,避免影响其正常工作或生活,更需要礼貌、诚实和坚定,保持冷静和耐心,不要过于激动或者威胁欠款人。沟通过程中,记得向欠款人提出具体的索要欠款金额和偿还期限,并要求欠款人务必对此作出回应。注意,相关沟通记录请妥善留存,以备后续如果需要通过诉讼手段解决纠纷时作为证据提交给法院使用。

典型案例

2018年12月12日，某乙以做生意为由向某甲借款，某甲通过现金给付的方式借给某乙共计人民币6万元。某乙于当日签署《借条》，后经某甲多次追要，某乙一直未归还给某甲。双方于2021年5月15日签署新《借条》，但某乙依旧未在约定的2021年8月23日归还案涉款项及利息。借款人某乙一直处于失联状态。这个时候某甲找到了律师，承办律师尝试通过某甲提供的极少的线索，使用微信、视频号、短视频平台等多渠道在网上进行检索，最终在某短视频平台检索到了借款人的注册信息，并且通过留言的方式联系上了借款人，告知他如果不能及时归还欠款，就应当承担被起诉的法律后果。

法律分析

通过这个案件我们可以了解到，只要我们想要联系一个人，不仅可以通过目前这些常规的手段联系，因为大家都生活在信息时代，很多人都会通过注册个人的社交平台、短视频平台来进行沟通和联系。甚至也有其他较为极端的情况，通过在网上检索个人的应聘简历，查询到上面有电话显示，得以联系到借款人。总而言之，就是通过仅有的线索来无限地放大它的可能性，可能就会达到出其不意的效果。

策略二：采取激励措施和适当的震慑

如果失联的欠款人仍然没有出现，可以考虑采取激励措施和适当的威慑。可以在沟通中，尝试向欠款人提供优惠条件，如减免部分利息甚至是借款本金或承诺不采取法律行动等进行心理激励。同时，也可以表示采取法律行动或向信用机构报告欠款行为等方式来震慑欠款人。在采取激励措施和适当的震慑时，需要注意以下几点：

1. 需要根据欠款人的情况和性格选择合适的措施和方式。如果欠款人的性格易怒或者过于脆弱，可采取和缓的沟通方式解决。

2. 需要保持诚实和透明，不要使用虚假的承诺或震慑。如果承诺欠款人减免欠款本金或者利息，就应当签署最新的借款协议确定最新金额，以兑现承诺。

3. 需要评估采取措施和手段的风险和成本，以确保最终的结果是积极的。

典型案例

某甲和某乙系朋友关系。2020年5月31日，某乙以资金周转为由向某甲借款，某甲通过银行转账的方式借给某乙共计人民币200000元。某乙于当日签署《借条》，后经某甲多次追要，某乙一直未归还给某甲。某甲一直在联系某乙归还借款，但是始终得不到有效的结果，不是声称过几天还，就是不接电话，总之非常困难。但是某甲非常聪明，其某天前往他们当地的法院，拿着一份起诉状的模板，上面的姓名等信息都是写得比较清楚的，就去了当地的法院立案厅，这个时候就把立案厅的照片拍给了某乙，告知某乙他现在已经到达法院，想要立民间借贷的案子，某乙得到这个消息以后，立刻联系了某甲，请求一周的宽限时间，他一定把所有的欠款都还上，当然，本案属于欠款人有能力来进行支付，但是一直迟迟不愿意还清的情况。

典型案例

某乙于2012年6月20日向某甲借款600万元，约定借期为2012年6月20日到8月20日，月利息3%，到期本息一次性还清。为保证还款，某甲、某乙于借款当日签订《担保借款协议书》，某丙为连带担保人，承担连带保证责任。某甲后于借款当日分5笔向某乙出借共计550万元，另外50万元为转移某丙对某乙的债权给某甲，某甲与某乙、某丙对这一事实认可。到期后某乙、某丙未归还某甲欠款本息，某乙仅于2020年9月12日通过银行转账的形式还款5000元，但剩余款项后经某甲多次催促，某乙、某丙一直借故拖延至今，某丙也不愿履行担保义务。由于对方的拖延行为导致某甲特别生气，认为某乙欺骗了他，又不想通过诉讼方式解决，于是去派出所咨询对方这种行为是不是达到了刑事犯罪标准，某甲在去派出所咨询的过程中，全程拍照发给了某乙，某乙见某甲动真格了，没过多长时间某乙就和某甲达成了一致意见，并委托律师出具了新的还款协议。

> **法律分析**

通过上述案件我们能够知道，作为出借人有时候使用一些稍微具有震慑性的举动，如到其工作单位现场、向单位出具征询函等，在合法的范围内向对方制造一些压力，迫使对方主动加速偿还债务。这些也是和对方谈判的要点。

策略三：采取法律行动

如果失联的欠款人仍然没有出现，可以考虑采取法律行动。如果掌握了欠款人的身份信息等基本信息，同时，也具备基本的证据，这时就可以考虑通过诉讼手段"叫醒""沉睡着"的欠款人了，只要提供了被告的有效住址及联系方式，法院就会按照提供的信息向被告送达案件材料及开庭传票。如果送达不到被告怎么办？不用担心，法院可以依法公告送达。如果被告开庭不出现呢？同样不用担心，法院可以缺席判决，最终的裁判文书同样可以公告送达，合法权益一定会得到保障。

> **相关规定**

《中华人民共和国民事诉讼法》

第八十七条 送达诉讼文书必须有送达回证，由受送达人在送达回证上记明收到日期，签名或者盖章。

受送达人在送达回证上的签收日期为送达日期。

第八十八条 送达诉讼文书，应当直接送交受送达人。受送达人是公民的，本人不在交他的同住成年家属签收；受送达人是法人或者其他组织的，应当由法人的法定代表人、其他组织的主要负责人或者该法人、组织负责收件的人签收；受送达人有诉讼代理人的，可以送交其代理人签收；受送达人已向人民法院指定代收人的，送交代收人签收。

受送达人的同住成年家属，法人或者其他组织的负责收件的人，诉讼代理人或者代收人在送达回证上签收的日期为送达日期。

第八十九条 受送达人或者他的同住成年家属拒绝接收诉讼文书的，送达人可以邀请有关基层组织或者所在单位的代表到场，说明情况，在送达回证上记明拒收事由和日期，由送达人、见证人签名或者盖章，把诉讼文书留在受送达人的住所；也可以把诉讼文书留在受送达人的住所，并采用拍照、录像等方式记录送达过程，即视为送达。

第九十条　经受送达人同意，人民法院可以采用能够确认其收悉的电子方式送达诉讼文书。通过电子方式送达的判决书、裁定书、调解书，受送达人提出需要纸质文书的，人民法院应当提供。

采用前款方式送达的，以送达信息到达受送达人特定系统的日期为送达日期。

第九十一条　直接送达诉讼文书有困难的，可以委托其他人民法院代为送达，或者邮寄送达。邮寄送达的，以回执上注明的收件日期为送达日期。

第九十二条　受送达人是军人的，通过其所在部队团以上单位的政治机关转交。

第九十三条　受送达人被监禁的，通过其所在监所转交。

受送达人被采取强制性教育措施的，通过其所在强制性教育机构转交。

第九十四条　代为转交的机关、单位收到诉讼文书后，必须立即交受送达人签收，以在送达回证上的签收日期，为送达日期。

第九十五条　受送达人下落不明，或者用本节规定的其他方式无法送达的，公告送达。自发出公告之日起，经过三十日，即视为送达。

公告送达，应当在案卷中记明原因和经过。

第一百四十七条　被告经传票传唤，无正当理由拒不到庭的，或者未经法庭许可中途退庭的，可以缺席判决。

总结一下本节要点：多线沟通是关键，适当激励和威慑，心怀诚意和信心，联系未果速起诉。

没有收到的可以联系相关客服查询,并发给借款人确认,用以强调一直是没有收到案涉款项的状态,防止借款人从中做手脚,留取虚假证据。

另一个案例是"假意还款"的其他表现形式,欠款人开具永远无法兑付的空头支票,也需要在日常工作和生活中警惕。建议拿到相关兑付票据后立即和欠款人一同前往银行现场进行兑付,如果出现问题可以立刻现场解决。

典型案例

原告周某诉第一被告 A 公司、第二被告 B 公司、第三被告李某 A、第四被告李某 B、第五被告常某、第六被告李某 C、第七被告陈某、第三人 C 公司民间借贷纠纷一案原告的诉讼请求:(1)判令第一被告偿还借款 790 万元;(2)判令第一被告给付借款利息 47.4 万元;(3)判令第一被告向原告支付违约金(以 790 万元为基数,按照日万分之六的标准,自 2014 年 8 月 17 日起计算至实际给付之日止);(4)判令第二、第三、第四、第五、第六、第七被告承担连带责任;(5)诉讼费由被告承担。事实与理由:2014 年 5 月 16 日,第三人 C 公司与第一、第二被告在开发区签订了《借款合同》,合同约定:被告向 C 公司借款人民币 790 万元,期限为三个月,用途为第二被告购买滨海新区土地,且第二被告承担连带保证责任,同时第一、第二被告也出具了《股东会决议》,承诺第五、第六、第七被告也同时承担不可撤销连带保证责任。另外,合同还约定:如第一被告未按期还款,每逾期一天就按借款数额的日万分之六承担违约金,合同期满如第一被告不能履行偿债义务,C 公司有权将《借款合同》项下权利转让给第三方等。同日,C 公司分两笔 290 万元和 500 万元,将借款汇入第一被告的开户行"中国工商银行天津市滨海支行"。借款到期后,第一被告除给付 C 公司一张空头支票外,借口资金紧张没有还款。此后经多次催要,第一被告始终未能还款。2015 年 7 月 16 日,因 C 公司欠原告款项,C 公司与原告签订了《债权债务转让协议》,将 C 公司对第一被告享有的借款债权及对其他被告的担保债权转让给原告,并约定:原《借款合同》含担保条款在内的其他条款等对原告继续生效,且继续约束债务人及担保人。法院认为,本案当事人在同一天签订了两份借款合同,两份合同在内容上既有相同部分,也有不同部分,但两份合同必然有形成的先后顺序，当通过现有各方陈述无法确认时，唯有通过实际履行情况与合同内容进行比对来判断合同的效力。两份借款合同差异，主要体现在金额、借期、用途方面。首先，在金额方面，C 公司虽然实际转账 790 万元，但被告 A 公司于同日所打收条金额为 1000 万元，李某 A 签字的股东会决议内容也为 1000 万元，此外，2014 年 8 月 16 日被告 A 公司向 C 公司所开空头转账支票的金额亦为 1000 万元；其次，在借期方面，A 公司开出上述空头转账支票假意还款的时间与 1000 万元借款合同中约定的三个月到期日完全一致；最后，在借款用途方面，关联案件中常某所作的"B 公司当时需要资金，李某 A 说可以帮公司办理贷款"的陈述亦与 1000 万元借款合同的约定用途相符。综合上述三要素，1000 万元借款合同在约定金额、期限和用途方面能够完全吻合，而 790 万元借款合同只有借款金额与实际转账金额一致。故判决：自本判决生效之日起十日内，第一被告偿还原告周某借款本金 790 万元及利息。

法律分析

本案涉及的需要兑付的票据是在日常生产生活中比较常见的现象，大家需要注意的就是拿到汇兑票据以后一定要第一时间到银行进行兑付，不要拖延时间。时间一长，欠款人有可能会出现失联的情况。同时，律师建议最好和欠款人一同前往银行进行兑付，这样一旦出现任何问题，您可以第一时间解决，这也是留存证据的过程。

三、评估欠款人的还款能力和意愿

在判断欠款人是否有还款诚意时，需要评估欠款人的还款能力和意愿。还款能力包括欠款人的财务状况、经济收入等方面，还款意愿包括欠款人的态度、行为、承诺等方面。可以通过调查和分析了解欠款人的还款能力和意愿，并根据评估结果判断其是否有还款诚意。总之，如果欠款人有意还款，其会尽力制定还款方案，如果有余款可还就会及时联系出借人。反之，总是以种种理由搪塞，甚至使用欺骗等手段恶意拖欠，就必须要警惕欠款人是否在"假意还款"了！

1. 每次联系都是很长时间才回复、接听电话，甚至是不回复、不接电话，需警惕；

2. 沟通还款计划每回是支支吾吾，态度模糊，只是一味地说："没问题！到期肯定还！"需警惕；

3. 无限期地拖延，又不告知或者承诺具体还款时间的："哎呀！再给我几天时间吧，我去筹钱，一定还你！"需警惕；

4. 电话、微信等联系方式拉黑，电话不通、空号，需警惕；

5. 一边说没钱，一边高消费买奢侈品、买房、买车、结婚、旅游，需警惕；

6. 态度十分恶劣，无法沟通，需警惕；

7. 人消失不见了，需警惕。

典型案例

2021年8月11日，某乙向某甲出具欠条一份，欠条中约定某甲向某乙借款人民币30万元，用于清抵40坛15—20年的某名酒窖藏酒钱，双方并未约定利息。借款人某乙在拿到借款以后，用各种理由搪塞出借人某甲，今天说没钱，明天说某天将要有一笔钱到账，但是始终没有兑现过，后来直接演变成不接电话，甚至将借款人的电话、微信等联系方式拉黑，借款人发现事情不妙，立即委托律师处理，这种情况下，只能通过诉讼的方式，对于借款人的起诉状、判决书进行公告，从而达到诉求的目的。

法律分析

所谓公告，是指国家机关依法向社会公众公布的法律文书。在人民法院工作中，公告的使用非常广泛，法院公告按程序可分为非诉讼公告和诉讼公告。非诉讼公告，是指人民法院发布"司法解释""批复""规定"的公告等。诉讼公告，是指人民法院在案件审理程序中，发布起诉状副本、上诉状副本、反诉状副本、答辩状副本、传票、判决书、调解书、裁定书、决定书、通知书、证明书的公告等。这里所说的公告，是指法院在诉讼程序中使用的公告，笔者称其为法院诉讼公告，简称诉讼公告。法院诉讼公告是法院就某些诉讼活动或者特定的人和事，依法向社会公开发布和张贴的告示性司法文书。

幸亏本案借款人反应迅速，在持续不断地联系欠款人，但是在得到失联的结果后，也只能是通过诉讼方式解决了，建议出借人能按照本节的建议，时刻保持警惕，不随便听信借款人"假意还款"的"花言巧语"，一旦有苗头，应该立刻找到借款人，不要等到对方失联状态下才采取行动。

总结一下本节的要点：假意还款真害人，擦亮双眼勤分析，钱不到账不算完，时刻警惕记心中。

第六计　借条如何不过期

作者的话

> 通过本书前面的介绍，相信大家已经对借条有了初步的认识，但借条也是有"保质期"的，如果过了保质期，权益可能就得不到保障，甚至会影响进一步维权，欠款可能也随之无法追回。本节将重点介绍如何让手中的借条不过期。

一、什么是诉讼时效

首先，我们要了解什么是诉讼时效。诉讼时效，是能够引起民事法律关系发生变化的法律事实，又称消灭时效，是指权利人在一定期间内不行使权利，即在某种程度上丧失请求利益的时效制度。设立诉讼时效制度的主要目的，是促进法律关系安定，及时结束权利义务关系的不确定状态，稳定法律秩序，降低交易成本。用通俗易懂的话解释就是，可以向法院起诉主张自己权益，且受到法律保护的时间期限。如果想知道借条怎样才能不过期，就必须先知道我国法律对于追诉期间的规定是怎样的。

《中华人民共和国民法典》对于普通诉讼时效、最长权利保护期间的规定如下：人民法院请求保护民事权利的诉讼时效期间为3年。法律另有规定的，依照其规定。也就是说，行使诉讼权利的普通时效为3年，《中华人民共和国民法典》在之前法律的基础之上将普通的诉讼时效由 2 年延长到 3 年,更长效地保护了广大公民的合法权益。不知道大家有没有注意到,这里有一条规定是"法律另有规定的,依照其规定",就说明还有其他特殊规定。

这里给大家简单介绍一下,主要有因国际货物买卖合同和技术进出口合同争议提起诉讼或者申请仲裁的时效期间为 4 年;人寿保险合同的被保险人或者受益人请求保险人支付保险金的合同债券的诉讼时效期间为 5 年。而最长诉讼时效期间又称为绝对时效期间,是指不适用诉讼时效中止、中断规定的时效期间。《中华人民共和国民法典》第一百八十八条第二款规定最长诉讼时效期间为 20 年。

另外,诉讼时效还存在中止、中断的情形。诉讼时效中止是指在诉讼时效进行期间,因发生法定事由阻碍权利人行使请求权,诉讼依法暂时停止进行,并在法定事由消失之日起继续进行的情况,又称为时效的暂停。其实质是要把时效暂停期间不计入诉讼时效期间,以保证权利人真正享有法律规定的提起诉讼的必要时间。通俗地讲,就是在诉讼时效期间发生了一些事情,这些事情导致诉讼时效暂停,待这些事情解决以后诉讼时效又恢复计时,这些情形包括:不可抗力;无民事行为能力人或者限制民事行为能力人没有法定代理人,或者法定代理人死亡、丧失民事行为能力、丧失代理权;继承开始后未确定继承人或者遗产管理人;权利人被义务人或者其他人控制;其他导致权利人不能行使请求权的障碍。自中止时效的原因消除之日起满 6 个月,诉讼时效期间届满。诉讼时效中断是指在诉讼时效期间进行中,因发生一定的法定事由,致使已经经过的时效期间统归无效,待时效中断的事由消除后,诉讼时效期间重新起算。诉讼时效中断的事由包括提起诉讼、当事人一方提出要求、请求或者同意履行义务、承诺等。与中止不同的是,在中断诉讼时效期间发生了一些事情,这些事情导致诉讼时效中断,待这些事情解决以后诉讼时效重新计算,这些情形包括:权利人向义务人提出履行请求;义务人同意履行义务;权利人提起诉讼或者申请仲裁;与提起诉讼或者申请仲裁具有同等效力的其他情形。注意,在要账的过程中要巧用诉讼时效中断的情形,关于这点本节会在下面的讲解中详细说明。

二、不会过期的借条

要想借条不过期首先可以从借条本身入手,即怎样才能防止超过诉讼时效,可以用以下几种方式让借款人写借条:

1. 当借条临近偿还的最后期限了,但是借款人又以各种理由想要将还款期限延期,就必须在法定的诉讼时效即将届满之前要求借款人重新打借条。借条的具体内容参考本书以上章节,注意注明借款人身份信息、新的还款时间、借款金额等必要信息。

2. 另一种方式就是在借款时签订的借条上不写还款日期(这种方式非必要需慎用),因为3年诉讼时效的起算时间是从借款人还款日期开始计算的,所以如果没有写还款日,就意味着第一次向欠款人主张债权开始起算。由于对于没有写明还款日的借条来讲,可以随时向借款人主张还款,所以,就必须自行证明主张债权的时间,这对于大家来讲也是非常困难的。但无明确还款日的借条的保护时效适用最长的诉讼时效20年,如果自借款之日起20年内还不主张债权,将完全丧失主张债权的保护。在司法实践中,这种方式不太建议使用,但就还款时间和保护期间来讲,这个方式有一定的实践性,但比如在主张债权时,通过打电话的方式向对方要钱,但是并没有保存证据,后期如果进入诉讼程序中,依据就会严重不足。

3. 除了上述第1点以外,还可以要求借款人重新制定还款计划,这可能与重新签署借条是有一定区别的,还款计划更趋于能够实现兑现,借款人需要告知还款细节,并且能够付之于行动。比如,将借款总额分期进行还款,在新的借款协议或者借条中写明,每个时间段借款需要偿还的本金及利息,还要写清最终何时是最后一笔,即到期日。当然,如果能写清楚如果到期仍未能归还的责任就更好了。

4. 与债务人对账。所谓对账就是核对账目,按照《会计基础工作规范》的要求,各单位应当定期将会计账簿记录的有关数字与库存实物、货币资金、有价证券往来单位或个人等进行相互核对,保证账证相符、账账相符、账实相符,系统进行自动对账的条件一般包括业务发生的日期、结算式、结算票号、发生金额相同等。对个人借贷，对账一般就是双方把已经发生借款还款做一个结算，还了多少，还欠多少，对账是做一个梳理，最终形成对账结果，如果清账，可以签署不再欠账的说明，如果还有余款，可以重新签署借条。这里特别提示，为了更好地保护合法权益，每次对账请做好证据保存，如录音录像，文字材料双方签字写日期等，不然可能会给借款人以可乘之机。这里讲一个笔者办理的案例，供读者参考。

典型案例

2006年4月到2007年9月，借款人某乙先后12次向出借人某甲借款人民币共计25万元，后来借款人偿还出借人部分借款。2021年3月，双方对于借款情况进行了清算。但是，出借人并没有对对账情况做记录。这就给借款人后续伪造证据留下了很大的漏洞。在诉讼过程中，借款人竟然将双方在对账调解过程中，把其让出借人提前写有"账款已清偿"的字条与双方经过自行协商确定的调解约定到8万元的调解金额的借条进行分开书写，并只裁剪清账字样的借条作为证据向法院提交，用以证明双方之间已经没有欠款存在。

法律分析

这个案件说明，在借款过程中，如果双方有对账清账的过程，出借人一定要事先做好准备，将每次对账的过程记录下来，并且最好有双方签字确认或者制作录音录像，以防借款人在后续诉讼过程中，有赖账的意图或者行为甚至是伪造证据。另外，该案还提醒出借人在案款没有清算结清之前，绝不能给借款人出具写有"清账"字样的字条，或者文字材料，甚至是录音资料，每次清账都是梳理出借还款情况的过程，所以一定要慎之又慎，以防出现像笔者办理的这个案件的情况。当然这个案件最终在律师的努力之下，经过二审发回重审，最终出借人胜诉，但也再次提醒各位借款人一定要谨慎对待。

5. 要求欠款人签署承诺书。这个方法需要重点介绍一下，不管是作为个人还是企业，只要是出借给企业，在签订借款协议时，都建议找到法定代表人再签订一份同意对于借款承担连带责任的承诺书，如果一开始没有签订，只要可以找到法定代表人，都建议让其签署这份承诺书。以下讲述一个笔者办理的案例，供读者参考。

> **典型案例**

多年前，出借人某甲与 A 公司签订了借款协议，约定 A 公司于一年以后将其借出的 50 万元人民币归还，但到期后，A 公司并没有依约归还借款，甚至有继续拖欠的嫌疑。经过律师指导，出借人找到了 A 公司的法定代表人，让其签署了承担该笔 50 万元借款的连带责任的承诺书，保证借款人 A 公司的 50 万元借款由法定代表人承担连带责任。后续在诉讼过程当中，出借人通过法院执行法定代表人的资产，顺利地拿回了全部出借款项。

> **法律分析**

该案提醒大家，如果借款是出借给企业，请与该企业的法定代表人保持密切联系，以防失联。最好按照上述建议，在签订借款协议时约定由借款公司的法定代表人对该笔借款承担连带责任。如果没有在借款时签订协议，而借款公司又有可能出现拖欠借款的情况，建议找到借款公司的法定代表人，让其签署承诺书，以确保出借的款项在未来一旦涉诉，可以更容易地执行归还到位。

> **相关规定**

《中华人民共和国民法典》

第五百一十八条　债权人为二人以上，部分或者全部债权人均可以请求债务人履行债务的，为连带债权；债务人为二人以上，债权人可以请求部分或者全部债务人履行全部债务的，为连带债务。

连带债权或者连带债务，由法律规定或者当事人约定。

6. 要求借款人提供担保。担保是指法律为确保特定的债权人实现债权，以债务人或第三人的信用或者特定财产来督促债务人履行债务的制度。担保活动应当遵循平等、自愿、公平、诚实信用的原则。为保障债权实现而采取的保证、抵押等行为。打个比方，A 向银行借款，B 为 A 提供担保，保证在规定期内 A 履行还款义务，一旦 A 不履行义务时，B 予以履行。另外，在刑事诉讼法上的担保则是为取保候审、保外就医等提供一定的保证。

（1）担保的形式

人的担保与物的担保：人的担保，是指债务人之外的第三人以信用作保证，承诺把债务的实现。物的担保，指债务人或第三人，以特定财产权作为履行债务的保证。

一般担保与特殊担保：一般担保，指债务人用自己的财产保证合同履行。特殊担保，是指债务人用特定物担保合同的履行。

法定担保与约定担保：法定担保，指法律直接规定的担保。约定担保，是指法律没有规定，由当事人约定的担保。

本担保与反担保：本担保，指担保人为主合同提供的担保。反担保，是指第三人为债务人向债权人提供担保时，反过来再叫债务人提供反担保。

（2）担保的方式

保证：保证人与债权人约定，当债务人不履行债务时，由保证人按照约定履行主合同的义务或承担责任。

抵押：债务人或第三人不转移抵押财产，将抵押财产作为债权的担保。当债务人不履行债务时，债权人有权依照规定以抵押财产折价或拍卖、变卖该财产。

质押：债务人或第三人将其动产移交债权人占有，或将其财产权利交由债权人控制。债务人不履行债务时，债权人有权依照规定以抵押财产折价或拍卖、变卖该财产。

定金：当事人一方为了担保合同的履行，预先支付另一方一定数额的金钱的行为。债务人履行债务后，定金应当抵作价款或者收回。给付定金的一方不履行合同约定的债务的，无权要回定金；收受定金一方不履行合同约定的债务的，应当双倍返还定金。

留置：在保管合同、运输合同、加工承揽合同中，债权人依照合同约定占有债务人的动产。债务人不按照合同约定的期限履行债务的，债权人有权依照规定以抵押财产折价或拍卖、变卖该财产。

相关规定

《中华人民共和国民法典》

第六百八十六条第二款 当事人在保证合同中对保证方式没有约定或者约定不明确的，按照一般保证承担保证责任。

第六百八十七条第一款 当事人在保证合同中约定，债务人不能履行债务时，由保证人承担保证责任的，为一般保证。

第六百八十八条 当事人在保证合同中约定保证人和债务人对债务承担连带责任的，为连带责任保证。

连带责任保证的债务人不履行到期债务或者发生当事人约定的情形时，债权人可以请求债务人履行债务，也可以请求保证人在其保证范围内承担保证责任。

第六百九十二条第二款 债权人与保证人可以约定保证期间，但是约定的保证期间早于主债务履行期限或者与主债务履行期限同时届满的，视为没有约定；没有约定或者约定不明确的，保证期间为主债务履行期限届满之日起六个月。

7. 通过非诉讼方式主张权利。当欠款人持续不愿归还欠款时，除了采取向法院提起民事诉讼以外，还可以先采取"杀伤力"较小的非诉讼方式解决。比如，向人民调解委员会或者有关单位提出主张权利的请求，从提出请求时起诉讼时效中断。如果经调解达不成协议，诉讼时效时间即重新计算；如能调解达成协议，欠款人未按协议规定期限履行义务的，诉讼时效期间就从履行期限届满时重新计算。如按时归还，则无须再另行起诉。此外，如果欠款人向仲裁机关或有关主管机关主张权利的，也可引起诉讼时效中断。非诉的渠道都有哪些呢？

（1）和解，诉讼前的和解，是指发生诉讼以前，双方当事人互相协商达成协议，解决双方的争执。

（2）调解，人民调解，一般在居民委员会、村民委员会和企业、事业单位或者街道、乡、镇司法行政部门设置有人民调解委员会。

（3）仲裁，是指纠纷当事人在自愿基础上达成协议，将纠纷提交非司法机构的第三者审理，由第三者作出对争议各方均有约束力的裁决的一种解决纠纷的制度和方式。

解决争议或者纠纷的方式除诉讼外还包括很多，如自行和解、通过第三方调解、申请仲裁、向有关单位反映问题等方式，其中通过第三方调解也分多种，如根据调解的主体不同，可包括通过亲戚、朋友、同学等熟人调解、通过律师调解、通过基层调解组织调解等，也可以分为民间调解、行政机关的调解等。

相关规定

《中华人民共和国民法典》

第一百九十五条　有下列情形之一的，诉讼时效中断，从中断、有关程序终结时起，诉讼时效期间重新计算：

（一）权利人向义务人提出履行请求；

（二）义务人同意履行义务；

（三）权利人提起诉讼或者申请仲裁；

（四）与提起诉讼或者申请仲裁具有同等效力的其他情形。

8. 提起诉讼。如果以上办法都无法实现让借款人还款的目的，建议尽早向有管辖权的法院提起诉讼。

第七计　破解欠款人转移财产的方法

作者的话

> 转移财产，是指采取赠与、抛弃、恶意低价转让等方式藏匿财产，以达到其非法占有不正当财产的行为。日常生活中，欠款人可能会出现为了逃避归还借款，或者当出借人诉至法院后，为了避免出借人申请法院冻结其名下的财产，从而转移隐匿自己的财产。我们怎么破解欠款人的这种行为？本节将介绍几种方法及相关的法律知识。

一、本着预防为先的目的，可以先采取以下措施

1. 在借款时了解借款人的家庭背景、婚姻状况、工作单位等信息。这是了解其财产情况的第一步，可以通过聊天的形式多让借款人描述自己的家庭、生活、工作等。可以前往借款人的工作地点，实地考察借款人的工作情况，甚至可以认识一些他的同事，通过共同好友了解借款人更详细的信息。之所以这么做都是为了更好地知晓并掌握借款人的生活工作状态。另外，对于借款人的婚姻状态也最好进行了解，包括是已婚还是未婚的状态，结婚是不是需要买婚房，需不需要准备彩礼、嫁妆，这些大概是多少钱，总之，最好充分且全方位地了解借款人的"家底"。

2. 在借款时多了解询问借款人的资产情况，包括银行账户、动产、不动产等信息，可以多和借款人展开深入聊天，让他多告知自己资产的情况，可以采取这些话术："这个房子是你的还是你家人的？多少平方米啊？""你有现金流吗？不然未来你打算怎么还我的钱啊？"等。甚至可以前往其家中了解房产是登记在借款人本人名下，还是登记在其家人名下。同时，可以乘坐借款人的车辆，并且询问该车是不是登记在借款人的名下。"这辆车当时多少钱买的啊？是给您爱人买的吗？"另外，包括股票、证券、保险这一类的信息，也都可以通过聊天的形式，从借款人的口中得知一些基本的信息，"你买保险了吗？可以给推荐一下吗？每年要交多少钱啊？"掌握这些信息，就是为了更有利于一旦将来出现借款人不按时归还借款的情况，在通过诉讼的方式寻求法院帮助的过程当中更容易向法院提供欠款人的财产线索，从而也更容易执行欠款人的财产。

3. 特别要强调一下，如果得知借款人近期有可能离婚，这个时候就要提高警惕了！此前登记在借款人名下的财产是不是有可能通过离婚这种形式转移到其配偶的名下，甚至会出现发生离婚纠纷以后，法院将原本在借款人名下的财产判决给了他的配偶的情况，这些情况都有可能影响到合法权益的维护。如果出现上述情况，建议尽早提起诉讼，并采取保全措施来帮助锁定借款人的名下的财产。

典型案例

某甲和某乙是朋友关系。某乙因资金周转需要，于2022年11月20日向某甲借款90万元并出具借条一张，借条约定了借款期限为2022年11月20日起至2023年1月5日止，利息按照借款金额的每十天1%计算，共计9000元，全部利息于借款当日一次性支付。某甲于当日通过银行转账的方式分三笔将约定款项汇给了某乙，共计891000元。但借款到期后，某乙并未依约偿还借款。在借款时，借款人某乙拿着在他名下的房屋产权登记证明出示给出借人某甲看，明确表示如果他到期未归还借款，房子可以作为抵押物。出借人信以为真，故与借款人签订了借款协议，同时，模糊地签订了一份内容不是很明确但类似于抵押房产的协议，这份协议并没有将抵押的详细情况载明。若干个月后，到了还款期限，借款人并没有如期如数归还借款。出借人找到律师，承办律师在审核案件证据的时候，得到了一则新消息：借款人和其配偶正在打官司，而本案涉及的这套房产，借款人早就许诺在处理夫妻共同财产时将该房屋过户给其配偶，并签署了书面的离婚协议且早已经协议离婚。其配偶再次诉讼就是为了解决他们离婚后的财产纠纷。我们发现，除了借款协议，双方签订的那另一份所谓的"抵押协议"并不产生法律效力，其约定内容也并非当借款并没有如期如数归还时，借款人名下的房屋将通过抵押的形式可以转移过户到出借人的名下，而是一个类似于买卖的合同，所以这样的证据并没有法律效力，更得不到法律的保护。

法律分析

综观整个案件，我们可以看到签订借款协议时，想要判断借款人出示的房屋产权所有证明证书是否合法有效，应当在咨询相关律师进行有效的调查后再决定是否出借借款，是否签订借款协议，同时，协议约定借款人不能如期如数归还借款时，将由其他财产来作为抵押，或者将房子直接抵押给借款人。本案由于借款人事先与其配偶签订了离婚协议，约定该套房产将转移给其配偶所有，对于出借人来讲，这套房子根本没有任何价值可言。在此提醒各位，当借款人有房产可供抵押的时候，一定要咨询相关律师签订合法有效的协议,来保障自己的合法权益。

> **相关规定**

《中华人民共和国民法典》

第三百九十四条　为担保债务的履行,债务人或者第三人不转移财产的占有,将该财产抵押给债权人的,债务人不履行到期债务或者发生当事人约定的实现抵押权的情形,债权人有权就该财产优先受偿。

前款规定的债务人或者第三人为抵押人,债权人为抵押权人,提供担保的财产为抵押财产。

二、保全

1. 什么是保全

民事诉讼法中的保全,按照保全标的的不同,可以划分为财产保全、行为保全和证据保全。我们这里重点讲述财产保全。《中华人民共和国民事诉讼法》第一百零三条第一款规定,人民法院对于可能因当事人一方的行为或者其他原因,使判决难以执行或者造成当事人其他损害的案件,根据对方当事人的申请,可以裁定对其财产进行保全、责令其作出一定行为或者禁止其作出一定行为;当事人没有提出申请的,人民法院在必要时也可以裁定采取财产保全措施。通俗地讲,就是当原告发现被告有可能转移财产造成其权益受损的时候,请求法院对于被告财产作出的一种强制性措施。所以,财产保全就是指人民法院为了保证将来的生效判决能够得到切实执行,或者为及时、有效地避免利害关系人或者当事人的合法权益受到难以弥补的损害,根据当事人或利害关系人的申请,所采取的限制有关财产处分或者转移的强制性措施。

按照诉讼阶段的不同,保全还可以划分为诉前保全、诉中保全和裁判文书生效后进入执行程序前的保全。诉前保全,顾名思义,就是起诉之前提起的保全,利害关系人因情况紧急,不立即申请保全将会使其合法权益受到难以弥补的损害的,可以在起诉前向有管辖权的人民法院申请,由人民法院所采取的一种保全措施。诉中保全则是在法院受理案件后、作出判决前为防止当事人（被告）转移、隐匿、变卖财产，依当事人申请或依职权作出的强制措施，以保证将来判决生效后能得到顺利执行。

2. 保全的意义是什么

（1）可以有效防止欠款人转移财产。法院一般采取查封、冻结、扣押等方式来对欠款人的财产作出保全。一旦采取这些措施，欠款人的银行账户则不能使用，动产、不动产等将无法办理抵押过户等手续。

（2）可以促使欠款人尽快归还欠款。一旦保全，欠款人名下的财产一览无余，如果财产价值真的可以覆盖欠款总额，出借人就可以不用那么担心了，聪明且识趣的欠款人应当第一时间归还欠款，甚至可以调解结案，不用进入诉讼程序。

（3）对于同一财产，可以轮候查封或保全。这种查封称作轮候查封。通俗地讲，就是在被告被诉的第一起案件的审理法院解除查封后，时间靠后的立案审理的第二个法院作出的查封自动生效。如果第一起案件的法院最后执行了查封财产，则由该法院先行执行，被告剩余的财产可由第二个法院保全或执行。

（4）诉讼财产保全可查控被告财产。法院对诉中案件可以进行全面的查控，通常适用于在立案后和诉中财产保全一并向审理法院提起，当然有的法院支持这样的申请，但也有法院有不同的规定，这就需要具体询问立案法院的立案庭或者执行庭。如果法院表示可以查控，那对于仅掌握少量信息的原告来说是有极大帮助的。

> **典型案例**

某甲与某乙民间借贷纠纷案，标的为200万元，约定于2021年9月23日还本付息，但是某乙至今未还。某甲在起诉时提出财产保全申请，要求冻结被告银行存款人民币200万元或查封、扣押其等值的其他财产。法院依法作出保全裁定后，便立即采取了保全措施，冻结了被告银行账户内的存款200余万元。钱款一经冻结，某乙立刻作出反应。次日，某乙就主动与法官联系，表示愿意进行调解，该案在法院的主持下迅速达成调解协议，在较短的时间内解决了纠纷。

法律分析

从该案件可以看出，财产保全既能保障将来的生效判决能够得到执行或者避免财产遭受损失，也可以促使当事人尽快解决纠纷。如果没有财产保全制度，当事人的借款不知道何时才能够得到偿还。

3. 保全的种类

（1）诉前财产保全：所谓诉前财产保全，也就是诉前保全，是指利害关系人因情况紧急，不立即申请财产保全将会使其合法权益受到难以弥补的损害的，可以在起诉前向人民法院申请，由人民法院采取一种财产保全措施。与诉前财产保全有关的民事争议必须有给付内容。争议的民事法律关系应是有给付内容的，如不是因财产利益之争，而是人身名誉之争，无给付内容的，法院就不能采取诉前保全措施。

在提起诉讼或者申请仲裁前向被保全财产所在地、被申请人住所地或者对案件有管辖权的人民法院申请采取财产保全措施。申请人应当提供担保而拒不提供担保的，裁定驳回申请。

诉前保全裁定期限：人民法院接受申请后，必须在48小时内作出裁定；裁定采取保全措施的，应当立即开始执行。而且申请诉前财产保全必须提供担保，不提供担保的，法院将驳回申请。并且在法院采取保全措施后30日内不依法提起诉讼或者申请仲裁的，法院将解除财产保全。因财产保全对被申请人造成损失的，由申请人予以赔偿。

（2）诉中财产保全：诉讼中财产保全，是指人民法院在受理案件之后、作出判决之前，对当事人的财产或者争执标的物采取限制当事人处分的强制性措施。

采用诉讼中财产保全应当具备如下条件：需要对争议的财产采取诉讼中财产保全的案件必须是给付之诉，即该案的诉讼请求具有财产给付内容；将来的生效判决因为主观或者客观的因素导致不能执行或者难以执行。主观因素有：当事人有转移、毁损、隐匿财物的行为或者可能采取这种行为；客观因素主要是诉讼标的物是容易变质、腐烂的物品，如果不及时采取保全措施将会造成更大损失。诉讼中财产保全发生在民事案件受理后、法院尚未作出生效判决前。在一审或二审程序中，如果案件尚未审结，就可以申请财产保全。如果法院的判决已经生效，当事人可以申请强制执行，但是不得申请财产保全；诉讼中财产保全一般应当由当事人提出书面申请。当事人没有提出申请的，人民法院在必要时也可以裁定采取财产保全措施。但是，人民法院一般很少以职权裁定财产保全，因为根据《中华人民共和国国家赔偿法》的规定，人民法院依职权采取财产保全或者先予执行错误的，应当由人民法院依法承担赔偿责任；人民法院可以责令当事人提供担保。人民法院依据申请人的申请，在采取诉讼中财产保全措施前，可以责令申请人提供担保。提供担保的数额应相当于请求保全的数额。申请人不提供担保的，人民法院可以驳回申请。在诉讼中发生财产保全错误给被申请人造成损失的情况下，被申请人可以直接从申请人提供担保的财产中得到赔偿。

这种是最常见的保全方式，一般都是在立案之后马上进行，不然也会给欠款人以可乘之机，转移财产。这里可以介绍一些可用的技巧，如在立案时一并提交保全申请书，让立案法官在立案时就已经知道未来是想要申请保全。另外，有些法院会在正式进入诉讼程序之前留足调解的时间，这时候调解法官就会和欠款人联系询问是否想要和解，遇到这样的情况，就需要抓紧时间联系调解法官，说明要申请财产保全的意图，以争取更多的时间。

典型案例

某甲与某乙于2022年3月签订借款协议，某乙因资金周转需要80万元，于是向某甲借款，约定在一个月之内还清，协议签订的同时，出借人某甲将借款人某乙名下房屋登记证书拍照留作证据。到期后，借款人未归还借款，出借人决定提起诉讼，承办律师在立案前先行帮助出借人向法院对借款人的这套房产申请诉前财产保全，成功冻结后，出借人顺利拿回案涉借款。

法律分析

从该案可以看出，出借人的高明之处在于可以在借款时就牢牢掌握了借款人的财产线索，以备不时之需。

> **相关规定**

《中华人民共和国民事诉讼法》

第一百零三条第一款　人民法院对于可能因当事人一方的行为或者其他原因，使判决难以执行或者造成当事人其他损害的案件，根据对方当事人的申请，可以裁定对其财产进行保全、责令其作出一定行为或者禁止其作出一定行为；当事人没有提出申请的，人民法院在必要时也可以裁定采取财产保全措施。

第一百零六条　财产保全采取查封、扣押、冻结或者法律规定的其他方法。人民法院保全财产后，应当立即通知被保全财产的人。

财产已被查封、冻结的，不得重复查封、冻结。

第一百零七条　财产纠纷案件，被申请人提供担保的，人民法院应当裁定解除保全。

第一百零八条　申请有错误的，申请人应当赔偿被申请人因保全所遭受的损失。

《最高人民法院关于适用〈中华人民共和国民事诉讼法〉的解释》

第一百五十二条　人民法院依照民事诉讼法第一百零三条、第一百零四条规定，在采取诉前保全、诉讼保全措施时，责令利害关系人或者当事人提供担保的，应当书面通知。

利害关系人申请诉前保全的，应当提供担保。申请诉前财产保全的，应当提供相当于请求保全数额的担保；情况特殊的，人民法院可以酌情处理。申请诉前行为保全的，担保的数额由人民法院根据案件的具体情况决定。

在诉讼中，人民法院依申请或者依职权采取保全措施的，应当根据案件的具体情况，决定当事人是否应当提供担保以及担保的数额。

第八计　欠款人有钱不还的应对策略

作者的话

> 诚实信用系日常生活的行为准则，故有一句话为"欠债还钱，天经地义"，可是现如今却有一部分人明明有钱也不愿意还款。大家的生活中可能也碰到过这类人，是朋友、亲戚又或者是合作伙伴，未按约定支付相应款项。针对这类人的这种行为，我们应该如何应对呢？分为以下三个方面。

一、自行和解

自行和解的前提是欠款人承认欠款，如果对方不承认欠款事实，和解则较为困难。承认欠款事实但又不归还欠款的理由一般为：资金周转中、资金未回笼和确实没钱等，针对以上理由，我们首先要做的不是核实欠款理由是否属实，而是与其沟通，先把欠款事实确定，欠款事实确定后再确定还款方案。

积极、主动、友好地开展沟通。自行和解的进程可以循序渐进，如果欠款人在外地，见面不方便，我们可以先通过微信、电话聊家常，再通过聊家常的方式引出自己目前缺钱的状态，希望欠款人可以把之前的借款归还，以缓解自己目前面临的压力。常见表述为"最近怎么样啊？忙不忙？最近手头有点紧张，上次借你那钱/你差的那钱看能不能先还一点"，这时候对方可能会回复："好的，我这两天想办法给你解决。"听到这类表述后，我们可以协商确定解决时间为一周，如果一周后还是没解决，我们就可以开始采取下一步措施。即确定债权，最好是以书面的形式确定下来，让对方在电话、短信或是微信中承认欠款金额为多少。有一个注意点就是时间，要明确在确认的时候仍为欠付状态。

以上两步完成后，仅是对债权的金额确定了，但是却不能保证欠款人履行，而能不能履行也是要账过程中至关重要的一步。为了让欠款人能够顺利履行，在欠款事实确定后我们应乘胜追击，要求其为其债务提供担保，担保总体分为两种，一种为物的担保，另一种为人的担保。

典型案例

张三和李四是发小，从小就在一起玩耍，成年后也一直有来往。在 2019 年春节期间，张三到李四家拜年并和李四谈起其因投资机械厂需要向李四借款 20 万元用于周转，月息 1%，年底一并归还本金及利息。出于对张三的信任，李四当即从屋内拿出 10 万元现金交由张三，剩余的 10 万元第二天李四通过自己名下的储蓄卡转到了张三弟弟名下的银行账户。双方当时及后期均未签署借款协议以及其他借款凭证，都是口头约定。2019 年年底，李四向张三催款，张三以身体原因无法去银行办理相关业务为由推诿，李四予以理解。后来，李四通过微信发消息给张三问"哥，那个钱什么时候可以还啊，家里急用钱，这几个月也没上班，实在是没办法了"，李四回复："放心，我记着呢，我来想办法。"后来，李四一直拿不回钱。问：上述案例中哪些地方有坑，如何避免这些坑？

法律分析

1. 现金出借需谨慎

本案例中，李四有 10 万元是现金出借，并且该 10 万元系李四从家里直接拿出，没有银行的取现记录，如果后期张三不承认该 10 万元现金借款，那么李四的这笔 10 万元借款将变得"模糊不清"。目前的审判实践中，现金出借一般需要有收条、取现记录、资金来源等证据。其中取现记录一般也有保存年限，超期了就无法获取。如果小额的现金可以即取即用，大额的现金需要预约取现，为了查明事实，如果诉讼到法院，除取现时间、地点外，还可以核实取现时货币是用什么包装的，怎么包装的，大概占多大面积。针对现金借款的话，应最大限度地固定出借事实，可以让对方签署收条，如果有条件，可以全程录音录像，证明款项交付事实，避免后期扯皮。

2. 收款账号需明确

本案例中，李四是在张三的要求下将借款转至其弟弟名下银行账户，其弟弟的银行卡号及开户行均是在李四家里沟通的，并无书面记录。这也导致了收款人和借款人不一致的情况，若想证明借款人为张三，有以下两种途径：一是有张三承认的记录；二是张三弟弟证明其只是代收。第二种途径实践中比较难获得，一般是通过起诉震慑代收人，从而让代收人出面证明其只是代收。如果确实需要转给其他人账户，应在聊天沟通过程中让借款人把收款账户信息通过文字的形式发送给我们，在转款时也需备注具体事由，将转款回单凭证发送给借款人并要求其确认是否收到。

3. 催款数额要明确

本案例中，李四只是催款并未提出具体欠款数额，故张三的实际欠款额还是模糊的，对后期证明实际欠款事实也不利。我们催款时应明确欠款金额，如"哥，去年你欠我的那20万元什么时间能给啊？"

4. 利息不要约定一次性支付，最好按期支付

本案中约定的利息和本金一次性支付，这样我们就无从得知借款期间对方的履行意愿和履行能力，风险性较高。如果约定利息按月或按季支付，对出借人有利。其一，如果欠款人按时支付利息，不仅出借人拿到了预期收益，同时还固定了欠款人欠付金额已经有利息存在的证据。其二，如果欠款人不按时支付利息，出借人也可以在最短的时间内准备对策。

法律分析

如果前期借款时上述四个方面有瑕疵，可以在后期催促还款时将以上内容固定，在欠款人积极配合的情况下让欠款人出具一份书面的欠款凭证。

二、委托第三方协助解决

这里的第三方包含个人、单位、组织等。我们用一个案例来举例说明各个主体所能发挥的作用。

典型案例

2017年4月27日，A公司经张三介绍与B公司达成合作，当日签订了《采购合同》，合同中约定由A公司为B公司提供"视频监控系统、综合布线系统设备及安装、调试"等服务，总价款为951973元。2017年6月12日，A

公司与 B 公司产生"采购、安装高清 LED 屏"的增项，增项价款为 525000 元，已由项目经理确定。2018 年 6 月 28 日，A 公司与 B 公司签订了《补充合同》，约定由 A 公司再行补充一批视频监控设备，价款为 128890 元。合同签订后，A 公司为 B 公司开具了金额为 1016468 元的发票，2017 年 6 月 30 日，主合同及增项项目竣工验收。后因项目经理工作调动，致使补充协议项目未及时验收，故按照合同约定的最长竣工时间进行验收，即 2019 年 6 月 30 日。但至今，B 公司仅支付了 826073.4 元，剩余 779789.6 元费用在 A 公司的多次催促下仍未支付。针对上述欠款，我们有以下几种解决办法。

1. 委托张三从中调解

因为张三促成了本次合作，故其对双方公司均有了解也有认识的员工，沟通交流起来会比较顺畅，不会出现找不到对接人的情况。可由张三出面组织 A 公司和 B 公司面谈，沟通还款计划。

2. 委托律师事务所处理

律师事务所一般会在核实情况后向 B 公司发送律师函，律师函中会将 A 公司与 B 公司合作的基本情况列明，并将具体的金额以及欠款的金额标注。律师函仅有律师事务所有权发出，发送律师函对催要还款可能产生哪些积极作用呢？

（1）通知、警告

凡是需要向相对方通知的场合，都可以采用律师函的方式。由于律师函在法律法规及文书格式上特有的严肃性，也可以给对方相对震慑的警告效果。

（2）固定证据

律师函本身在内容的合法性及送达程序上的严谨性，在一些纠纷的处理过程中可以起到固定证据的作用，有些情况下也可以直接在后续的争议解决程序中作为证据提交。

（3）延长诉讼时效

某些情形下，律师函的发送可以起到中断诉讼时效的法律效果，诉讼时效中断后会重新开始计算，可以延长主张权利的期间。

（4）制止不法侵权行为

合法权益受到侵害时，使用律师函，以比较庄重的姿态对相关事实进行说明阐述，澄清事实，并针对欠款人的欠款行为进行法律后果警示、提出主张，能达到更好的震慑效果。

以上的情形适用于律师函被 B 公司签收的情况下，律师函如果送达不了或是被拒收退回呢？这些情况可称之为"危险信号"，一旦出现上述情形，我们就需要立即采取行动，采取何种行动呢？直接去 B 公司的办公场所面谈，为了提高正式性，还可以邀请律师一同前往，试探是否有还款意愿及还款计划。

3. 委托公证处处理

看到这里，大家可能会有一个疑问，公证处能做什么呢？公证欠款情况吗？这个回答只回答对了一半，公证处有一项业务为赋强公证。赋强公证是赋予债权文书强制执行效力公证的简称，是指公证机构根据债权人、债务人以及担保人的申请，对符合条件的债权文书通过公证依法赋予强制执行效力并使债权人对债务人的违约债务可不经诉讼直接向人民法院申请强制执行，依法实现债权的公证活动。看到这个大家是不是都想去做赋强公证？但是这个公证有一定的限制条件。

（1）赋强公证的条件

2000 年，《最高人民法院、司法部发布关于公证机关赋予强制执行效力的债权文书执行有关问题的联合通知》，规定可通过赋予强制执行效力的债权文书应当具备给付货币、物品、有价证券的内容，债权债务关系明确，对给付内容无疑义，债务人愿意接受强制执行的承诺等条件。

（2）赋强公证的范围

①借、贷款合同，借用合同，无财产担保的租赁合同；②赊欠货物的债权文书；③各种借据、欠单；④还款（物）协议或因其他民事行为产生的合法债权、债务而签订的还款、还物债权文书；⑤以给付赡养费、扶养费、抚育费、学费、赔（补）偿金为内容的协议；⑥符合赋予强制执行效力条件的其他债权文书。

《中华人民共和国公证法》第三十七条第一款规定，对经公证的以给付为内容并载明债务人愿意接受强制执行承诺的债权文书，债务人不履行或者履行不适当的，债权人可以依法向有管辖权的人民法院申请执行。《最高人民法院、司法部关于公证机关赋予强制执行效力的债权文书执行有关问题的联合通知》规定了公证机关赋予债权文书强制执行效力应具备的条件、范围及执行证书的签发等内容。《最高人民法院关于人民法院进一步深化多元化纠纷解决机制改革的意见》强调强制执行公证的作用。该意见第十一条明确规定，加强与公证机构的对接。支持公证机构对法律行为、事实和文书依法进行核实和证明，支持公证机构对当事人达成的债权债务合同以及具有给付内容的和解协议、调解协议办理债权文书公证，支持公证机构在送达、取证、保全、执行等环节提供公证法律服务，在家事、商事等领域开展公证活动或者调解服务。依法执行公证债权文书。《最高人民法院关于公证债权文书执行若干问题的规定》进一步规范了人民法院办理公证债权文书执行案件，确保了公证债权文书依法执行，维护了当事人、利害关系人的合法权益。

4. 委托居委会、村委会、人民调解委员会处理

以上三个组织都兼有解决争议的性质，可以根据实际情况择其一，建议选择人民调解委员会，是因为人民调解委员会成立的主要目的就是解决争议纠纷，并且具备一定的调解策略，达成调解的概率也比较高。更重要的是，在人民调解委员会达成调解协议后可以向法院确认司法效力，这样调解协议就具备强制执行力。

> 相关规定

《中华人民共和国人民调解法》

第二十八条　经人民调解委员会调解达成调解协议的，可以制作调解协议书。当事人认为无需制作调解协议书的，可以采取口头协议方式，人民调解员应当记录协议内容。

第三十一条　经人民调解委员会调解达成的调解协议，具有法律约束力，当事人应当按照约定履行。

人民调解委员会应当对调解协议的履行情况进行监督，督促当事人履行约定的义务。

第三十三条 经人民调解委员会调解达成调解协议后，双方当事人认为有必要的，可以自调解协议生效之日起三十日内共同向人民法院申请司法确认，人民法院应当及时对调解协议进行审查，依法确认调解协议的效力。

人民法院依法确认调解协议有效，一方当事人拒绝履行或者未全部履行的，对方当事人可以向人民法院申请强制执行。

人民法院依法确认调解协议无效的，当事人可以通过人民调解方式变更原调解协议或者达成新的调解协议，也可以向人民法院提起诉讼。

在以上四种方案中，我们均可以加入一颗"安心丸"，即担保，担保的相关条款可以写在和解协议、调解协议、还款方案等里面。担保有如下表现形式：

（1）保证。是指保证人和债权人约定，当债务人不履行债务时，保证人按照约定履行债务或者承担责任的行为。

（2）抵押。是指债务人或第三人不转移对财产的占有，将该财产作为债权的担保，债务人不履行债务时，债权人有权依法以该财产折价或者拍卖、变卖该财产的价款优先受偿。

（3）质押。又称动产质押，是指债务人或者第三人将财产或财产权利移交债权人占有，将该财产作为债权的担保。债务人不履行债务时，债权人有权依照有关规定以该财产折价或者以拍卖、变卖该财产的价款优先受偿。

（4）留置。是指在保管、运输、承揽加工合同及其他法律规定可以留置的合同中，债权人按照合同约定占有债务人的财产，债务人不按照合同约定的期限履行债务的，债权人有权留置该财产，以该财产折价或者以拍卖该财产的价款优先受偿。

（5）定金。是指当事人可以约定一方向对方给付定金，作为债权的担保。债务人履行债务后，定金应当抵作价款或者收回。给付定金的一方不履行约定的债务的，无权要求返还定金，收受定金的一方不履行约定债务的，应当双倍返还定金。

为什么称担保为"安心丸"呢？因为担保相当于提供了另一条可以实现债权的通道，在欠款人不还款时，我们可以要求保证人承担保证责任或处置担保物，以便债权的实现。

5. 委托法院处理

委托法院处理，即进入诉讼程序，这一步一般也是在上述方案都不适用或是未成功的情况下最后采取的合法维权手段。在此过程中，我们还可以做的一个动作就是申请诉讼财产保全，对于可能因当事人一方行为或者其他原因，使判决不能执行或难以执行的案件，在对该案判决前，依法对诉讼标的物或与本案有关的财物采取的强制性措施。

可以进行财产保全的对象有哪些？根据法律的规定和现实情况，可以进行财产保全的对象主要是被告所有、占有、享有的实物财产和财产权利，如银行账号、存款、房产、土地、股权、股票、债券和具有财产利益的知识产权等。

财产保全采取的强制性措施主要有哪些？财产保全可以采取的强制性措施主要是查封、扣押、冻结及法律规定的其他方法。

申请财产保全应符合哪些条件？首先，申请财产保全的案件应属给付之诉；其次，财产保全应具有法定的事实根据和事由。另外，法院责令申请人提供担保的，申请人必须提供担保，否则，法院将驳回其保全申请。

第九计　没有合同时之要账攻略

作者的话

日常生活中，大家往往由于不会拟合同、请专业人员拟合同需要收费、抹不开面子以及行业惯例等原因未签署书面合同，因为未签署书面的合同，可能会导致双方权利义务不清晰，给后期维权带来比较大的障碍。但是未签合同的情况非常多，在未签合同的情况下应如何要账呢？

> **典型案例**

2021年3月25日至6月5日，张三因其丈夫经营的某餐厅需要采购新鲜食材，故联系了农贸市场的李四，要求李四每天按照某餐厅厨师长的要求提供买蔬菜、粮油、鱼肉等商品。具体操作方式为厨师长每天晚上微信通知李四第二天需要的食材种类及数量，李四在第二天清晨将商品运送至某餐厅处，再由某餐厅处的工作人员确认商品的质量及数量均无误后签署收货单。约定的结算时间为一周一结，但是从5月开始，张三就以某餐厅生意不好为由推诿支付，为了维持合作关系，李四一边催款一边供货，直至2021年6月，张三告知李四停止供货，但又迟迟不支付李四2021年5月至6月的货款，为此，李四多次前往某餐厅，但都没能见到张三，其余员工均表示与自己无关。这种情况下我们该如何固定证据才能顺利要回欠款呢？首先，我们要确定欠款的事实，有以下几个方法可以确定。

一、电话录音

通常欠钱不还都是有一个过程的，这个过程表现在"产生债务——催债——偿还部分或不偿还——催债"这种循环之中，这种过程一般都会在电话中体现，所以如何固定下来呢——录音。录音最起码可以还原部分事实，即双方是否有合作关系，履行到什么阶段了，价款和支付时间的约定以及是否存在欠款事实。前期通话过程中我们可以不用太刻意，正常交流，提到合作事实就可以。比如，这个案件中，李四在供货初期就可以和张三沟通："张总，最近店里生意怎么样啊？食材都还可以吧，我可都是给您挑选最新鲜的食材配送的，就今天那鱼都是我看着抓的，米面粮油的日期都是近期的。"从这段对话中可以看出李四和张三是有合作关系的，并且是李四向张三的餐厅供货，供货的种类有米面粮油、鱼等。但是有一点需要注意的是，电话录音作为"视听资料"是可以当作证据使用的，但是我们必须保持录音清晰、完整（未剪辑篡改），并且获取的方式要合法（不能使用胁迫、威胁获取），同时也要注意备份防止丢失。

二、微信/短信聊天记录

随着科技的发展，人与人之间沟通交流的工具和方式都变得多样化，除电话外，现在中国人比较常用的沟通软件可能就是微信，而短信大多时候只是带有通知性质的信息。本案例中，某餐厅厨师长就是通过微信联系李四，向其发送第二天需要的食材品种及数量信息，李四根据厨师长的信息进行备货。虽然双方沟通过程中并未出现张三，也未出现某餐厅名称，但是可以证明每天订货供货的事实以及每天的大概订货量。

三、送货单、签收单

送货单和签收单在日常生活中比较常见，从单据上可看出送货时间、货物品种、数量，与聊天中的订货信息相呼应。但该单据的签收上也存在比较大的隐患，隐患在于如何确定和证明签署人的身份。本案中，通常情况下签收人是厨师长，厨师长有事外出的时候一般由后厨人员或者前台签收，问题就在这，不论是厨师长、后厨人员抑或前台，我们都无法获取他们的劳动合同也没办法证明他们是某餐厅的员工，他们的签字行为能否代表某餐厅呢？这个需要分情况讨论，如果有其他证据和材料能够佐证他们的员工身份，签字行为可以推定为职务行为，即代表某餐厅的认可行为。但是一旦其他材料不充分不足以认定他们的签字行为系职务行为，这时候没有合同的我们就会变得很被动，为了降低我们的被动风险，可以采取以下方法。

1. 让某餐厅出具一张收货委托书，委托书须加盖公章，委托书中需要载明受托人的名字，包含有可能收货的员工名称，同时注明权限，即以上受托人可确认收货并签字，其签字行为代表公司。

2. 如果授权获取较难的话，可以在张三在场的时候让其补盖公章，若单据太多担心被拒绝，可以挑选几张厨师长签字的单据要求盖章，侧面证明厨师长的签字系职务行为。

同时，供货单和收货单需要定期汇总，让张三确认，如张三未予确认或是以需要和厨师长核对为由延缓对账时间，此时我们就可以拿出前期的对账单予以核对，在这种情况下，如果前期没有定期核对，后期汇总核对会是一个很大的工程量，再加上时间和人的记忆规律因素影响，之前的账目如果有差别也很难核对清楚。

四、收款凭证

收款凭证包含转账记录和收据等，转账记录又包含银行转账、支付宝转账、微信转账等。其实收款记录本身不能证明债的存在，但是可以作为证据链的一个环节，证明双方存在资金流转，印证其他证据。对于银行转账记录，我们可以从电子银行导出或是前往银行柜台打印，此时我们需要注意的是银行流水的打印一般有时间要求，不能无限期打印，所以建议重要的流水提前打出来备份，避免后期需要时被银行告知无法打印。随着科技的发展和支付方式的变化，微信支付和支付宝支付逐渐渗入我们的生活中，越来越多的人使用以上两种支付方式，但是大家知道如何导出合法有效、有证明效力的支付记录呢？

1. 微信支付的记录导出流程如下：

（1）打开微信，进入页面后，点击右下角的"我"，选择"服务"。

（2）点击"钱包"，选择右上角的账单。

（3）点击右上角的"常见问题"，选择"下载账单"。

（4）选择账单下载用途，选择交易类型及账单时间（可以自己定义搜索日期），完成后点击下一步。

（5）最后输入邮箱地址，点击下一步，弹出窗口，选择确认邮箱即可。

2. 支付宝支付记录的导出流程与微信类似：

（1）点击账单。在支付宝我的界面，点击账单。

（2）点击菜单。在账单界面，点击菜单。

（3）点击开具交易，出现选项，点击开具交易流水证明。

（4）选个人对账点申请，在选择申请用途界面，选择用于个人对账，点击申请。

（5）验证指纹，出现验证，完成指纹或密码验证。

（6）选择全部点击下一步，在范围界面，选中全部，选择时间段，点击下一步。

（7）填写邮箱点发送，在填写电子邮箱界面，填写邮箱，点击发送。

（8）点击确认发送，这样就导出流水明细成功。

五、视频录像

录像不仅具有回忆载体的功能，同时还具有固定事实和还原情况的作用，当今人们热衷于使用朋友圈和社交软件分享生活，如果我们把部分工作内容分享到了生活中，该工作就有了记录，也就有迹可循。具体到这个案例中，如李四是位喜欢对外分享生活的人，可能会在送货的途中拍一些景色和人物，又或者是送货到某餐厅时拍一段小视频开启当日的工作之旅。这种分享方式是自然不刻意的，但是也有一部分人并不习惯分享自己的日常生活，但是这个也不影响我们录制视频或是拍照，不分享出去自己留存就可以。

六、订立还款计划协议

上述的方法直接性都不够强，如果没有订立合同又想一步到位解决问题，我们可以和对方跳过合同直接签署还款计划，约定好何时还款、如何还款、还款方式等内容。实践中需要对方积极配合，否则直接订立还款协议的难度较大，比较难实现，但也并非不可实现，我们在拿出以上证据的情况下，如果对方诚信做事、做人，对于事实部分一般都不会否认，只是在付款时间上会要求一定的宽限期间。

七、证人证言

如果以上的证据都没有也都无法获取的情况下，不要灰心，我们还有一个办法，那就是人证，由了解事实情况的人予以说明即证人证言，是证人就其感知的案件情况向法院所作的陈述。因为各种诉讼案件都是社会上发生的，案件一经发生，往往就会被人感知，因此借助证人的证言来查清案件事实为古今中外的法律重视，也是各国民事诉讼中广泛运用的一种证据形式。证言有一定的格式和内容要求，内容中需载明姓名、性别、出生年月、民族、籍贯、住址、联系方式、证明内容（事情经过叙述，主要描述时间、地点、事情发生的过程、看到的结果），最后签字写明日期。

这也只完成了一半，因为根据《最高人民法院关于民事诉讼证据的若干规定》第六十八条的规定，人民法院应当要求证人出庭作证，接受审判人员和当事人的询问。证人在审理前的准备阶段或者人民法院调查、询问等双方当事人在场时陈述证言的，视为出庭作证。双方当事人同意证人以其他方式作证并经人民法院准许的，证人可以不出庭作证。无正当理由未出庭的证人以书面等方式提供的证言，不得作为认定案件事实的根据。其中，根据《中华人民共和国民事诉讼法》第七十六条的规定，有下列情形之一的，经人民法院许可，可以通过书面证言、视听传输技术或者视听资料等方式作证：(1) 因健康原因不能出庭的；(2) 因路途遥远，交通不便不能出庭的；(3) 因自然灾害等不可抗力不能出庭的；(4) 其他有正当理由不能出庭的。以上原因即可视为无法线下出庭的正当理由。

证人出庭申请务必要确保如实陈述，切忌虚假陈述以及陈述时出现颠三倒四、自相矛盾等情况，不能确保如实陈述或是过于紧张无法说清证明事实的，建议不得作为证人出庭，避免出现不利后果。

附：

证人出庭申请书

申请人：×××，男/女，××年××月××日出生，×族……（写明工作单位和职务或者职业），住_____。

法定代理人/指定代理人：×××……。

委托诉讼代理人：×××……。

(以上写明申请人和其他诉讼参加人的姓名或者名称等基本信息)

请求事项：

申请贵院通知×××（××年××月××日出生，×族，职业：××，住所：××，联系方式：××）出庭作证。

事实和理由：

因（××××）……号……（写明当事人和案由）一案……（围绕作证的

主要内容，作证内容与待证事实的关联性，以及证人出庭作证的必要性写明申请证人出庭的事实和理由）。

此致

××××人民法院

申请人（签名或者公章）

××年××月××日

典型案例

王五与赵六系朋友关系，王五经营着一家建材公司，赵六多次在王五处购买防尘网。2020年下半年，赵六称良建公司需要一些材料，要求王五提供。截止到2020年12月28日，王五供货的价值共计142638元，并且，应赵六要求为其开具了两张金额共计20万元的发票，发票抬头为良建公司。2020年年度至今，王五多次催促赵六履行付款义务，但赵六均以各种理由推诿支付。无奈之下，王五只得前往赵六的公司，要求公司付款，但公司的回复却出乎王五的意料："赵六并非我们公司职工，和我们不存在劳动关系，发票的事我们后续会核实，但是我们公司与你公司没有合作与买卖关系。"听到这个消息后，王五内心发慌，这十几万元的款不知道该怎么索要，现在赵六经常不接电话也不知道赵六的具体住址。这种情形的要账攻略和上一个案例有一些差别，入手角度不一样，应从公司入手。

法律分析

1. 向公司发送商用函

该案例中涉及两个公司，一个为王五的建材公司，一个为收取发票的良建公司。虽然王五和良建公司的人前期没有对接，但是开具的发票已经良建公司核验，良建公司对于该笔发票内容应是知情的，也即良建公司内部有联系赵六的渠道。虽然王五本人去良建公司核实情况未得到理想的结果，但是可以采取更正式一点的方式，即发函件。以建材公司的名义发函给良建公司，函件中载明订货和供货的经过，并注明供货的类型明细和数量以及送货的地点，并询问该类材料是否用于良建公司的工程项目中，以及赵六对外以良建公司的名义行事公司是否知情。在赵六非良建公司员工的情况下，良建公司一般会予以回应并告知赵六非其公司职工。

2. 发送律师函

除发送商业函件外，还可以委托律师事务所发送律师函，律师函的类型主要分为以下几种：

（1）敦促类，主要是为了敦促第三方及时履行义务，如催款律师函，以便捷的方式追回委托被拖欠的货款等债权；

（2）警告类，主要是为了制止或防止某种行为的发生或继续发生；

（3）征询类，主要是为了询问或了解相关事实和法律，请求第三方给予回复；

（4）答复类，主要是为了回复第三方的征询意见，律师根据客户的委托，对商事活动中的有关问题从律师专业的角度进行回复；

（5）公示类，主要是为了澄清或告知有关事实，如声明函等。

但是以上并非割裂存在，可以并存，本案例中就可以适用多敦促和征询结合，核实赵六的身份。

典型案例

2021年年中，张三与宏某公司达成采购合意，约定由宏某公司在张三处采购食材，再由张三供货至指定地点，因为采购类目及支付时间不确定，故双方未签署书面合同。从2021年5月至2022年8月，宏某公司一直在张三处采购食材，并通过公司法定代表人、经理、财务等人向张三支付相应货款。其间宏某公司的不同工作人员分别向张三出具过四张欠款凭证，最后一次出具欠款凭证的时间为2022年8月29日，以上欠条中欠付的食材款共计284702元。该凭证出具后，张三多次催要相应款项，但公司以无公章确认的欠款为由拒付欠款，签字确认的相关工作人员也陆续离职，表示此欠款与其无关，为此，张三进退两难。

法律分析

这类情况中涉及的人物较多，通过上面两种案例的解决方式解决可能会耗时较长，效果也有可能不太明显。这个时候我们可以直接通过第三人曲折证明的办法让工作人员出面说明其签署债权凭证的行为系职务行为。此时面临的一个问题就是在与宏某公司没有合同的情况下如何将其列为被告。

首先，我们需要查询宏某公司的企业信息并在国家企业信用信息公示系统上将该信息打印出来，从该信息中可以看出宏某公司的法定代表人及股东信息。其次，结合宏某公司付款的银行流水，核对其法定代表人及股东是否有过付款行为，需要注意一点的是付款的时间是否担任了法定代表人这一职务。最后，结合和其余工作人员的聊天记录来证明实际合作方为公司，工作人员只是在履行职务行为。以上材料都准备好之后就可以向法院申请立案，立案时出具过凭证的工作人员都可以作为第三人或被告列明，审核通过之后，法院会联系宏某公司与出具过债权凭证的工作人员是否愿意和解，这时候工作人员肯定觉得自己很无辜，无端牵扯诉讼，自己也并没有拿到任何好处，反而要耗费精力处理该事，加之大部分人都是守法公民，会如实陈述事实，这时候本案的事实基本上就可以查清，是宏某公司委托其不同的员工和张三对接处理不同的项目，这样宏某公司的被告主体身份就可以确定。确定之后就可以继续审理双方是否有合作事实以及合作的内容和未支付的款项等问题。

第十计　欠款人去世的破局秘籍

作者的话

本书前期讲述的都是如何向欠款人要账，以上方法使用的前提是欠款人主体仍存在，但是"天有不测风云，人有旦夕祸福"，加之生老病死乃是自然界的规律，一旦欠款人去世，我们如何行使自己的债权并保证债权不受损失呢？这时候很多人会想起一句话"父债子偿"，可是"父债"真的要"子偿"吗？

根据合同的相对性，负有还款义务的主体是欠款人，如果欠款人去世，其家人不当然负有继续清偿的义务，在现实情况下，主要分为两种情况：

情况一：欠款人去世了，其家人作为继承人继承了遗产。那么，则以所得遗产实际价值为限，清偿被继承人依法应当缴纳的税款和债务。超过遗产实际价值部分，继承人自愿偿还的不在此限。

情况二：无遗产可供继承或者家人放弃继承的，对被继承人依法应当缴纳的税款和债务可以不负清偿责任。

在此情形下，作为出借人而言，一旦借款人去世，其继承人面对陌生的债务，很可能以不知情、债务已归还等理由消极应对。而通过诉讼程序解决，出借人则需要查明所有继承人，这无疑增加了诉讼难度。我们可以用一则案例来理解"父债"能否"子偿"？

典型案例

甲和乙系多年好友，双方在同一建材城经营建材用品，甲经营一家灯具公司，乙经营一家厨具公司，2013年至2018年，甲以经济紧张为由向乙借款，乙都非常爽快地答应了，由于双方熟悉程度非常高，故都未签署借条等债权凭证，甲也并未让乙失望，借款都按时归还。2019年8月，甲想扩大经营，但是欠缺部分资金，故向乙寻求帮助，乙二话不说就借了50万元给甲，因为甲的新店还未盈利，故乙也未向甲催促过还款。甲于2020年5月因病去世。乙听到甲去世的消息悲伤不已，考虑到甲的家人也沉浸在悲伤中，就没有向甲的家人主张还款。2021年6月，乙看到甲的儿子小甲开始经营甲之前的灯具公司，便找了个时机和小甲说了50万元的债务，小甲表示其不知情，但是知道其父生前和乙关系非常好，也经常听其父提起乙。告知乙其父去世留有部分遗产，其中奥迪小轿车一辆、存款15万元，位于朝阳区某小区的个人房屋一套（价值约500万元），基金股票等理财产品大概50万元，对外债权80万元，对外债务目前不清楚还未统计。关于奥迪小轿车，目前小甲正在使用并且已变更登记至小甲名下，某小区的房屋目前由小甲和其母亲居住，登记在小甲的母亲名下，理财和债权债务部分目前均未处理。在这种情况下，乙可以要求小甲还款吗？如果可以，要求还款的金额是多少？

法律分析

该案例中甲留有部分遗产，但是小甲对此不知情，小甲目前仅继承了甲的车辆，乙在证明甲欠其50万元的情况下，可向小甲主张与车辆价值同等的债权。比如，奥迪轿车现价值30万元，那么，乙可向小甲主张30万元的欠款。

1. 我们不禁产生了一个疑问，即虽然小甲只继承了一辆轿车，但是甲还有其他财产，怎么处理呢？剩余的20万元怎么要回呢？

可以向小甲的母亲即甲的妻子主张20万元欠款，因为小甲的母亲继承了房屋部分。

2. 向两个人主张太麻烦，可以直接向小甲的母亲主张50万元债权吗？

房屋的价值大于奥迪小轿车的价值，故乙也可以直接向小甲的母亲主张50万元欠款。

3. 如果甲的对外债务有1000万元，乙的欠款还能得到清偿吗？

如果该1000万元的债权人全部起诉至法院，以及能够确认这是甲的全部债务，那么，甲的遗产不足以清偿这1000万元，各债权人将根据自己债权性质及金额得到不同程度的清偿。

4. 小甲如果仅继承了甲的车辆，其余车辆均处于未继承的状态下，乙该如何实现债权？

乙可以先向小甲主张与车辆价值相等的欠款，其余欠款诉至法院，要求继承人在继承范围内承担清偿责任，此时小甲和小甲的母亲需要作出是否继承的意思表示。

5. 小甲和小甲的母亲可以放弃继承为由逃避清偿义务吗？

根据《中华人民共和国民法典》第一千一百六十一条的规定，继承人以所得遗产实际价值为限清偿被继承人依法应当缴纳的税款和债务。超过遗产实际价值部分，继承人自愿偿还的不在此限。继承人放弃继承的，对被继承人依法应当缴纳的税款和债务可以不负清偿责任。如果适用上述规定，则小甲和小甲的母亲都放弃继承是可以不用理会甲生前存在的债务的，但是实践中一般有几种不同的做法，再次列举供参考：

第一种：依据《中华人民共和国民法典》第一千一百六十一条之规定，小甲和小甲的母亲全部放弃了继承，对乙的债务可以不负偿还责任。

第二种：如果小甲和小甲的母亲放弃继承的行为不影响乙主张债权，则小甲和小甲的母亲有放弃的自由，小甲和小甲的母亲已出具书面放弃继承声明，乙不应再向小甲和小甲的母亲主张权利。至于甲生前遗留的财产，应为无主财产，乙可另行主张权利。

第三种：实践中往往较难依据现有证据核实是否存在遗产及遗产范围、是否曾发生过继承，如确认小甲和小甲的母亲的放弃继承声明，相关事实将更难查明，乙和其他债权人的合法权利也将更难得到保障，所以对放弃继承声明不予确认，小甲和小甲的母亲在继承遗产范围内清偿甲生前所负债务。

第四种：虽小甲和小甲的母亲放弃了继承，对甲生前所欠债务不再承担偿还责任，但小甲和小甲的母亲仍然应当妥善保管甲的遗产，及时对遗产进行清理和清算，并以遗产偿还甲生前所欠债务。

通过上述案例我们了解了父债能否子偿的问题，但是还有一个问题，大家可能也想了解，那就是如果欠款人去世后没有任何遗产怎么办，接下来还是以一则案例来解释说明。

典型案例

A和B是多年的同学关系，毕业后A定居上海，B定居长沙，双方均已结婚生子，虽然定居的城市不同，但家乡都是同一个地方，每年也都会参与同学聚会，感情较好。2022年春节前聚会时，A向B表示其子所在的学校很多孩子都出国留学了，他也想将孩子送去留学，但资金不太够，目前正在想办法，询问B是否可以暂时借钱周转一下，考虑到多年情谊以及对A人品的信任，B向A的账户转款20万元。A感激B的兄弟情义，当场出具了一张20万元的借条，借条载明：今因孩子上学向B借款20万元整，月息一分，于2022年12月31日前归还。为了让B放心，A让其共同的同学兼好友C在借条的担保人处签字。B出借款项后不久，A将其子小A送去留学，但好景不长，2022年10月，B得知A突然车祸去世，并从其他同学口中得知A并无任何遗产留下，也没有任何对外债权。得知该情况后，B一方面沉浸在悲伤中，另一方面也担心自己的借款无法要回。针对这种情况该如何办呢？

> **法律分析**

上面说了父债能否子偿的问题，现在说一说夫债能否妻偿的问题。

1. B能否要求A的妻子偿还该债务？

要回答上述问题，首先要了解《中华人民共和国民法典》关于夫妻共同债务的规定。《中华人民共和国民法典》关于夫妻共同债务的规定包括家事代理之债、夫妻合意之债、债权人善意之债三大类型。家事代理之债，是指夫妻一方因家事需要所负债务。家事代理之债包括日常家事代理之债与重大家事代理之债。《中华人民共和国民法典》第一千零六十四条第一款规定的夫妻一方因日常家事需要所负的债务属于日常家事代理之债，第二款中一方超越日常家事代理权的重大借贷"用于夫妻共同生活、共同生产经营"的债务，属于重大家事代理之债。将两者合并统称为家事代理之债。夫妻合意之债，是指夫妻协商一致共同借贷的债务。《中华人民共和国民法典》第一千零六十四条第一款中夫妻共同签字或事后追认等共同意思表示所负债务与第二款中"基于夫妻双方共同意思表示"所负债务，属于夫妻合意之债。债权人善意之债，是指债权人主观上存在善意，对夫妻一方滥用家事代理权无法辨别，有理由相信属于家事借贷或夫妻合意借贷。

本案的情况属于家事代理之债，即所借债务用于了孩子上学，属于家庭生活所需，应认定为夫妻共同债务，由A及其妻子共同偿还，现A去世，其妻子应承担还款义务。

2. 能否要求C还款？

C承担的责任为保证责任。保证分为一般保证和连带责任保证两种方式。《中华人民共和国民法典》第六百八十七条对一般保证作出了明确规定，当事人在保证合同中约定，债务人不能履行债务时，由保证人承担保证责任的，为一般保证。一般保证人享有先诉抗辩权，所谓先诉抗辩权，是指一般保证的保证人在主合同纠纷未经审判或者仲裁，并就债务人财产依法强制执行仍不能履行债务前，对债权人可以拒绝承担保证责任。连带责任保证的债务人在主合同约定的债务履行期届满没有履行债务的，债权人可以要求债务人履行债务，也可以要求保证人在其保证范围内承担保证责任。

本案中的 C 构成一般保证，B 可以在 A 偿还不了的情况下要求 C 代偿。大家可能又有疑问了，怎么区分一般保证和连带保证呢？可以从下面的表述中判断一下：

第一，C 在 A 向 B 出具的借条上签署"保证人 C"。

第二，C 在 A 向 B 出具的借条上签署"如 A 到期不向 B 还款，本人愿代还 20 万元"。

第三，C 在 A 向 B 出具的借条上签署"如 A 到期不向 B 还款，由本人负责"。

第四，C 在 A 向 B 出具的借条上签署"如 A 到期不向 B 还款，由本人以某处私房抵债"。

我们分析上述情况后再判断属于何种保证：

第一种方式为一般保证，因为没有约定保证方式。

第二种方式为连带保证，因为明确约定了代偿事项及金额。

第三种方式为连带责任保证，因为明确约定了还款意思。

第四种方式严格来说不构成保证，为以物偿债协议。其效力问题在此不作详细阐述。

3. 该笔债务产生的原因系小 A 出国留学，并且实际也由小 A 花费使用，此种情况能否要求小 A 还款？

根据《中华人民共和国民法典》第一千一百六十一条的规定，继承人以所得遗产实际价值为限清偿被继承人依法应当缴纳的税款和债务。超过遗产实际价值部分，继承人自愿偿还的不在此限。该案例中，A 并未留有遗产，但是如果小 A 愿意偿还该债务，法律也是允许的。

4. 能要求 A 的父母还款吗？

答案是不能的。根据《中华人民共和国民法典》第一千一百二十七条规定，遗产按照下列顺序继承：（1）第一顺序：配偶、子女、父母；（2）第二顺序：兄弟姐妹、祖父母、外祖父母。继承开始后，由第一顺序继承人继承，第二顺序继承人不继承；没有第一顺序继承人继承的，由第二顺序继承人继承。本案例中 A 的父母没有继承 A 的遗产，也就不用对 A 的债务承担偿还责任。

5. 如果 A 生前所在的单位发放了抚恤金，可以要求用抚恤金偿还债务吗？

在法律上，抚恤金通常是指国家机关、企事业单位、集体经济组织对于死者家属或者伤残的职工发放的一些费用，是依法给合规的、特殊的对象发放的，是在死者死后才发放的一种补偿。

《中华人民共和国民法典》第一千一百二十二条规定，遗产是自然人死亡时遗留的个人合法财产。依照法律规定或者根据其性质不得继承的遗产，不得继承。首先，遗产一般指的是自然人，也就是公民在生前便已经拥有的财产。A 生前并不享有抚恤金，故抚恤金不属于遗产。其次，抚恤金发放对象并不是死者，而是面向死者家属的一种抚慰，用于安抚家属，提供一定经济援助，抚恤金是不需要纳税，也不计入个人收入的，它是不属于死者的遗产的。抚恤金的发放对象一般需要符合两个条件：一是死者的直系亲属；二是这些亲属在死者未去世前，是靠死者抚养的，两个条件是必须同时存在的。对于死者生前的债务，一般情况下，是不能用抚恤金来偿还的，因为抚恤金不属于遗产；同理可知，如果因为 A 的死亡获得的其他赔偿，如死亡赔偿金、丧葬费等，也都不属于遗产，B 不得要求用上述款项用于偿还债务。

6. B 向不同的人主张债权是否有时间限制？

这个问题本质上是一个诉讼时效的问题，诉讼时效是能够引起民事法律关系发生变化的法律事实，又称消灭时效，是指权利人在一定期间内不行使权利，即在某种程度上丧失请求利益的时效制度。《中华人民共和国民法典》第一百八十八条规定，向人民法院请求保护民事权利的诉讼时效期间为 3 年。法律另有规定的，依照其规定。诉讼时效期间自权利人知道或者应当知道权利受到损害以及义务人之日起计算。法律另有规定的，依照其规定。但是，自权利受到损害之日起超过 20 年的，人民法院不予保护，有特殊情况的，人民法院可以根据权利人的申请决定延长。

本案中，A 的妻子作为共同债务人，B 可以在 2025 年 12 月 31 日前向 A 的妻子主张该 20 万元欠款，一旦超过 2025 年 12 月 31 日主张债权，其请求偿还 20 万元的请求有可能不被支持。相较共同债务人 A 的妻子，C 又有一定的不同，这涉及保证时效的问题。《中华人民共和国民法典》第六百九十二条规定，保证期间是确定保证人承担保证责任的期间，不发生中止、中断和延长。债权人与保证人可以约定保证期间，但是约定的保证期间早于主债务履行期限或者与主债务履行期限同时届满的，视为没有约定；没有约定或者约定不明确的，保证期间为主债务履行期限届满之日起 6 个月。债权人与债务人对主债务履行期限没有约定或者约定不明确的，保证期间自债权人请求债务人履行债务的宽限期届满之日起计算。

本案中，C 承担的为一般保证，未约定保证期间，则 B 要求 C 承担还款责任的期限截止到 2023 年 5 月 31 日。一旦超期，C 可以保证期间已超期限为由拒绝承担保证责任。

从上面两则案例中我们可以了解到，如果欠款人去世，我们可以向谁主张欠款，但这并非最佳办法。生活实践中欠款人去世后的要账过程比较艰难，首先，要证明欠款人欠款的事实，这时候由于欠款人去世了很难得到证实；其次，要证明欠款人已去世并且有相对应的继承人；最后，要查询到所有继承人的信息和遗产范围及金额。为了减少后期可能存在的障碍，我们尽量在前期就铺垫解决，具体可以从以下四个方面入手：

1. 明确欠款事项

为了避免后期无法核实欠款事实，我们应在前期就与欠款人明确欠款事实，让其出具欠款凭证。

2. 要求欠款人提供担保

担保主要分为五种，即保证、抵押、质押、留置和定金，最常用的为保证、抵押。在欠款事实发生并确认后，可以要求欠款人提供抵押物，抵押物可以是房产、车辆等。在提供抵押物的情况下，要主动联系去办理抵押登记。除抵押物外，还可以要求欠款人提供保证人，保证的方式为连带保证，并且要注明保证人的身份信息。

3. 及时主张债权或按约履行债务

我们应当及时行使权利，按照约定的还款时间及时向欠款人催讨欠款，并尽可能地留存催讨凭证，以免诉讼时效期间届满。在催讨的同时，应尽可能地了解欠款人家庭住址以及家庭成员信息和组成，避免后期如发生意外情况，对欠款人的家庭情况一无所知，无法向欠款人的继承人主张欠款。

4. 保留还款凭证

如今电子支付已被广泛应用，借款及还款应尽可能地选择网上银行、支付宝、微信等电子支付手段，保留支付行为的留痕方便后期查找。欠款人如通过现金还款的，应及时让出借人出具收条或通过短信、微信等电子信息确认收款事项。

第十一计 "三角债"的解决方案

作者的话

> 什么是"三角债"呢？顾名思义，这个债里至少要有三方主体，其模式通常为甲欠乙的债，乙欠丙的债，丙又欠甲的债以及与此类似的债务关系构成。也就是说，"三角债"是相关债务人之间拖欠款所形成的连锁债务关系。

"三角债"是如何产生的呢？一般来说，"三角债"产生的原因主要有以下两点：

1. 各债权人之间存在债权债务相抵销的关系。比如说，某一家公司可能同时向不同的债权人借款，但是这些债权人之间也可能同样存在债权债务相抵销的关系，从而导致债务无法偿还。在这种关系中，因涉及的债权人、债务人人数较多，有可能存在多个"三角债"。

2. 公司经营不善导致债务过多：如果公司经营管理欠缺，公司在商业交易中可能会发展出多个债务。当公司利润下降，债务超过了公司的偿付能力，就会导致债务无法偿还。

如果公司面临"三角债"情况，在非法律层面上如何采取有效的措施解决该问题呢？

1. 调整债务结构：公司应该重新调整债务结构，尽可能地避免债权人之间出现债权相互抵销的关系，从而避免公司陷入债务无法清偿的境况。

2. 合理控制债务：公司应该合理控制债务，其融资形式尽量不采用传统的借款模式，更不应过度借款，保证公司的现金流始终是一个良性的循环，避免债务超出公司可清偿的能力。

3. 改善公司经营状况：如果公司存在大量的债务且利润率较低，公司应当着重改善经营状况，努力创造收益从而提高公司收入，保持对现有债务的清偿能力。

总体来说，"三角债"其实是一种没有秩序可言、具备开放性特征的债务链。一旦因"三角债"陷入纠纷，那我们应当如何从法律层面解决问题呢？

一、代位权之诉

首先，我们来了解一下代位权之诉是什么。代位权之诉即因债务人怠于行使其债权，对债权人造成损害的，债权人可以向人民法院请求以自己的名义代位行使债务人的债权，但该债权专属于债务人自身的除外。代位权的行使范围以债权人的债权为限。债权人行使代位权的费用，由债务人负担。

这样看代位权之诉的定义还是比较抽象的，我们就用一个贯穿本节的案例即甲欠乙的债，乙欠丙的债，丙又欠甲的债来进行说明。在此案例中我们可以看出，三角债中的甲乙丙三人同时具备债权人、债务人的主体身份。如果我们单以甲欠乙的债、乙欠丙的债来说，丙作为债权人起诉至法院，丙不单单只向自己的债务人乙主张债务清偿，最重要的是丙可以直接向乙的债务人甲主张债务清偿。即丙越过乙直接向甲主张债务清偿，这就是代位权诉讼。

代位权之诉的法律依据便是《中华人民共和国民法典》第五百三十五条规定，因债务人怠于行使其债权或者与该债权有关的从权利，影响债权人的到期债权实现的，债权人可以向人民法院请求以自己的名义代位行使债务人对相对人的权利，但是该权利专属于债务人自身的除外。代位权的行使范围以债权人的到期债权为限。债权人行使代位权的必要费用，由债务人负担。相对人对债务人的抗辩，可以向债权人主张。《中华人民共和国民法典》第五百三十七条规定，人民法院认定代位权成立的，由债务人的相对人向债权人履行义务，债权人接受履行后，债权人与债务人、债务人与相对人之间相应的权利义务终止。债务人对相对人的债权或者与该债权有关的从权利被采取保全、执行措施，或者债务人破产的，依照相关法律的规定处理。

从代位权诉讼的法律规定中我们可以明白债权人行使代位权至少要满足四个要件：（1）债权人对债务人的债权合法；（2）债务人怠于行使其到期债权，对债权人造成损害；（3）债务人的债权已到期；（4）债务人的债权不是专属于债务人自身的债权，人身专属性债务包括养老金、抚慰金、退休金以及执行程序中所保留的生活必需品等。

债权人的代位权作为维护债权人权益的一种保障机制，为债权人实现自己的债权提供了一条有效的途径，同时缓解了债权人与债务人的矛盾。代位权突破了债的相对性，即债权人丙不再只能向自己的债务人乙主张债权，还可以直接越过乙向乙的债务人甲主张债权，也就是说，债权人丙的权利主张指向的是债务人乙之外的第三人——甲。代位权是在债务人乙怠于行使其对甲享有的债权时，债权人丙越过债务人乙，由其直接面对负有给付义务的第三人甲，二者之间通过进行相应的法律行为达到债权债务关系消灭的效果。

二、抵销

抵销，单从字面意思就知道是"冲抵、消除"的意思。"抵销"二字在法律上的意思也即冲抵后便销毁。根据《中华人民共和国民法典》第五百六十八条之规定，当事人互负债务，该债务的标的物种类、品质相同的，任何一方可以将自己的债务与对方的到期债务抵销；但是，根据债务性质、按照当事人约定或者依照法律规定不得抵销的除外。当事人主张抵销的，应当通知对方。通知自到达对方时生效。抵销不得附条件或者附期限。《中华人民共和国民法典》第五百六十九条规定，当事人互负债务，标的物种类、品质不相同的，经协商一致，也可以抵销。《中华人民共和国民法典》第五百六十八条规定的为法定抵销权，第五百六十九条规定的是约定抵销权。约定抵销权是只要合同当事人之间达成一致，即使物品种类、品质都不相同，也可以对相互的债权进行抵销。法定抵销权我们用一个简单的案例来为大家说明。

典型案例

乙与甲约定，由乙向甲供应价值1000万元的啤酒，货到付款，乙每迟延供货一天需支付5000元的违约金。现乙已完成供货，迟延供货100天。因此，甲应付1000万元货款，乙应付50万元的违约金。甲、乙对双方的债权均已到期。

法律分析

由这个案例我们可以看出，法定抵销是在符合法律规定的条件下，一方当事人作出抵销的意思表示就能够发生抵销的法律效果，而不需取得对方同意。抵销的意思表示作出后，双方互负的债务在等额范围内消灭，不得再请求恢复原状，对于未被抵销的部分，债权人仍有权向债务人主张。如果甲在作出法定抵销的意思表示后，双方债权债务即在等额范围内消灭，因此甲只应付货款950万元。

法律规定了可以抵销的情形，也会规定不能进行抵销的情况。因为法律的立法原则就是公平、正义，在赋予一项权利的时候也要对该权利加以限制，从而这种权利也不是绝对的权利，而是相对的权利。那么，法律对抵销的限制是什么呢？

1. 法律规定不得抵销的债务，当事人不得通过协议抵销。例如，《中华人民共和国民事诉讼法》第二百五十四条第一款规定："被执行人未按执行通知履行法律文书确定的义务，人民法院有权扣留、提取被执行人应当履行义务部分的收入。但应当保留被执行人及其所扶养家属的生活必需费用。"根据这一规定，债权人不得将债务人的生活必需费用抵销债务。

2. 按照合同的性质不得抵销的。(1) 必须履行的债务不得抵销。比如，应当支付给下岗工人的生活保障金，不得用以抵销工人欠企业的债务。(2) 具有特定人身性质或者依赖特定技能完成的债务不得抵销。比如，根据教学合同中的约定，乙校的李老师应去甲校讲授语文课两个月，而甲校的王老师也负有在乙校讲授两个月数学课的义务，讲课报酬相同。虽然是同种类债务，时间、报酬都相同，但由于王老师、李老师二人的讲授方法不可能相同，因此，双方的讲课债务不能抵销。

最常出现"三角债"的领域就是建设工程，因为在建设工程领域，工程款拖欠是较为普遍的现象。而很多时候，一方之所以会拖欠工程款，是因为他也被更上一级的合同相对方拖欠了，或者说拖欠工程款的一方也会以这样的借口，拖欠另一方的工程款，这就是俗称的"三角债"。

碰到"三角债"工程款时，被拖欠工程款的一方往往不知所措，不知道这钱到底该找谁要。下面就用一个较为典型的案例来为大家解释一下"三角债"中的抵销。

典型案例

房地产公司甲与投资公司乙达成协议，约定将房地产公司甲发包的案涉房地产开发工程项目交由投资公司乙建设施工。协议达成后，投资公司乙将该房地产开发工程项目交予建设公司丙实际施工。其后，投资公司乙作为债务人向房地产公司甲借款1000万元。而建设公司丙在实际施工中因工程材料质量不达标向供应商退货，投资公司乙为了保证工程能够按日期顺利完工便自主购进工程所需的合格材料并垫付了材料款。工程按时竣工并验收合同，经过结算工程款大约为3000万元，工程款零头全部抹去不予计算。而投资公司乙所垫付的工程款为200万元。

法律分析

我们先按照房地产公司甲、投资公司乙、建设公司丙的顺序对债务进行梳理：房地产公司甲欠投资公司乙工程款、投资公司乙欠建设公司丙工程款。再按照建设公司丙、投资公司乙、房地产公司甲的顺序对债务进行梳理：建设公司丙欠投资公司乙材料款200万元、投资公司乙欠房地产公司甲借款1000万元。

根据对以上三方债务的梳理我们可以看出，这是一个典型的"三角债"。如果房地产公司甲、投资公司乙、建设公司丙三方当事人对相互的债务达成合意进行抵销的话，法律是准许的，债权债务即在等额范围内消灭。但是如果经过抵销后，三方之间还有需要履行的债权债务的，只需按照抵销后的剩余债权债务金额进行支付即可。

三、债权债务的转移

债权债务的移转是指在债的内容与客体保持不变的情形下，债的主体发生变更。首先是要搞清楚在这条关系链中各方应当承担的债务金额，然后变更债权人、债务人，如房地产公司甲欠投资公司乙的钱，投资公司乙欠建设公司丙的钱，投资公司乙可以把对房地产公司甲的债权转给建设公司丙，投资公司乙就可以从容退出三角债务关系。而债权债务的转移大致分为以下三种：

1. 债权让与

所谓债权让与，是指债权人通过让与合同、协议或者法律允许的其他方式将自己享有的债权转移给第三人。单论债权让与的性质，其实是债权人按照自身意愿处分其债权的表现。这就要求债权人必须对债权享有权利。合同的当事方自然享有对合同权利的处分权，可以按照自己的意愿对享有的权利行使或者处分。然而若是在代理关系或者委托关系的情况下，代理人或者受委托人须事先取得处分的特别授权，或者事后取得处分权的追认才可对债权进行处分。

2. 债务承担

债务人通过与第三人订立债务承担合同，将其债务的全部或部分转移给第三人的行为，称为债务承担。该第三人叫作承担人。也就是说甲欠乙的钱，甲是债务人、乙为债权人，甲与丙订立合同约定丙就甲欠付乙的款项与甲一并向乙偿还。而丙就是承担人，承担甲的全部或者部分债务向债权人乙偿还。

就债务承担的性质，其实质则是债务人转嫁自身所负还款义务的表现。权利的实现依赖于义务的履行，义务的转嫁意味着对权利存在潜在的侵害。

所以，就债务的承担必须履行严格的法律手续后才能产生其预期的法律效果。

3. 债权债务概括转移

所谓债权债务概括转移，是指一方当事人将其债权债务一并转移给第三人，由该第三人概括的承受全部权利义务的行为。由此不难看出，债权债务的概括转移实际包括债权让与和债务承担两个行为，但又不是这两个行为的简单叠加。根据法律规定，债权债务概括转移又包括意定概括转移和法定概括转移两种，意定概括转移是基于当事人之间民事行为而产生的，而法定概括转移是基于直接法律规定而产生的。

典型案例

甲欠乙 100 万元债务，丙以其房屋设立抵押权为甲作担保，并办理了不动产抵押登记。甲、乙之间约定该 100 万元债权不得转让给任何人。后来乙与自己的债权人丁协商将由甲直接向丁进行还款，丁对甲、乙之间不得转让给任何人的约定甚是了解遂表示同意，后通知了债务人甲。100 万元债务到期后，丁要求甲偿还该 100 万元债务，但甲以无偿还能力为由拒绝偿还。丁能否向丙主张自己为房屋的抵押权人进而实现抵押权？

法律分析

本案中，尽管丁对甲、乙之间不得转让 100 万元债权的约定知情，但该债权为金钱债权，根据"当事人约定金钱债权不得转让的，不得对抗第三人"的规定，无论丁是否知情，甲、乙之间的约定都不得对抗第三人丁，因此该债权转让有效。乙的 100 万元债权转让至丁，乙的抵押权属于从权利随之转让至丁，丁当然享有房屋的抵押权，且不以办理移转登记为要件。因此，丁可以向丙要求实现抵押权。

综上所述，三角债务的有效转移需要各当事方遵循有关约定，即使是"三角债"的当事方进行相互转让也无法排除转让相对方有知情权，避免引发纠纷。尤其是三角债中的债权债务转移证明或者合同也应当约定各方可能需要承担的法律风险，并很好地达到规避风险的目的。

四、支付令

支付令就是在督促程序中由人民法院发布的限令债务人履行支付义务或者提出书面异议的法律文书。支付令也称为支付命令、督促决定。支付令是督促程序中最重要的法律文书。人民法院对申请人提出的支付令申请，经审查符合法定条件的，就应当依法发出支付令。

支付令应当具备以下内容：（1）债权人、债务人姓名或名称等基本情况。债权人和债务人是公民的，应当写明姓名、性别、年龄、职业、工作单位和住址。债权人和债务人是法人的，应当写明名称及法定代表人或者主要负责人的姓名、职务、地址等。（2）债务人应当给付的金钱、有价证券的种类、数量。（3）清偿债务或者提出异议的期限。具体来讲，要写明债务人应当在收到支付令之日起15日内清偿债务，或者向人民法院提出书面异议。（4）债务人在法定期间不提出异议的法律后果。

实际上，法院出具的支付令与判决文书的效力是一样的。如果债务人在收到支付令之日起15日内既不清偿债务又不向人民法院提出书面异议，支付令就具有同生效判决相同的法律效力，即具有拘束力、确定力和执行力。支付令的拘束力，是指人民法院非经法定程序不得变更或者撤销支付令，也不得受理当事人对同一案件的再次起诉。同时，支付令对社会也产生普遍的拘束力。支付令的确定力，是指支付令生效以后就确认了民事权利义务，债务人必须依据支付令向债权人清偿债务，即使对支付令不服也不能提起上诉或者申请再审。支付令的执行力，是指支付令生效后就具有同生效判决一样的强制执行力，债权人自支付令生效之日起有权请求人民法院予以强制执行。《中华人民共和国民事诉讼法》第二百五十条第一款规定，申请执行的期间为2年。申请执行时效的中止、中断，适用法律有关诉讼时效中止、中断的规定。

支付令的法律依据即《中华人民共和国民事诉讼法》第二百二十五条之规定，债权人请求债务人给付金钱、有价证券，符合下列条件的，可以向有管辖权的基层人民法院申请支付令：（1）债权人与债务人没有其他债务纠纷的；（2）支付令能够送达债务人的。申请书应当写明请求给付金钱或者有价证券的数量和所根据的事实、证据。《中华人民共和国民事诉讼法》第二百二十六条规定，债权人提出申请后，人民法院应当在 5 日内通知债权人是否受理。《中华人民共和国民事诉讼法》第二百二十七条规定，人民法院受理申请后，经审查债权人提供的事实、证据，对债权债务关系明确、合法的，应当在受理之日起 15 日内向债务人发出支付令；申请不成立的，裁定予以驳回。债务人应当自收到支付令之日起 15 日内清偿债务，或者向人民法院提出书面异议。债务人在前款规定的期间不提出异议又不履行支付令的，债权人可以向人民法院申请执行。《中华人民共和国民事诉讼法》第二百二十八条规定，人民法院收到债务人提出的书面异议后，经审查，异议成立的，应当裁定终结督促程序，支付令自行失效。支付令失效的，转入诉讼程序，但申请支付令的一方当事人不同意提起诉讼的除外。

支付令需要债权人向人民法院提出申请，向债务人发出的限期履行给付金钱或有价证券的法律文书，是人民法院根据债权人的申请，依法作出的督促债务人为一定给付义务的法律文书。这是处理债权债务关系明确的民事、经济纠纷的最好办法，债务人对债权债务关系没有异议，但对清偿能力、清偿期限、清偿方式提出不同意见的，不影响支付令的效力。所以说，督促程序，是一种简易、迅速、催促债务人清偿债务的特殊程序。它对于方便当事人诉讼，减少诉讼成本，提高人民法院的办案效率，减轻当事人的讼累，及时保护债权人的合法权益具有重要的意义。

通过对"三角债"在法律及非法律层面上的解决方案，其实质还是需要债权人对债务持续进行追踪，这种持续的追踪对有效解决"三角债"问题起着重要的作用。

债权人在出借款项后，对债务的追踪、管理是一项重要的财务管理活动，它对有效解决"三角债"问题起着重要的作用。要想更有效地追踪债务，就必须建立良好的管理机制、内部沟通机制和内部控制机制，以及定期检查债务追踪的有效性。

总之，不论是法人还是自然人，只有具有良好的财务管理意识并付诸实践，才能有效地解决"三角债"问题，从而避免财物损失。

第十二计　发送律师函的最佳时机

作者的话

> 在工作生活中，很多人因为各种原因而收到他人委托律师出具的律师函，也有人想通过律师发律师函。到底什么是律师函？一般自然人能否发律师函？哪些债务适合发律师函？律师函又该如何来发？发律师函的最佳时间是什么时候？发律师函的目的是什么？发律师函想要达到什么样的效果？我不想跟对方闹翻，发送律师函是否真的可以不伤和气？发了律师函真的就算通知到了吗？对方不承认怎么办？

1. 什么是律师函？我可以自己发送律师函吗？

律师函是指律师事务所接受客户的委托就有关案件事实或法律问题进行案件评估、督促，进而提出要求以达到一定效果而制作、发送的专业法律文书。律师用律师函对某一事实进行法律评价和风险估计，其目的在于以法律尺度和律师判断，对送达对象以法律事实为依据，告知利弊，先礼后兵的方式告知送达，让送达对象得出自己的"法律评价"，真实意思表达。它的本质是一种委托代理进行意思表示的法律行为，对于诉讼人维护自身合法权益具有重要的作用。通过律师发函可以澄清事实、制止不法侵权行为。律师函一般由律师事务所律师出具，自然人是不能发送律师函件的。

2. 哪些债务适合发律师函？是不是所有的欠款都可以发送律师函？

律师函是解决纠纷的一个很重要的工具，做到先礼后兵，在实践中我们要判断哪些债务适合发律师函？哪些债务不宜发律师函。一般来讲，对方如果有还款意愿且能联系上，口头催缴对方有拖延行为的，可以通过发律师函加速和解谈判的周期；还有一种情况是存在诉讼时效风险的，需要通过律师函的形式固定一些证据，如没有借条需要通过律师函来固定借款的事实，或者有借条但是没有明确约定还款期限等情形，都可以通过律师函来进行证据完善。当然，还有一些情形是不宜发律师函的，如对方已经有转移财产的意思表示或者行为，这时我们应首先保全控制对方的财产，而不是发律师函打草惊蛇。

典型案例

张先生经营建材生意多年，始终没有一个像样的门面，于是决定把生意做得更专业和精细一些，2019年8月19日，张先生与甲公司签订了一份《建材商品销售合作协议》，由甲公司向张先生提供建材货品，张先生按甲公司的要求装修店面，并且向甲公司交纳20万元作为名义上的定金。甲公司承诺向张先生支付8万元作为门店装修费用，并提供20万元的建材货品。甲公司还口头承诺该区域只授权张先生一家门店销售本公司的建材货品。之后在经营中张先生发现该区域至少有三家门店在销售甲公司的建材货品。甲公司既没有给张先生支付任何装修款项，也没有按照约定提供足够的建材货品，更不是独家授权。多种原因导致张先生无法完成预期销售额，严重亏损，经营困难。很明显，再这样经营下去张先生还会继续亏损，入不敷出。张先生几次找到甲公司协商此事的解决方案，均未果。张先生遂求助律师，根据律师团队的分析，甲公司在好多城市都有分公司，且每个建材市场都有该公司的代理商，这样的情况有可能是分公司业务员虚假宣传导致，只要借助律师函给总公司施加压力应该就可以妥善解决，律师接到案件后整理了解决思路：先和解，再发函，实在不行再诉讼。于是，律师制作完成《律师函》，并致电对方负责人，表明我方身份和事由，讲清了对方可能要承担的法律风险，并把律师函拍照发送对方。对方在收到律师函照片后非常紧张，因为律师函所列内容说到了关键点，并附有法律法规，非常全面地阐述了对方将来需要承担的责任和后果。

就这样，《律师函》起到了巨大的作用。甲公司负责人便主动联系了张先生，并表示已经给公司财务提交了付款申请，会全额返还定金，希望张先生拿到钱后可以息事宁人。

法律分析

律师拿到委托案件后首先会梳理整个案件的事实争议焦点，针对该案，律师是抓住了总公司不想事态升级的一个心理，且快速制定该案谈判策略，律师函既给对方起到了通知、震慑的作用，也起到了先礼后兵的作用。

3. 发律师函的最佳时间是什么时间？

大家都知道，时间越长，回款的概率就越小，发送律师函也同样是这个道理。

典型案例

鲁先生是一个小老板，从张老板手里转接安装护栏工程，主要负责××县黄河生态廊道项目，承包内容为安装道路防护栏，承包方式为包工包料，具体施工路段为第8标段，2018年4月16日完工，完成工程量为5.29千米。施工期间所用的材料为鲁先生自行向材料商购买。项目完工后，张老板拒付工程款。在多次投诉的巨大压力下，2018年9月20日，张老板无奈之下只能给鲁先生班组下的工人发放劳务费78万元，劳务费结清之后，张老板拒绝支付剩余材料款117万元，2021年9月18日，鲁先生委托律所给张老板发送律所函时才发现张老板电话早已停机，微信也早已把自己拉黑，经过律师查询才得知，张老板名下涉案10多起，欠款金额800多万元，欠款集中在2020年8月以后，且早列入法院的黑名单了，他挂靠的公司也已经公布在执行信息网，这对鲁先生来说，想要拿回欠款希望很渺茫，回款更是遥遥无期了。

法律分析

从本案的时间轴我们不难看出，2020年6月以前张老板的经济状况还是可观的，因为张老板能够一次性支付78万元劳务费，如果鲁先生能在2018年12月30日前给对方发送律师函震慑对方，结果可能会比现在要理想，起诉时间也最好在2019年6月之前。发送律师函的最佳时间就是欠款3个月之内。

4. 发律师函的目的是什么？想要达到什么样的效果？

典型案例

海峰是一位瓷砖供应商，在商场打拼多年，不仅拥有良好的口碑也结识了很多生意伙伴。某天，曹老板带着司机裴某到海峰的店内购买瓷砖，选中样品后，让海峰向曹老板的工地供货二十车，货值近80万元。当时，工地的负责人是曹老板的小舅子宋某，海峰供货后，宋某在部分送货单上签字，其余送货单均系工地的工人签字。供货结束后，曹老板和宋某向海峰打款 40 余万元，剩下的 37 万元久拖不结，沟通多次无果，无奈之下，海峰找到律所，希望律所帮助他解决欠款问题，经过专业律师团队分析，本案的争议焦点就是到底"谁"用了这批瓷砖，宋某和曹老板都说自己不应该支付这笔款项，怎么揭开真相找到实际用货人，律师根据宋先生和曹先生提供的信息，依次向宋先生、曹先生、北京市××公司发送了 3 封律师函，在律师函送达后的第二天，北京××公司负责人便联系律师，表明来电意图，希望能够通过和解的方式解决这次纠纷，四方当事人经过核对送货单和实际签收的货物，将账目核对清楚，在友好协商的基础上，北京××公司同意了偿还剩余的货款，天用律师代表拟写了书面的和解协议，将协商内容及谈判结果列清，海峰与北京××公司签署了和解协议，为这次纠纷画上了圆满的句号！

法律分析

本案中，海峰只知道该瓷砖是曹老板使用，宋某其实就是司机，曹老板是分包人，北京××公司才是实际用货人，通过发送律师函可以快速梳理案件的争议焦点，快速识别欠款背后的真相。

5. 发送律师函是否真的可以不伤和气？

典型案例

孟老板是北京市场一个有名的牛肉经销商，为北京多个餐饮店提供新鲜的牛肉食材。一天，孟老板如往常一样给一家餐饮店供货牛肉，开车来到餐饮店门前却大吃一惊，发现该餐饮店玻璃大门紧锁，室内的桌椅也消失不见，一幅人去楼空的景象！孟老板赶紧拨打该餐饮店联系人刘某的电话，但发现自己已经被对方拉黑。这可愁坏了孟老板，先不说之后的生意怎么办，该餐饮店之前还有 23 万元的货款没有支付给自己。经过长时间的多方打探，依然没有新的进展，孟老板很快意识到光靠自己的能力很难要回货款，还是需要委托律师进行专业处理。2022 年 4 月 6 日，孟老板委托北京天用律师事务所债权债务团队来维权，天用律师第一时间通过电话、微信、短信等多种手段联系上了刘某，但刘某表示自己店铺已经不开了，短期内确实没有钱支付货款，且自己也无法做主，公司已经撤出北京市场。鉴于这种情况，天用律师紧急发出《律师函》，但是《律师函》被退回，因为注册地已经人去楼空。此路不通，就从别的方面入手，细心的天用律师在客户提交的证据里发现一个聊天记录，记录了当时发票邮寄地址是广东的一个办公区，办案律师给该办公区发送了《律师函》和《催告函》，果然，仅仅3天的时间就起到了效果！通过与对方公司人员对接，经过层层沟通，最终找到了公司财务对接人，并第一时间建立了对账群，双方确定了货款金额。天用律师以调解方式优先，多次与对方良性沟通，在接案的7天时间内，对方就把一部分货款支付给了孟老板，这是一个阶段性的进展！接案21天后，在天用律师的努力下，双方达成和解，对方支付了全部款项。

法律分析

律师函可以便捷的方式追回被拖欠的货款等债权，如果直接通过诉讼方式解决，会让欠款人产生抵触心理，不利于友好协商，而且诉讼不仅需要耗费很长的时间，还有可能因此失去潜在的合作对象。如果通过律师发函向对方指出问题的严重性，客户将会考虑通过和解方式解决对其产生的不利后果，有助于达到偿还欠款的目的。

6. 用律师函行使通知合同无效、解除合同、撤销权。

典型案例

李女士与吉林×××公司于2021年4月8日签订《商品房买卖合同》（合同编号：000000000×××），购买吉林×××公司开发的高新技术产业开发区文化产业园××楼2003室房屋，李女士已支付全部购房款人民币398146元。2021年3月19日，支付了物业维修基金6460元。但该公司迟迟未交房，李女士委托律师发出律师函："根据《商品房买卖合同》第九条'出卖人逾期交房的违约责任第二项、逾期超过180日后，买受人有权解除合同'之规定，现贵公司的逾期交付时间已经超过了180天，截至今日贵公司既未按合同约定交房又未按合同约定支付逾期交房违约金。为此，李女士现依据《商品房买卖合同》《补充协议》第九条第一项、第二项之规定，向贵公司发出解除《商品房买卖合同》（合同编号：000000000×××）通知。自本通知到达之日起解除双方签订的《商品房买卖合同》。贵公司应从本通知到达之日起30日内退还李女士已支付的全部购房款和物业费，并自本人付款之日起按本人已贷款的年利率支付违约金并赔偿其他损失至全部购房款退清时止。退款及违约金请汇入李女士指定账户，贵公司逾期未予办理，李女士将启动法律程序并采用媒体曝光等方式，维护本人合法权益，特此告知！"

法律分析

通知合同无效、通知解除合同、通知追认无权代理人的代理行为、不安抗辩权的行使、同时履行抗辩权的行使、先诉抗辩权的行使、通知撤销权的行使等，凡是当事人具有的告知权利，都可以通过律师函来完成。

7. 我的欠款还是很多年前的，还能要吗？有人说过了 3 年就不能要了，是不是真的？

典型案例

丁先生今年已步入四十而不惑的年龄，凭借着精湛的业务和良好的口碑，在建设工程领域颇有一番作为！但人生总有美中不足的一面，有一件事一直让他耿耿于怀，那是七八年前的一起工程欠款问题……丁先生清楚地记得那是在 2015 年 6 月，多年的合作伙伴刘某承包了某居民小区 1 号楼工程项目，鉴于丁先生在装修方面非常专业，所以刘某将其中内墙抹灰工作转包给丁先生。丁先生于 2015 年 12 月完成了该项目，并于 2017 年进行交付，当时刘某称自己资金不足，仅支付了部分劳务费。2017 年 11 月 12 日，丁先生找到刘某索要欠款，但刘某仍称资金周转不足，丁先生出于对合作伙伴的信任与理解，双方就欠付劳务费问题达成一致意见，刘某向丁先生出具《欠费说明》。多年过去了，丁先生一直陆续向刘某催要欠款，刘某一直借故拖延，后来竟然不接电话、不回信息，直接来个"玩失踪"，再想到刘某曾经信誓旦旦地承诺，刘某"说一套做一套"的为人处世方式，让丁先生心寒至极！自己的血汗钱不能就这样白白流失，一定要让失信的人承担应承担的责任！但是单凭着自己的一腔热血很难拿回欠款，于是丁先生找到了天用律师。

天用律师拿到证据资料的时候，看到丁先生能提供的证据仅仅是一张类似说明书一样的白纸，除刘某姓名外没有其他信息，也没有对账明细单，还是2015年做的劳务，时间也比较久远了。首先要解决诉讼时效的问题，办案律师在接案3天内就起草了律师函，给刘某手机和其父母居住地发送了律师函，也在调查到对方信息后第一时间起诉，果不其然，对方开庭时以诉讼时效来抗辩，说已经过了诉讼时效，天用律师提交了当时律师函签收记录和电子发送记录，被告在证据确凿的情况下只能同意和解，8年的欠款也圆满地画上了句号。

法律分析

律师函可以解决诉讼时效问题，在尚未提起诉讼之前，通过律师发函，可以起到顺延诉讼时效的效用，也具有澄清事实和震慑不法行为的作用。

8. 通过律师函的方式可以通知对方在指定期限来人沟通、回函、解决、协调督促欠款事宜。

典型案例

长春××材料公司于2020年9月15日和××集团有限公司签订《1.5吨熔化炉大修合同》，合同约定"合同总价款320000元，结算方式：预付50%，调试正常使用后付40%，余款一年无质保问题付清"现长春××材料公司已经全面履行了合同义务并交付××集团有限公司使用，截至2020年12月20日，××集团有限公司还有289095元没有给付。××集团有限公司不但不支付欠款，还通知长春××材料公司继续维修，长春××材料公司无奈之下委托律师给××集团有限公司发送律师函，要求××集团有限公司3日内来电、来函、来信协商该公司恶意拖欠维修款事宜，若逾期，长春××材料公司将追究××集团有限公司违约责任，并要求××集团有限公司支付利息、违约金、因追偿欠款产生的所有损失（包含律师费、交通费、诉讼费、保全费等），××公司收到律师函第一时间就联系长春××材料公司协商欠款事宜。

> **法律分析**

通过发律师函的方式，通知对方在指定期限来人沟通、回函、致电协商，来促使双方达成调解协议。但是，律师函要指定具体期限，并且给对方必要的准备时间。另外，还要告知对方逾期未处理将面临什么法律后果，如将面临起诉、申请支付令、解除合同、停止付款、停止供货、收取违约金、利息等。

9. 律师函应该怎么送达呢？

（1）律师函最好由律师来邮寄，不要委托人自己邮寄。律师函以律师的名义来寄送更规范，更能显示律师函的严肃性。

（2）用 EMS 的形式邮寄

为了确保对方能及时收到律师函，律师函最好用邮政特快专递（EMS）来寄送。

（3）快递邮寄

快递邮寄可以在小程序上查看并追踪律师函送达情况，必要时支持修改送达人和送达地址，还能与快递员约定送达时间，更重要的是可以查看签收底单是否本人签收。

（4）电子方式送达

如果你只有欠款人手机号或者微信号、没有欠款人常住地址和户籍地址，那就要选择电子送达，最好是以彩信的方式送达，送达的过程会显示"正在送达"，送达完成后会显示"已发送"。

（5）转交送达

是指将律师函送交受送达人所在单位代收，然后由单位转交给受送达人的送达方式。

（6）直接送达

直接送达又称交付送达，是指律师函由委托人将文书直接交付给受送达人签收并拍照的送达方式。

10. 律师函在什么情况下算是有效送达？

只要有快递回单、交付凭证、送达成功等就视为有效送达。

第十三计　如何选择担保人

作者的话

> 债权人在借贷、买卖及其他合同等民事活动中，为保障债权的实现，可以通过设立担保物权、增加保证人等形式为自己的债权多增加一重保障。相较主债权债务合同，无论是担保合同还是保证合同，均是从合同。担保物权，以物的交换价值作为债权实现的担保，包括抵押权、质押权和留置权三类。其中，抵押权的客体包括三类：动产、不动产和不动产用益物权。质押权的客体包括两类：动产和权利。留置权的客体只有一类：动产。保证合同，是以人的信用（信誉）作为债权实现的担保，包括一般保证和连带保证。

一、保证人的选择标准

第一，保证人必须要有代为清偿债务的能力。保证人作为第二还款来源，其是否具有代为清偿债务的能力很关键，简言之，保证人贵精不贵多，有代偿能力的保证人，一个足够，如果没有代偿能力，保证人再多对债权的实现也无益。

第二，保证人能起到促进借款人还款的作用，设置保证人可提高借款人的违约成本，我们在选择保证人的时候，首先要看保证人对借款人的制约能力强不强。愿意为借款人提供担保，其往往与借款人存在一定"关系"，除商业性的担保公司外，借款人的保证人主要是其亲友、上下游客户、其他社会关系等利益相关者。通过这些"关系"可以对借款人形成制约，有效提高借款人的还款意愿。

二、选择保证人时，要注意区分是一般保证还是连带责任保证

一般保证，是指当事人在保证合同中约定，债务人不能履行债务时，由

保证人承担保证责任的保证方式。

连带责任保证，是指当事人在保证合同中约定保证人和债务人对债务承担连带责任的保证方式。

一般保证和连带责任保证最主要的区别在于一般保证人享有先诉抗辩权，即一般情况下，一般保证的保证人在主合同纠纷未经审判或者仲裁，并就债务人财产依法强制执行仍不能履行债务前，有权拒绝向债权人承担保证责任。换句话说，债务人在债务到期无法清偿债务时，债权人须先请求债务人对债务承担清偿责任。但是，在连带责任保证中，倘若债务到期，债务人不能清偿债务，此时债权人有权直接请求连带责任保证的保证人对债务承担连带清偿责任。保证方式的不同直接影响债权实现。我们来看下面的案例：

典型案例

2020年9月，老赵为资金周转向王女士借款20万元，并出具借条。后来，王女士担心老赵还不上钱，便要求其子小赵为借款提供担保。小赵同意为父亲担保，便在借条上的"保证人"处签了名。老赵迟迟未能还钱，王女士多次索要，其都以经济困难为由推诿。无奈之下，王女士将赵家父子俩一并起诉到法院，请求判令老赵归还借款、小赵承担连带担保责任。庭审中，王女士表示，她也知道老赵现在经济状况很差，而小赵既然是保证人，就该替父还债。法院经审理查明，虽然王女士提供的借条落款时间为2020年9月，但小赵作为保证人在借条上签名的时间是2021年3月，保证行为发生在《中华人民共和国民法典》实施后。此外，王女士与小赵也没有约定具体的保证方式，故最终判令小赵承担一般保证责任。至此，王女士才明白一般保证责任和连带保证责任大有不同，王女士后悔不迭，要是当初自己明确要求小赵写明保证方式为连带责任保证就好了。

法律分析

民间借贷中保证人的保证方式分为两种，一般保证与连带责任保证，两种方式都可以要求保证人在借款人不履行到期债务时承担责任，但两种责任承担方式却存在巨大的不同。

一般保证是当债务人不能履行债务时，保证人才承担保证责任的保证方式；连带责任保证，是指债务人在主合同约定的债务履行期届满没有履行债务的，债权人既可以要求债务人承担责任，也可以要求保证人承担责任的保证方式。对出借人而言，要求保证人承担连带责任保证相对有利；对保证人而言，则承担一般保证责任相对有利。以本案为例，如果小赵承担的是连带责任保证，那么，借款到期老赵没有还钱，王女士既可以要求老赵承担责任，也可以要求小赵承担责任。最终法院判决小赵承担一般保证责任，也就是说，在一般情况下，只有在该纠纷经诉讼或仲裁并经执行等环节后，老赵的财产仍不能履行债务时，王女士才可以要求小赵承担责任。

《中华人民共和国民法典》第六百八十七条规定，一般保证的保证人在主合同纠纷未经审判或者仲裁，并就债务人财产依法强制执行仍不能履行债务前，有权拒绝向债权人承担保证责任，但是有下列情形之一的除外：（1）债务人下落不明，且无财产可供执行；（2）人民法院已经受理债务人破产案件；（3）债权人有证据证明债务人的财产不足以履行全部债务或者丧失履行债务能力；（4）保证人书面表示放弃本款规定的权利。《中华人民共和国民法典》第六百八十六条第二款规定，当事人在保证合同中对保证方式没有约定或者约定不明确的，按照一般保证承担保证责任。

日常生活中，亲朋好友之间借钱是常事。如果你是出借人，担心借款人不能按时还钱，希望增加保证人，最好明确保证人的保证方式；如果你需要作为保证人为他人的借款行为提供保证，应当看清自己的保证责任方式后再签字。

三、保证责任的范围

保证责任范围也就是保证人承担保证债务的范围。保证合同中明确约定保证担保的范围的，保证人在约定的范围内承担保证责任；当事人对保证担保的范围没有约定或者约定不明的，保证人应对全部债务承担责任。

《中华人民共和国民法典》第六百九十一条规定："保证的范围包括主债权及其利息、违约金、损害赔偿金和实现债权的费用。当事人另有约定的，按照其约定。"当事人对保证担保的范围没有约定或者约定不明确的,保证人应当对全部债务承担责任。

根据上述规定,保证担保的范围在不作特别约定的情况下,本身就包括主债权及利息,违约金、损害赔偿金和实现债权的费用。但是,如果不作特别约定,上述实现债权的费用主流观点认为一般不包括律师费,因为律师费不是实现债权所必然要花费的费用。

因此,为了更好地维护自己的权利,债权人最好在合同中对保证担保的范围作出明确约定,尤其是"实现债权的费用"的范围,可以约定为:"本合同保证担保的范围包括主债权本金、利息、复利、罚息、违约金、损害赔偿金以及实现债权和担保权利的费用(包括但不限于诉讼费或仲裁费、律师费、差旅费、保全费、公告费、保险费、评估费、拍卖费、保管费、鉴定费等所有其他应付合理费用)。"保证合同是要式合同,不能以口头形式确定保证人保证合同,既可以是单独订立的书面合同,也可以是主债权债务合同中的保证条款,但不能以口头形式确定担保人。

> 典型案例

2020年4月,姚某与何某协商一致,由姚某给何某承包的某工程提供水泥、沙子等建筑材料,双方对材料价款及支付方式进行了约定,但是何某并未按照约定及时支付货款及运费。2021年2月8日,被告何某在支付了部分欠款后给姚某出具欠条一张,双方约定了还款期限,何某作为欠款人在欠条上签字,口头约定李某为何某债务承担保证责任。此后,何某未按照约定的期限支付姚某欠款。2021年12月31日,姚某诉至法院,要求何某支付欠款并承担违约金,李某承担保证责任。本案的争议焦点为:(1)谁是欠款主体;(2)违约金是否应调减;(3)李某是否要承担保证责任。法院判决,何某在本判决生效后15日内支付拖欠姚某的货款421000元,并自2021年2月9日起按照中国人民银行授权全国银行间同业拆借中心一年期贷款市场年利率上浮50%计算违约金至欠款付清之日止;驳回姚某要求李某承担保证责任的诉讼请求。

法律分析

1. 关于欠款事实与欠款主体问题。何某前后两次给姚某出具欠条,双方买卖关系清楚。庭审中何某也承认是自己打的欠条,承认欠款属实。故何某拖欠姚某货款的事实清楚。

2. 关于违约金问题。在 2021 年 2 月 8 日出具的欠条中虽然约定何某按照月利率 2% 支付利息,但《中华人民共和国民法典》第五百八十五条第一款、第二款规定:"当事人可以约定一方违约时应当根据违约情况向对方支付一定数额的违约金,也可以约定因违约产生的损失赔偿额的计算方法。约定的违约金低于造成的损失的,人民法院或者仲裁机构可以根据当事人的请求予以增加;约定的违约金过分高于造成的损失的,人民法院或者仲裁机构可以根据当事人的请求予以适当减少。"双方约定的月利率 2% 的利息过分高于造成的损失,被告何某也提出约定的违约金过高,要求减免。故按照中国人民银行授权全国银行间同业拆借中心 1 年期贷款市场年利率上浮 50% 计算违约金较为适宜。

3. 关于担保是否成立的问题。《中华人民共和国民法典》第六百八十五条第一款规定:"保证合同可以是单独订立的书面合同,也可以是主债权债务合同中的保证条款。"可见保证合同必须是书面合同,是要式合同。2021 年 2 月 8 日何某出具的欠条中并无明确的保证条款,又无单独订立保证合同,因此不能认定李某是担保人。故对原告主张的李某是担保人的事实法院不予认定,对原告要求李某承担保证责任的诉讼请求,法院不予支持。

综上,保证合同是为保障债权的实现,保证人和债权人约定,当债务人不履行到期债务或者发生当事人约定的情形时,保证人履行债务或者承担责任的合同。为了确保还款,借贷双方通常会选择第三人进行担保,从而形成一个保证合同。根据相关法律规定,保证合同属于要式合同,必须是书面形式,可以单独订立书面的保证合同,或者主债权债务合同中明确书写保证条款,口头形式确立的担保合同无效。因此,在借贷行为发生时,若需要担保,口说无凭,必须白纸黑字,订立书面形式的保证合同,以确保债权的实现,维护自身的合法权益。

四、"见证人"不等于"保证人"

民间借贷中常见第三人在借条的空白处签名，这种情况下到底是"见证人"还是"保证人"，一旦借款人未按时还款该不该承担担保责任？

典型案例

2021年6月，因资金紧张，王某欲向张某借款，但由于与张某不熟，遂找了与张某关系较好的刘某，希望其作为中间人劝说张某同意向自己出借资金。在刘某的介绍和协调下，张某同意出借，不过要求刘某在借条上签字，刘某同意并在借条上签字捺印，之后，张某将借款转到王某名下的银行账户。后王某未按期偿还借款，张某多次催要无果，遂将王某与刘某二人一并起诉至法院。被告王某对借款事实和还款责任不持异议，但是被告刘某认为自己不应该承担任何责任，因为在借条上署名时张某并未表明要求刘某承担保证责任，刘某作为中间人好心帮助王某借款，在借条上签字捺印也只是"见证人"，仅仅是撮合王某与张某之间的借贷，而不是替王某担保。张某则认为自己是基于对刘某的信任，才愿意将钱借给本不熟悉的王某，要求刘某在借条上签字就是为了让刘某为王某担保，也正是因为刘某同意在借条上签字担保，自己才愿意出借。

法律分析

1. 保证人与见证人的区别。保证人是指为主合同债务提供担保的当事人，而见证人是证明双方确实有签订合同的第三人。保证人与见证人最大的区别在于：保证是为主债务担保的一种形式，保证人在债务人不履行、不能履行债务或者发生当事人约定的其他情形时，要以自己的财产履行债务或承担责任；而见证人则是受当事人或利益关联人的请求，到现场对事项或活动进行见证，起到第三方证明的作用，并不承担担保责任。

2. 本案中，刘某的身份究竟是见证人还是保证人。对于在借条上签字的刘某究竟是见证人还是保证人，需要结合借条的签署过程中各方的真实意思表示来确定，案涉借条内容，王某的签字捺印前有"借款人"字样，而刘某的签字捺印前却没有任何表明身份的字样。根据《最高人民法院关于审理民间借贷案件适用法律若干问题的规定》第二十条规定，他人在借据、收据、欠条等债权凭证或者借款合同上签名或者盖章，但是未表明其保证人身份或者承担保证责任，或者通过其他事实不能推定其为保证人，出借人请求其承担保证责任的，人民法院不予支持。具体到本案中，刘某在借条上只签署名字，没有表明身份是"见证人"或"保证人"，且没有其他证据证明其是保证人的情况下，则一般会认定刘某为见证人。

故在借条内签字捺印时一定要表明签字人"见证人"或者"保证人"的身份，对于保证人，最好在借条中明确自己是一般保证人还是连带责任保证人以及自己的保证责任范围。对于见证人，虽然法律有保护不知情见证人的规定，但是当签字人不能提供证据证明当时仅以见证人身份签字时，或者根据其他事实情况推定无法证明是见证人时，则有可能要承担担保责任。

典型案例

2019年1月，杨某在张某处购买装修材料，双方对材料价款及支付方式进行了约定，但是杨某并未按照约定及时支付货款。2021年4月10日，杨某给张某出具欠条一张，双方约定了利息及还款期限，杨某作为欠款人在欠条上签字，孙某以"中间人"身份在欠条上签字。此后，杨某未按照约定的期限支付张某欠款。2023年2月28日，张某起诉到法院，要求杨某支付欠款并承担违约金，孙某承担保证责任。本案的争议焦点为：（1）违约金如何计算问题；（2）孙某是否应当承担保证责任。法院判决，被告杨某在本判决生效后15日内支付原告张某货款50000元，并自2021年4月11日起按照中国人民银行授权全国银行间同业拆借中心一年期贷款市场年利率上浮50%计算违约金至欠款付清之日止；驳回原告张某的其他诉讼请求。

法律分析

关于孙某是否应当承担保证责任的问题。2021年4月10日杨某出具的欠条中孙某明确其身份是"中间人"，双方在欠条中并没有明确的保证条款，又无单独订立的保证合同，根据《中华人民共和国民法典》第六百八十五条第一款规定："保证合同可以是单独订立的书面合同，也可以是主债权债务合同中的保证条款。"可见保证合同必须是书面合同,是要式合同,因此案件中孙某不能认定为是担保人。故对原告主张的孙某是担保人的事实法院没有认定,对原告要求孙某承担保证责任的诉讼请求也未获支持。

实践中,债权债务关系双方为了确保还款,通常会选择由第三人进行担保,从而形成一个保证合同。如果合同中仅约定第三人为"中间人",其仅仅是一个见证人或者牵线人,即便双方发生纠纷,中间人也仅仅只是一个证明人的作用,其不承担保证责任。如果第三人仅以口头形式进行担保,一旦发生纠纷,口头形式协议可能会因缺乏证据效力而不被采信。故在设立保证合同时,应当采用书面形式,详细约定被保证的主债权种类、数额、债务人履行债务的期限、保证的方式、保证担保的范围等条款,并由保证人与债权人在合同上签字确认,以便发生争议时能最大限度地维护自己的合法权益。

第十四计 攻克"无赖"欠款人

作者的话

在生活中,被欠钱,实在是件很郁闷的事情。当你的债务人痛快地给你大笔一挥写了N多个承诺、欠条、借条,落款的名字却是龙飞凤舞,且不按套路出牌签下了阿猫、阿狗,甚至是关系亲密时候的昵称,这个时候,债权人就要提高警惕了,因为你的账已经散发着呆、烂的气息。针对此种情况,如何出手,才能扳回胜局呢?

典型案例

兰兰与婷婷的这笔债由来已久。双方在2016年年初因同在驾校学车相识相知,并对共同投资办一所驾校的想法一拍即合,同年10月至12月,兰兰出资20万元。因办学经验不足、资金匮乏,两人原准备悄悄努力然后一鸣惊人的理想草草收场。在清算盈亏后,婷婷痛快地给兰兰出具了一份欠条,并潇洒地落上了"靓妞"的大名。随后便拉黑了兰兰,删除了全部痕迹,自此隐匿江湖,让兰兰在云山雾罩中遍寻不见。双方在合作过程中,因兰兰过分信任婷婷，连婷婷姓甚名谁，是何方神圣都一无所知，只知道大伙儿喊的"靓妞"和一个已经停机的手机号。

《中华人民共和国民事诉讼法》（2021年修正）第一百二十二条规定，起诉必须符合下列条件：（1）原告是与本案有直接利害关系的公民、法人和其他组织；（2）有明确的被告；（3）有具体的诉讼请求和事实、理由；（4）属于人民法院受理民事诉讼的范围和受诉人民法院管辖。兰兰想要通过打官司去索要欠款，但官司不是想打就能打的。程序上首先要提供明确的被告信息，本案中因婷婷失联，兰兰又不能提供婷婷的真实姓名，对婷婷的住所地也一无所知。

解决途径是调查+调解。接受兰兰的委托后，调解中心运用各种策略，通过婷婷已经停掉的手机号获取到了婷婷现在使用的联系方式、明确的身份信息，并快速推进调解。

调解人员尝试给婷婷打电话，婷婷大概率是忌惮类似于兰兰这样的债权人索债，设置了拦截，手机始终忙线。经调解人员的不懈努力，婷婷终于主动加微信交流，双方冰释前嫌，签署了和解协议，婷婷也依约支付了到期应付款项。

法律分析

对于信息缺失、债务人失联的案件，积极尝试各种查询策略，可为委托人畅通诉讼渠道，同步快速运用调解手段，有助于稀释争议双方在纠纷形成过程中的敌对情绪。

典型案例

2005年，伟某回家创业，经营建材。其间，因出租方疑似重复收取租赁费问题结识良某。经良某斡旋，伟某被多收取的300万元租金很快退到了伟某的账户。伟某深表感激，良某道出近期的困扰，说妻子自婚后一直想买套自己的商品房，但由于妻子无业，良某上养父母、下育婴幼，日子捉襟见肘，为了抚平妻子心中的不满，良某提出要借用伟某的300万元买房。伟某内心虽闪过一丝震惊，但碍于这300万元均是借力良某才得以回笼。伟某按照良某的要求将250万元通过银行转账的方式转到了良某嘴里说的妻子荣某的账户中。伟某甚至来不及问清良某的购房地及具体住处，更不用说让良某给写个借条，两人便匆匆分手。这一别，双方再未打过照面。

250万元自2015年转入荣某账户后，良某的电话便再无人接听。伟某走上了维权之路，问题来了，只有转账记录，没有借据的官司怎么打？能打赢吗？

提起诉讼这条路，异常曲折。律师在受托后，迅速运用多种策略，查询到良某与荣某的身份关系、现住处及荣某名下的不动产情况，并线上申请了立案，同时向法院申请财产保全。其间，经历了起诉要补证、无法采取财产保全等一系列困难，多轮交锋中，案件终于正式进入法院的审判流程，并迅速保全了良某、荣某名下的财产。在律师多种举措推进解纷进程、不放弃且义无反顾的坚持中，良某夫妻终于能抬头直面事实，并承诺在一个月内将250万元借款向伟某清偿完毕。

法律分析

根据相关法律规定，对于没有立具借条的民间借贷，在出借资金通过银行转账的方式到达借款人账户时，双方借款合同生效，原告依据金融机构的转账凭证提起民间借贷诉讼，被告抗辩转账系偿还双方之前借款或其他债务，被告应当对其主张提供证据证明。简言之，即便借款人没有写下借条，只要有证据证明出借资金已支付借款人，而借款人又没有证据证明该资金系偿还双方之前借款或其他债务的，这笔账终究是要还的。

相关规定

《最高人民法院关于适用〈中华人民共和国民法典〉时间效力的若干规定》

第一条第一款、第二款 民法典施行后的法律事实引起的民事纠纷案件，适用民法典的规定。

民法典施行前的法律事实引起的民事纠纷案件，适用当时的法律、司法解释的规定，但是法律、司法解释另有规定的除外。

《最高人民法院关于审理民间借贷案件适用法律若干问题的规定》

第二条 出借人向人民法院提起民间借贷诉讼时，应当提供借据、收据、欠条等债权凭证以及其他能够证明借贷法律关系存在的证据。

当事人持有的借据、收据、欠条等债权凭证没有载明债权人，持有债权凭证的当事人提起民间借贷诉讼的，人民法院应予受理。被告对原告的债权人资格提出有事实依据的抗辩，人民法院经审查认为原告不具有债权人资格的，裁定驳回起诉。

第九条 自然人之间的借款合同具有下列情形之一的，可以视为合同成立：

（一）以现金支付的，自借款人收到借款时；

（二）以银行转账、网上电子汇款等形式支付的，自资金到达借款人账户时；

（三）以票据交付的，自借款人依法取得票据权利时；

（四）出借人将特定资金账户支配权授权给借款人的，自借款人取得对该账户实际支配权时；

（五）出借人以与借款人约定的其他方式提供借款并实际履行完成时。

第十五条 原告仅依据借据、收据、欠条等债权凭证提起民间借贷诉讼，被告抗辩已经偿还借款的，被告应当对其主张提供证据证明。被告提供相应证据证明其主张后，原告仍应就借贷关系的存续承担举证责任。

被告抗辩借贷行为尚未实际发生并能作出合理说明的，人民法院应当结合借贷金额、款项交付、当事人的经济能力、当地或者当事人之间的交易方式、交易习惯、当事人财产变动情况以及证人证言等事实和因素，综合判断查证借贷事实是否发生。

第十六条 原告仅依据金融机构的转账凭证提起民间借贷诉讼，被告抗辩转账系偿还双方之前借款或者其他债务的，被告应当对其主张提供证据证明。被告提供相应证据证明其主张后，原告仍应就借贷关系的成立承担举证责任。

第二十四条 借贷双方没有约定利息，出借人主张支付利息的，人民法院不予支持。

自然人之间借贷对利息约定不明，出借人主张支付利息的，人民法院不予支持。除自然人之间借贷的外，借贷双方对借贷利息约定不明，出借人主张利息的，人民法院应当结合民间借贷合同的内容，并根据当地或者当事人的交易方式、交易习惯、市场报价利率等因素确定利息。

第十五计　申请"支付令"的要领

作者的话

> 常常会有债权人问律师"有没有不用开庭就能让法院给一个能直接申请执行的依据"，在日常生活中，针对部分事实清楚，法律关系简单的债权债务，确实有不需要开庭审理，无须双方协商就能从法院收获一份有强制执行效力的法律文书的途径，那就是向法院申请支付令。

一、什么是支付令

支付令是人民法院依照《中华人民共和国民事诉讼法》规定的督促程序，根据债权人的申请，向债务人发出的限期履行给付金钱或有价证券的法律文书。

二、向法院申请支付令需要满足的条件

1. 请求给付金钱、有价证券的案件，且金钱或者有价证券数额确定、已经到期；
2. 债权债务关系明确、合法；
3. 债权人与债务人之间没有其他债权债务纠纷；
4. 支付令能够送达债务人。

换句话说，就是指向法院申请的支付令中涉及的支付金额数额是明确的，不涉及待计算的内容，而且是已经到期的，债权债务关系是明确且合法的，如当事人之间有签订的合同、协议书抑或法院的裁判文书，债权人和债务人之间除了申请支付的该笔款项之外，再没有其他债权债务关系，债务人没有

失联，法院作出支付令后能送达到债务人。

三、申请支付令的类型

1. 能够申请支付令的，有涉及民间借贷的，我们来看下面的案例：

典型案例

2022年9月17日，刘某向罗某借款8万元，并出具了借据，借期为3个月。罗某按约定将8万元转账给刘某。借款到期后，刘某明确表示资金周转困难，不能归还借款。罗某从认识刘某的朋友那里了解到刘某新买了一辆轿车的情况后，认为刘某有能力还款却恶意拖欠，遂委托律师处理。律师详细了解到双方不存在其他债权债务关系，遂向法院提出支付令申请，请求法院向被申请人发出支付令，督促刘某向罗某给付借款8万元。法院经审查认为：申请人罗某的申请，符合《中华人民共和国民事诉讼法》（2021年修正）第二百二十一条、第二百二十三条的规定，特发出支付令，要求被申请人刘某应当自收到本支付令之日起15日内给付申请人罗某8万元。刘某在法定期间内没有提出异议，支付令生效，律师及时代罗某向法院申请了执行。刘某在法院要对其新买的轿车采取措施前，及时履行了还款义务。

2. 除民间借贷形成的债权债务可以用支付令去快速解决争议外，在用工单位与劳动者之间履行劳动合同时，因用工单位的原因导致不能及时支付工资的情况也时有发生，当用工单位给劳动者出具了欠薪欠条或对账单之类的书面凭证后，劳动者同样不需要用烦琐的劳动争议处理程序去处理，而是可以直接向法院提出支付令申请。

典型案例

张某是某保安公司的员工，因现金流出现问题，公司已连续十个月不能发放员工工资，对共拖欠张某的40786元工资，公司向张某出具了一张欠条，张某拿到欠条后即辞去了保安工作。张某就被拖欠的工资找到律所，希望能有专业人员代其追索劳动报酬。律师接受委托后，指导张某收集了由公司盖章确认的员工入职表、劳动合同、工资表、情况说明等证据，随后代张某向法院提出支付令申请，请求法院向公司发出支付令，要求公司支付拖欠工资 40786 元。法院经审查认为，申请人的申请符合《中华人民共和国民事诉讼法》（2021 年修正）第二百二十一条、第二百二十三条之规定，发出支付令，要求公司应当自收到支付令之日起 15 日内，向张某支付 40786 元工资。支付令送达保安公司后，律师代张某及时向法院申请了强制执行，工资也在一个月内被追回。

3. 使用支付令快速解决争议的案件类型，除上述因合同履行过程产生的债权债务外，在涉及赡养费、抚养费、扶养费的支付问题上，同样可以积极尝试适用支付令的方式，如下述的赡养费支付一案。

典型案例

毛某生育张三等八个子女，在毛某 80 岁时，因无经济收入也无劳动能力，就赡养一事，经毛某所在地的村委会组织调解，达成八个子女每月各向其支付赡养费 500 元的协议。协议签订后，张三未按协议内容履行赡养毛某的义务，毛某特别授权律师处理追索赡养费一事。律师受托后，基于之前毛某与全部子女达成的协议，尝试向法院提出了支付令申请，要求张三支付拖欠 6 个月的赡养费 3000 元。法院经审查，向张三发出支付令，要求张三在法定期限内向毛某支付赡养费 3000 元。支付令发出后，张三未提出异议，也未主动履行支付赡养费的义务。支付令生效后，律师代毛某向法院申请强制执行，法院受理执行申请后在三日内帮毛某执行回了 3000 元。

通过上述案例我们可以看出，对于争议不大、债权债务关系明确，仅仅是因为债务人缺乏支付意愿或暂时没有支付能力而引发的纠纷，用积极尝试向法院申请支付令的方式去解决，可以省去开庭、宣判等程序，能够快速便捷地解决争议、化解纷争。

相关规定

《最高人民法院关于适用〈中华人民共和国民事诉讼法〉的解释》

第四百二十七条　债权人申请支付令，符合下列条件的，基层人民法院应当受理，并在收到支付令申请书后五日内通知债权人：

（一）请求给付金钱或者汇票、本票、支票、股票、债券、国库券、可转让的存款单等有价证券；

（二）请求给付的金钱或者有价证券已到期且数额确定，并写明了请求所根据的事实、证据；

（三）债权人没有对待给付义务；

（四）债务人在我国境内且未下落不明；

（五）支付令能够送达债务人；

（六）收到申请书的人民法院有管辖权；

（七）债权人未向人民法院申请诉前保全。

不符合前款规定的，人民法院应当在收到支付令申请书后五日内通知债权人不予受理。

基层人民法院受理申请支付令案件，不受债权金额的限制。

四、申请支付令管辖法院

债权人申请支付令，适用《中华人民共和国民事诉讼法》第二十二条的规定，由债务人住所地基层人民法院管辖。如果债务人是多个，则不同的债务人住所地人民法院均有管辖权。

相关规定

《中华人民共和国民事诉讼法》

第二十二条　对公民提起的民事诉讼，由被告住所地人民法院管辖；被告住所地与经常居住地不一致的，由经常居住地人民法院管辖。

对法人或者其他组织提起的民事诉讼，由被告住所地人民法院管辖。

同一诉讼的几个被告住所地、经常居住地在两个以上人民法院辖区的，各该人民法院都有管辖权。

《最高人民法院关于适用〈中华人民共和国民事诉讼法〉的解释》

第二十三条　债权人申请支付令，适用民事诉讼法第二十二条规定，由债务人住所地基层人民法院管辖。

第四百二十五条　两个以上人民法院都有管辖权的，债权人可以向其中一个基层人民法院申请支付令。

债权人向两个以上有管辖权的基层人民法院申请支付令的，由最先立案的人民法院管辖。

五、申请支付令的收费标准

支付令案件比照财产案件受理费标准的 1/3 交纳。比如，按照财产案件受理费为 50 元，则申请支付令预交的申请费为 16.67 元。

相关规定

《诉讼费用交纳办法》

第十四条　申请费分别按照下列标准交纳：

……

(三) 依法申请支付令的，比照财产案件受理费标准的 1/3 交纳。

……

六、申请支付令的流程

1. 提交申请书

债权人向人民法院提出支付令申请，必须提交申请书，申请书内容应包括：债权债务关系双方当事人的姓名或名称等基本情况；债权人要求债务人给付的金钱或有价证券的种类、数量；债权人请求所依据的事实和证据。

债权人向人民法院提交申请书的同时，应提交必要的证据材料，如证明债权债务关系存在的合同、收据、调解协议、欠条、借条等。

2. 向有管辖权的基层人民法院申请

债权人申请支付令，应当向有管辖权的基层人民法院提出。根据相关司法解释的规定，债权人申请支付令由债务人住所地的基层人民法院管辖，债务人的住所地与经常居住地不一致的，由经常居住地的基层人民法院管辖。公民的经常居住地是指公民离开住所地至起诉时已连续居住 1 年以上的地方，但公民住院就医的地方除外。

如果债务为共同债务，共同债务人住所地、经常居住地不在同一基层人民法院辖区，各有关人民法院都有管辖权，债权人可以向其中任何一个基层人民法院申请支付令；债权人向两个以上有管辖权的人民法院申请支付令的，由最先立案的人民法院管辖。

3. **人民法院对支付令申请审查受理、决定的期限**

债权人提出申请后，人民法院应当在 5 日内通知债权人是否受理。人民法院受理申请后，经审查债权人提供的事实、证据，对债权债务关系明确、合法的，应当在受理之日起 15 日内向债务人发出支付令；申请不成立的，裁定予以驳回。

> **相关规定**

《最高人民法院关于适用〈中华人民共和国民事诉讼法〉的解释》

第二十三条 债权人申请支付令，适用民事诉讼法第二十二条规定，由债务人住所地基层人民法院管辖。

第四百二十五条 两个以上人民法院都有管辖权的，债权人可以向其中一个基层人民法院申请支付令。

债权人向两个以上有管辖权的基层人民法院申请支付令的，由最先立案的人民法院管辖。

七、支付令发出后的法律后果

1. **支付令生效**

支付令发出并送达债务人后，若债务人在收到支付令之日起 15 日内未提出书面异议，支付令生效。

若债务人拒绝接收，人民法院可采用留置送达方式，若债务人在留置送达支付令之日起 15 日内未提出书面异议，或债务人对债务本身没有异议，只是提出缺乏清偿能力、延缓债务清偿期限、变更债务清偿方式等，不影响支付令的效力，支付令生效。

债权人向同一债务人提出多项支付请求，债务人对其中一项有异议的，不影响其他各项请求的效力。

债权人向可分之债中的多个债务人提出支付请求，其中一个债务人或几个债务人提出异议的，不影响其他请求的效力。

> **相关规定**

《最高人民法院关于适用〈中华人民共和国民事诉讼法〉的解释》

第四百二十九条　向债务人本人送达支付令，债务人拒绝接收的，人民法院可以留置送达。

第四百三十二条　债权人基于同一债权债务关系，在同一支付令申请中向债务人提出多项支付请求，债务人仅就其中一项或者几项请求提出异议的，不影响其他各项请求的效力。

第四百三十三条　债权人基于同一债权债务关系，就可分之债向多个债务人提出支付请求，多个债务人中的一人或者几人提出异议的，不影响其他请求的效力。

2. 申请执行

支付令发出后，如果债务人既不提出异议，又不履行支付令，支付令生效后，债权人可以向人民法院申请执行，申请执行的期间为自支付令规定的履行期间的最后一日起两年内。

> **相关规定**

《中华人民共和国民事诉讼法》

第二百二十七条　人民法院受理申请后，经审查债权人提供的事实、证据，对债权债务关系明确、合法的，应当在受理之日起十五日内向债务人发出支付令；申请不成立的，裁定予以驳回。

债务人应当自收到支付令之日起十五日内清偿债务，或者向人民法院提出书面异议。

债务人在前款规定的期间不提出异议又不履行支付令的，债权人可以向人民法院申请执行。

第二百五十条 申请执行的期间为二年。申请执行时效的中止、中断，适用法律有关诉讼时效中止、中断的规定。

前款规定的期间，从法律文书规定履行期间的最后一日起计算；法律文书规定分期履行的，从最后一期履行期限届满之日起计算；法律文书未规定履行期间的，从法律文书生效之日起计算。

《最高人民法院关于适用〈中华人民共和国民事诉讼法〉的解释》

第四百四十条 债权人向人民法院申请执行支付令的期间，适用民事诉讼法第二百四十六条的规定。

3. 支付令生效后发现错误的救济途径

支付令生效后发现错误，不能申请再审，但人民法院院长对本院已经发生法律效力的支付令，发现确有错误，认为需要撤销的，应当提交审判委员会讨论通过后，裁定撤销原支付令。

> **相关规定**

《最高人民法院关于适用〈中华人民共和国民事诉讼法〉的解释》

第三百七十八条 适用特别程序、督促程序、公示催告程序、破产程序等非讼程序审理的案件，当事人不得申请再审。

第四百四十一条 人民法院院长发现本院已经发生法律效力的支付令确有错误，认为需要撤销的，应当提交本院审判委员会讨论决定后，裁定撤销支付令，驳回债权人的申请。

4. 支付令失效及失效后的救济途径

（1）债务人收到支付令后在15日内针对债权债务关系的成立及履行提出书面异议。比如，债务人在书面异议中提出，债权人尚未支付该笔借款或者自己已经偿还借款，或者提出与债权人具有其他债权债务关系的，人民法院裁定终结督促程序，支付令自行失效。

（2）人民法院受理支付令申请后，存在以下情形之一的，应当裁定终结督促程序，已发出的支付令自行失效：①债权人就同一债权债务关系又提起诉讼的；②发出支付令之日起30日内无法送达债务人的；③债务人收到支付令前，债权人撤回申请的；④人民法院对是否符合发出支付令的条件基于是否为恶意串通损害第三人利益的虚假债权等考虑。

（3）支付令失效后与诉讼程序的衔接。支付令失效后，从方便当事人诉讼、节约诉讼成本出发，督促程序终结的，可以直接转入诉讼程序，而不需要申请支付令的一方当事人另行起诉。但是否转入诉讼程序，取决于申请支付令的一方当事人的意愿，即申请支付令的一方当事人不同意提起诉讼的除外。双方当事人未对此提出不同意提起诉讼的，则自动转入诉讼程序，法院将对该债权债务纠纷进行实体审理。

相关规定

《中华人民共和国民事诉讼法》

第二百二十八条　人民法院收到债务人提出的书面异议后，经审查，异议成立的，应当裁定终结督促程序，支付令自行失效。

支付令失效的，转入诉讼程序，但申请支付令的一方当事人不同意提起诉讼的除外。

《最高人民法院关于适用〈中华人民共和国民事诉讼法〉的解释》

第四百三十九条　支付令失效后，申请支付令的一方当事人自收到终结督促程序裁定之日起七日内未向受理申请的人民法院表明不同意提起诉讼的，视为向受理申请的人民法院起诉。

债权人提出支付令申请的时间，即为向人民法院起诉的时间。

综上，如果债权债务关系明确，债权人与债务人双方争议不大，均可以通过向法院申请支付令的方式，不用开庭即可快速拿到申请强制执行的法律依据，为债权主张缩短了解决周期。

第十六计　保全类策略

作者的话

> 仲裁或诉讼赢了是否一定就是最后的赢家？打过官司的人都知道，诉讼或仲裁事项，对财产和证据及时保全，对怎么裁、怎么判，对仲裁或判决后的执行至关重要。现实生活中因为最终执行不到任何财产的案例比比皆是，债务人没有可供执行的财产是原因之一，而即使债务人有财产，由于诉讼或仲裁程序周期长，债务人有充足的时间去做各种规避也是重要原因。因此，在诉讼或仲裁开始前或进行过程中申请财产、证据保全，对官司的胜败及未来债权的实现尤为关键。

一、什么是保全

民事诉讼法中的保全，按照保全标的的不同，可以划分为财产保全、行为保全和证据保全。

财产保全就是指人民法院为了保证将来的生效判决能够得到切实执行，或者为及时、有效地避免利害关系人或者当事人的合法权益受到难以弥补的损害，根据当事人或利害关系人的申请，所采取的限制有关财产处分或者转移的强制性措施。

典型案例

铁蛋向翠花借20万元，说好了借三个月，但三个月期满之后，铁蛋一直以种种借口拖延不还，某天翠花看到铁蛋在朋友圈要卖掉唯一的房子，如果铁蛋的房子卖掉，那翠花的20万元想要追回就希望渺茫了，翠花咨询过律师后，立即向法院申请诉前财产保全，查封了铁蛋的房子，为后期债权实现提供了保障。

行为保全是指对于完成行为的给付请求，因被申请人的行为或者其他原因，可能导致申请人的合法权益遭受难以弥补的损害，使判决不能执行或者难以执行，申请人可以向法院申请制止某种行为或者要求作出某种行为，保全内容为"要求协助执行对象履行作出一定积极行为义务，或禁止作出一定行为的消极义务"。

> **典型案例**

2015年，翠花和铁蛋均通过网店开设店铺销售阿胶糕包装盒，自2017年12月起，铁蛋以著作权侵权为由通过网店知识产权保护平台对翠花的店铺共发起了23次投诉，导致翠花店铺内12条热销商品链接被删除。翠花对业绩因此急速下滑而忧心如焚，在咨询过律师后，翠花以铁蛋构成不正当竞争为由，向法院申请诉前行为保全，请求责令铁蛋立即停止针对其开设的网店商品链接提起的知识产权侵权投诉。

法院经审查后认为，翠花的请求具有相应的事实基础和法律依据，铁蛋与翠花均开设网店店铺销售阿胶糕包装盒，二者具有同业竞争关系。铁蛋使用部分变造、伪造的权属证明、发表证明、授权证明等材料多次对翠花的淘宝店铺进行著作权侵权投诉，致使翠花的部分商品链接被淘宝公司下架删除，从而达到清除竞争对手、取得竞争优势、抢占市场份额的目的，涉嫌构成不正当竞争。不采取保全措施会对翠花造成难以弥补的损害。法院遂裁定：铁蛋立即停止针对翠花网店店铺提起知识产权侵权投诉的行为。翠花通过申请行为保全实现了及时止损的目的。

证据保全是指在证据可能灭失或者以后难以取得的情况下，当事人可以在诉讼过程中向人民法院申请保全证据，人民法院也可以主动采取保全措施。证据保全由司法机关依法收存、固定证据资料以保持其真实性和证明力。当诉讼上可作为证据的资料有消失或日后难以取得的可能时，司法机关可依诉讼参加人的申请或依职权，预先采取保全措施，以保证证据的真实性。

> **典型案例**

2020年5月，杨某承包了某公司某项目的部分基础建设及安装工程，工程竣工后，杨某在撤出施工工地时，遭到李某的阻拦，李某以杨某之前拖欠其机械租赁费为由，将杨某价值400余万元的大型机械设备扣留在施工地。

杨某担心被扣留的设备遗失或被李某隐匿、变卖，更顾虑每扣留一天都会产生的高额租赁费，立即委托律所代为处理李某扣留设备事宜。律师迅速和设备扣留地公证处及法院立案庭沟通证据保全一事，并在接受委托当日，整理相关证据材料，向管辖地法院申请诉前证据保全。鉴于被李某扣留设备价值较大，为避免损失扩大，法院结合律师提出的请求，迅速组织双方进行诉前调解，在意识到自己的扣留行为可能会给自己带来巨额赔偿责任的李某，在否认扣留行为系自己所为的同时，与杨某达成不会阻拦机械设备撤出工地的协议，杨某在法院指定期限内将设备全部撤离工地。

二、诉讼财产保全

按照诉讼阶段的不同，保全划分为诉前保全、诉中保全以及执行前的保全。

1. 诉前保全

诉前财产保全是指利害关系人因情况紧急，不立即申请财产保全将会使其合法权益受到难以弥补的损害的，可以在起诉前向被保全财产所在地、被申请人住所地或者对案件有管辖权的人民法院提出申请，人民法院对被申请人的财产采取限制当事人处分的强制性措施。

由于利害关系人的申请与最终被认定的实体权利并不一定完全一致，采取诉前财产保全措施可能造成被申请人的财产损失，因此，利害关系人在申请诉前财产保全的同时必须提供担保，以便于在申请错误时赔偿因诉前财产保全措施给被申请人带来的财产损失。

典型案例

李四公司在2018年始就从张三公司陆续购买绿化苗木，在支付了一部分苗木款后，李四公司对2019年年底双方对账时确定的尾款，一直不予支付，打电话不接、发短信不回、找上门不搭理，张三公司气愤不已，委托律师处理相关事宜。律师通过查询，收集到李四公司的财产线索，并迅速向法院提交了诉前财产保全申请，法院经审查，冻结了李四公司的银行账户。李四公司获知银行账户被冻结，立即主动和张三公司协商还款问题，经过两轮沟通，最终达成分两期还清的和解协议。

> **相关规定**

《中华人民共和国民事诉讼法》

第一百零四条 利害关系人因情况紧急，不立即申请保全将会使其合法权益受到难以弥补的损害的，可以在提起诉讼或者申请仲裁前向被保全财产所在地、被申请人住所地或者对案件有管辖权的人民法院申请采取保全措施。申请人应当提供担保，不提供担保的，裁定驳回申请。

人民法院接受申请后，必须在四十八小时内作出裁定；裁定采取保全措施的，应当立即开始执行。

申请人在人民法院采取保全措施后三十日内不依法提起诉讼或者申请仲裁的，人民法院应当解除保全。

2. 诉中保全

诉中财产保全，是指人民法院在受理案件之后、判决生效之前，在一审或二审程序中，对当事人的财产或者争执标的物采取限制当事人处分的强制性措施。

民事案件从人民法院受理到作出生效判决需要经过几个月甚至更长的时间。法院判决生效后，如果债务人不履行义务，债权人申请强制执行又需要一段时间。在这一过程中，如果债务人隐匿、转移或者挥霍争议中的财产或者以后用于执行的财产得不到制止，不仅会激化当事人双方的矛盾，而且可能会使生效的判决不能得到执行。有些争执标的物，如水果、水产品等，容易腐烂变质，就必须及时处理，保存价款，以减少当事人的损失。

> **相关规定**

《中华人民共和国民事诉讼法》

第一百零三条 人民法院对于可能因当事人一方的行为或者其他原因，使判决难以执行或者造成当事人其他损害的案件，根据对方当事人的申请，可以裁定对其财产进行保全、责令其作出一定行为或者禁止其作出一定行为；当事人没有提出申请的，人民法院在必要时也可以裁定采取保全措施。

人民法院采取保全措施，可以责令申请人提供担保，申请人不提供担保的，裁定驳回申请。

人民法院接受申请后，对情况紧急的，必须在四十八小时内作出裁定；裁定采取保全措施的，应当立即开始执行。

3. 执行前财产保全

执行前财产保全，是指作为民事执行依据的法律文书生效后至申请执行前，可能因债务人的行为或者其他原因，使法律文书不能执行或者难以执行，债权人可以向有执行管辖权的人民法院申请保全债务人的财产。

申请执行前财产保全的原因是作为执行依据的法律文书在已生效但尚不能申请执行期间，可能因义务人一方的行为或其他原因，使判决不能执行或者难以执行，请求保全的财产是义务人的财产或者法律文书确定的义务人应交付的标的物。

三、仲裁财产保全

仲裁财产保全，是指在仲裁机构仲裁案件过程中，为保证生效仲裁裁决书或调解书的顺利执行，依一方当事人的申请，由人民法院裁定，对被申请人的财产采取限制处分的强制性措施。仲裁保全办理流程：

（1）申请人必须向仲裁机构提交如下材料：仲裁申请书；证据材料；代理人委托手续材料；财产保全申请书两份；财产线索等。

（2）仲裁机构收到申请人的保全申请材料后出具正式函件，并附带保全申请材料，国内仲裁事项转递给被申请人住所地或被申请保全的财产所在地的基层人民法院裁定并执行，涉外仲裁事项转递给被申请人住所地或被申请保全的财产所在地的中级人民法院裁定并执行。

> **相关规定**

《中华人民共和国仲裁法》

第二十八条 一方当事人因另一方当事人的行为或者其他原因，可能使裁决不能执行或者难以执行的，可以申请财产保全。

当事人申请财产保全的，仲裁委员会应当将当事人的申请依照民事诉讼法的有关规定提交人民法院。

申请有错误的，申请人应当赔偿被申请人因财产保全所遭受的损失。

《最高人民法院关于人民法院办理财产保全案件若干问题的规定》

第三条 仲裁过程中，当事人申请财产保全的，应当通过仲裁机构向人民法院提交申请书及仲裁案件受理通知书等相关材料。人民法院裁定采取保全措施或者裁定驳回申请的，应当将裁定书送达当事人，并通知仲裁机构。

四、财产保全的时间限制

1. **法院审查期限**

法院接受诉前财产保全申请后，应当立即审查。符合条件的，应当在接到诉前财产保全申请后 48 小时内作出裁定。裁定采取保全措施的，应当立即开始执行。

2. **诉前财产保全申请提出后的权利行使**

申请人必须在提出诉前财产保全且人民法院采取保全措施后 30 天内依法提起诉讼或者申请仲裁，否则人民法院会解除保全。

3. **保全期限届满但案件尚未审结的续行保全**

（1）续行保全申请，申请人应当在保全期限届满 7 日前向人民法院提出。法院准予财产保全之后还需要注意财产保全续封时间。人民法院对被保全人进行财产保全措施后，还会将保全裁定一并送达双方当事人。申请人收到文书后要认真核对，记好保全期限，期限届满前案件尚未审结需延长的，须在人民法院指定期限内向法院提出申请。期限内未提出续保申请的，造成保全自然消失及财产被转移等，该风险由申请人自行承担。

（2）续行保全申请在一审、二审程序衔接时提出的处理。一审法院作出判决后，一方或双方当事人提出上诉，但一审案卷尚未报送至二审法院之前，一方当事人基于案件执行等原因向一审法院申请财产保全，审查及执行工作由一审法院负责。

> **相关规定**

《最高人民法院关于人民法院办理财产保全案件若干问题的规定》

第十八条 申请保全人申请续行财产保全的，应当在保全期限届满七日前向人民法院提出；逾期申请或者不申请的，自行承担不能续行保全的法律后果。

人民法院进行财产保全时，应当书面告知申请保全人明确的保全期限届满日以及前款有关申请续行保全的事项。

《最高人民法院关于适用〈中华人民共和国民事诉讼法〉的解释》

第一百六十一条 对当事人不服一审判决提起上诉的案件，在第二审人民法院接到报送的案件之前，当事人有转移、隐匿、出卖或者毁损财产等行为，必须采取保全措施的，由第一审人民法院依当事人申请或者依职权采取。第一审人民法院的保全裁定，应当及时报送第二审人民法院。

五、申请保全需要满足的条件

第一，必须是情况紧急，不立即采取相应的保全措施，将会使利害关系人合法权益受到难以弥补的损害。常见的情形有：被申请人名下与本案争议有关的财产或其他财产正在不动产管理、市场监管等部门办理转让过户手续、被申请人正在实施转移财产、搬运设备的行为等。

第二，需要采取财产保全的事项必须具有给付内容，即申请人将来提起案件的诉讼请求具有财产给付内容。

第三，由利害关系人提出财产保全申请。利害关系人，即与被申请人发生争议，或者认为权利受到被申请人侵犯的人。

第四，申请人应提供对方当事人的财产线索。首先，申请保全的财产必须是属于对方当事人的财产；其次，从财产类型上来说，既可以是银行账户、支付宝账户、微信账户、股票账户、车辆、机械设备、生产原料、不动产等有形财产，也可以是股权、商标权、专利权、到期债权等无形财产。

第五，申请人应提供有效担保。因为保全时要对对方当事人财产进行控制，为了防止滥用保全权利，令对方当事人遭受不必要的损失，法律规定除追索赡养费、扶养费、抚育费、抚恤金、医疗费用、劳动报酬、工伤赔偿、交通事故人身损害赔偿；婚姻家庭纠纷案件中遭遇家庭暴力且经济困难的；人民检察院提起的公益诉讼涉及损害赔偿的；因见义勇为遭受侵害请求损害赔偿的；案件事实清楚、权利义务关系明确，发生保全错误可能性较小的；申请保全人为商业银行、保险公司等由金融监管部门批准设立的具有独立偿付债务能力的金融机构及其分支机构的等特殊情况外，申请人申请财产保全应当提供相应的财产担保。

诉前或仲裁前申请保全，需提供与保全金额等值的担保，提供不动产担保的，需提供与保全金额相符且无抵押的不动产作为担保，申请保险公司提供担保的，则需支付一定的保费，由保险公司提供信用担保。

诉中或仲裁中申请保全，担保数额不超过请求保全数额的30%，申请保全的财产系争议标的的，担保数额不超过争议标的价值的30%。

> **相关规定**

《最高人民法院关于人民法院办理财产保全案件若干问题的规定》

第五条 人民法院依照民事诉讼法第一百条规定责令申请保全人提供财产保全担保的，担保数额不超过请求保全数额的百分之三十；申请保全的财产系争议标的的，担保数额不超过争议标的价值的百分之三十。

利害关系人申请诉前财产保全的，应当提供相当于请求保全数额的担保；情况特殊的，人民法院可以酌情处理。

财产保全期间，申请保全人提供的担保不足以赔偿可能给被保全人造成的损失的，人民法院可以责令其追加相应的担保；拒不追加的，可以裁定解除或者部分解除保全。

六、被保全的财产类型

1. 养老保险

在现实生活中,债务人名下诸如银行账户、不动产等均无财产可保全的情况下,申请冻结债务人养老金账户存款,为债权实现提供了保障。

典型案例

张三与李四系同事关系,2018年3月,张三因生活所需向李四借款5万元,约定使用期限为半年,借款期限到期后,张三分文未还。2019年年初,张三突发疾病去世。李四为此事委托律所全权处理,律师代李四将张三的第一顺序继承人作为被告提起了诉讼,并同时申请法院冻结张三养老保险5万元,法院经审查,冻结了张三个人账户内企业职工养老保险5万元。保全裁定向张三继承人送达后,张三的继承人立即正面积极与李四协商,最终在法院主持下达成和解协议,张三的继承人也在协议签订后半个月内还清了李四的5万元借款及相应利息。

2. 住房公积金

根据相关法律法规规定,职工个人缴存的住房公积金和职工所在单位为职工缴存的住房公积金,属于职工个人所有。

作为职工个人所有财产,在职工作为债务人未积极履行债务的情况下,人民法院可根据债权人的申请及案件执行的需要,冻结职工个人住房公积金。

典型案例

2022年1月,铁蛋在装修房屋期间,从翠花经营的瓷砖经销部购买了共计价值56000元的瓷砖,约定装修结束即付清货款。2022年6月,铁蛋装修完毕并入住,但拖欠翠花的瓷砖款一直以资金匮乏为由迟迟不肯支付。翠花一纸诉状将铁蛋告上法庭,并同时申请法院冻结铁蛋住房公积金56000元。法院经审查,将铁蛋的住房公积金56000元予以冻结。住房公积金被冻结后,铁蛋与翠花达成一月内支付欠款的还款协议,并按约定履行了还款义务。

3. 银行存款

（1）银行存款的冻结

保全对象为银行存款的，申请人需要向法院提供被申请人的银行账户户名、银行账号及开户行。执行法院根据申请保全人提供的详细账户信息，首先通过网络执行查控系统确认账户能否被系统查询并进行网络冻结。实践中，存在因银行反馈不全面等原因，网络执行查控系统无法查明被保全人名下所有账户的情况。对于系统无法查询或不支持网络冻结的银行账户，执行法院需要向相关银行出具冻结裁定及协助冻结通知书，以保全裁定载明金额为限要求银行协助冻结被保全人名下的银行账户内资金。

（2）不能被冻结的情形

除法律另有规定外，执行法院原则上不得对以下特殊账户或特殊资金采取冻结措施：（1）金融机构存款准备金、备付金不得冻结扣划；（2）社会保险基金不得冻结、扣划；（3）国有企业下岗职工基本生活保障资金不得冻结、扣划；（4）国库库款不得冻结、扣划；（5）"工会经费集中户"不得因企业欠债冻结、扣划；（6）信托财产非因法定原因不得冻结、扣划；（7）旅行社质量保证金非特定原因不得扣划；（8）证券投资基金财产非因自身债务不得冻结、扣划；（9）信用证开证保证金可冻结不得扣划；（10）银行承兑汇票保证金可以冻结不得扣划；（11）信用卡账户不宜冻结、扣划；（12）法院已受理破产申请企业的存款不得冻结、扣划；（13）政府财政经费账户：不得对政府财政经费账户采取强制执行措施，但可以执行政府财政经费以外账户内的存款；（14）空难死亡赔偿金：获得空难死亡赔偿金的权利人是死者近亲属，而非死者，不应作为死者的财产进行执行；（15）党费；（16）军队、武警部队的存款：限于"特种存款"不能被冻结或扣划；（17）封闭贷款结算专户基金：不得执行被执行人的封闭贷款结算专户中的款项；（18）期货交易所会员的期货保证金：期货公司为债务人，法院不支持冻结、划拨客户在期货公司保证金账户中的资金；（19）非结算会员的保证金：会员分级结算制度的期货交易所的结算会员为债务人，法院不支持冻结、划拨非结算会员在结算会员保证金账户中的资金；（20）结算担保金：实行会员分级结算制度的期货交易所或者其结算会员为债务人,法院不支持冻结、划拨期货交易所向其结算会员依法收取的结算担保金。

4. 不动产

(1) 不动产价值的确定

不动产价值,执行法院会结合该不动产的具体位置、面积、相关税费、户型结构并参照相同地段、类似面积的其他同一类型不动产近期交易价格进行确定。

(2) 不动产的查封

保全对象为房产的,申请人需要提供房产权利人、房产坐落位置、产权证及产调材料,法院作出裁定时会通知房屋管理部门协助执行,禁止将被查封房屋再转移登记。除房屋与土地所有权分别属于被保全人、第三人情形外,房屋查封效力及于地上建筑物使用范围内的土地使用权。

保全对象为土地时,申请人需要向法院提供土地宗地号、土地权属性质、宗地面积、是否有在建工程及在建工程估价。

若该土地仅为空地,执行法院向土地所属区域的自然资源确权登记事务中心送达协助执行通知书及查封裁定,要求协助查封土地使用权。若该土地上存在无证建筑物或在建工程,根据房地一体原则,执行法院一并查封地上建筑物(包括竣工工程和在建无证建筑物)和土地使用权。

5. 动产

(1) 动产价值的确定

对于车辆、船舶等特殊动产的价值,执行法院需要综合类型品牌、使用年限、牌照价值、市场交易价格等加以确定。

(2) 动产的查封与扣押

申请保全人申请保全动产的,应当提供该动产的权属证明、实际控制人、占有使用情况及具体位置。

保全对象为已经办理登记的机动车的,需要提供权利人、车牌号;如果需要扣押车辆的,还需要提供车辆照片、车辆位置及车辆具体存放保管地。车辆执行法院向车辆管理部门送达查封裁定及协助执行通知书。申请保全人能够提供车辆具体所在地的,执行法院应对车辆予以扣押并张贴封条或公告,由法院直接保管或委托第三人保管，保管期间禁止使用，车辆保管所产生的费用作为实际支出费用，将在执行中优先支付。扣押尚未进行权属登记的车辆，经被保全人申请，扣押期间准许办理权属登记手续。

保全对象为机器设备的，应提供该设备的权属信息、设备型号、数量、占有使用情况，执行法院应制作清单载明品名、型号、数量等，并在相关动产上张贴封条或公告。

保全对象为其他未办理登记的动产的，应由申请保全人提供权属证明。若被保全人承认动产归其所有或动产虽保管于第三人处但第三人认可归被保全人所有的，执行法院可采取查封、扣押措施。

若被查封的动产价值明显高于案件标的，继续使用不影响财产变现的，执行法院可能会采取"软查封"方式；若继续使用将导致动产价值贬损，执行法院会结合动产价值贬损后能否覆盖保全标的额以及对被保全人生产、生活的影响程度决定是否扣押财产。

6. 股票、有价证券、金融理财

申请保全股票、有价证券或金融理财的，申请人需要提供证券账户号、证券代码、证券类别、股数、债权品种的记名债券等信息。

（1）股票价值确定

上市公司股票的价值以冻结前一交易日收盘价为基准，结合股票市场行情，一般在不超过20%的幅度内合理确定。对于质押股票的冻结，需按照冻结非质押股票的计算方式，在协助执行通知书中载明需要冻结的股票数量。

相关规定

《最高人民法院关于在执行工作中进一步强化善意文明执行理念的意见》

7.（1）严禁超标的冻结。冻结上市公司股票，应当以其价值足以清偿生效法律文书确定的债权额为限。股票价值应当以冻结前一交易日收盘价为基准，结合股票市场行情，一般在不超过20%的幅度内合理确定。股票冻结后，其价值发生重大变化的，经当事人申请，人民法院可以追加冻结或者解除部分冻结。

《最高人民法院、最高人民检察院、公安部、中国证券监督管理委员会关于进一步规范人民法院冻结上市公司质押股票工作的意见》

第二条第一款 人民法院冻结质押股票时，在协助执行通知书中应当明确案件债权额及执行费用，证券账户持有人名称（姓名）、账户号码，冻结股票的名称、证券代码，需要冻结的数量、冻结期限等信息。

(2) 上市公司股票的冻结

在冻结前向结算公司和证券公司查询证券账户、证券交收账户和资金交收账户内的余额、余额变动、证券及资金流向、开户资料等内容，以确保冻结股票的权属、数量、性质等信息的准确性。

> **相关规定**

《最高人民法院、最高人民检察院、公安部、中国证券监督管理委员会关于查询、冻结、扣划证券和证券交易结算资金有关问题的通知》

三、人民法院、人民检察院、公安机关可以依法向证券登记结算机构查询客户和证券公司的证券账户、证券交收账户和资金交收账户内已完成清算交收程序的余额、余额变动、开户资料等内容。

人民法院、人民检察院、公安机关可依法向证券公司查询客户的证券账户和资金账户、证券交收账户和资金交收账户内的余额、余额变动、证券及资金流向、开户资料等内容。

查询自然人账户的，应当提供自然人姓名和身份证件号码；查询法人账户的，应当提供法人名称和营业执照或者法人注册登记证书号码。

证券登记结算机构或者证券公司应当出具书面查询结果并加盖业务专用章。查询机关对查询结果有疑问时，证券登记结算机构、证券公司在必要时应当进行书面解释并加盖业务专用章。

(3) 冻结效力

执行法院通过证券公司冻结上市公司股票的，冻结效力即刻生效，股票冻结后无法进行交易；通过中登公司协助冻结的，冻结效力在当日收市15：00完成清算交收后方能生效，股票在当日15：00之前仍然可以交易。多家法院就同一股票于同一交易日分别向证券公司和中国证券登记结算有限责任公司送达法律文书要求协助冻结的，首先向证券公司送达冻结法律文书的执行法院的冻结为生效冻结，其余均为轮候冻结。

7. 股权

本篇股权仅指非上市有限责任公司股权、股份有限公司股份及合伙企业的财产份额等。申请保全股权的，申请人需要提供公司的工商登记信息及持有股权比例信息。

股权冻结自公示系统公示时发生法律效力，若多家法院对被保全人持有的同一股权采取冻结措施，以在公示系统先办理公示的为在先冻结。非上市股份有限公司的股权冻结顺位，亦适用公示在先的为生效冻结、其余均为轮候冻结的确定规则。

相关规定

《最高人民法院关于人民法院强制执行股权若干问题的规定》

第六条 人民法院冻结被执行人的股权，应当向公司登记机关送达裁定书和协助执行通知书，要求其在国家企业信用信息公示系统进行公示。股权冻结自在公示系统公示时发生法律效力。多个人民法院冻结同一股权的，以在公示系统先办理公示的为在先冻结。

依照前款规定冻结被执行人股权的，应当及时向被执行人、申请执行人送达裁定书，并将股权冻结情况书面通知股权所在公司。

8. 债权

申请保全债权的，申请人需要提供被保全人持有该债权的依据及债权到期的依据，被保全的债权金额不得超过被保全人所享有的债权总额。被保全人与他人共同享有债权的，执行法院仅能就被保全人所享有的债权采取冻结措施。

冻结被保全人享有的债权时，执行法院应当向次债务人送达协助执行通知书及冻结裁定。债权的到期与否不影响执行法院采取冻结措施。

法院冻结被保全人享有的债权时，应向次债务人释明擅自履行的法律后果。保全债权所产生的法律效果在于禁止次债务人在冻结期限内直接向债务人清偿债务；次债务人要求清偿的，可由执行法院进行提存。次债务存在保证人的，执行法院无权直接查封保证人的财产。

> **相关规定**

《最高人民法院关于适用〈中华人民共和国民事诉讼法〉的解释》

第一百五十九条 债务人的财产不能满足保全请求，但对他人有到期债权的，人民法院可以依债权人的申请裁定该他人不得对本案债务人清偿。该他人要求偿付的，由人民法院提存财物或者价款。

第四百九十九条 人民法院执行被执行人对他人的到期债权，可以作出冻结债权的裁定，并通知该他人向申请执行人履行。

该他人对到期债权有异议，申请执行人请求对异议部分强制执行的，人民法院不予支持。利害关系人对到期债权有异议的，人民法院应当按照民事诉讼法第二百三十四条规定处理。

对生效法律文书确定的到期债权，该他人予以否认的，人民法院不予支持。

9. 商标权、专利权等知识产权

商标权、专利权是司法实践中常见的知识产权保全对象，申请人提出申请时需要提供权利证书登记号码及名称。申请保全著作权的，由于著作权兼具人身性与财产性的特征，执行法院只能就其中的财产权部分进行冻结。

申请保全人申请冻结商标权或专利权的，执行法院应当制作保全裁定书和协助执行通知书，向国家知识产权局商标局或国家知识产权局专利局送达并要求协助办理冻结。协助执行通知书需注明商标或专利的名称、注册人或申请人、注册号或申请号、保全期限及协助执行保全的内容。冻结著作权的，执行法院应当向中国版权保护中心送达保全裁定书和协助执行通知书，并注明作品名称、登记号等内容。

综上，充分运用保全制度，才能让债权实现多一重保障，继而避免赢了官司却拿不回钱的风险。

第十七计　解决公司债务的要点（股东、个体户）

作者的话

> 债权债务关系是公司经营活动中最普遍存在的一种经济关系，可以说这种债权债务的经济关系既让公司经营者欢喜，也让其感到忧愁。因为这种债权债务关系对公司的经营情况来说是存在一定风险的，但是这种风险又没有有效的办法可以彻底消除。公司的运作、资金等需要它，而公司的债务等经济纠纷亦是来源于它。可以说，公司的债权债务让经营者们是又爱又恨！当公司有了债务，我们又当如何解决呢？本节便从非法律层面及法律层面分别向大家介绍如何有效的解决公司债务，下面我们先说说在非法律层面如何有效的解决公司债务。

从非法律层面，简单来说就是在公司产生债权债务初期，如何更好地加强内、外部的风险防范。经济周期循环往复，在上升周期时，经济加速发展，公司利润持续增长；在下降周期时，宏观经济增速下降，公司在该经济情势下，资金供应吃紧、投资减少，导致公司利润下降甚至出现了亏损。这就要求公司在宏观经济的环境下，加强公司自身对内、外部的风险防范。

一、加强公司内部的风险防控措施，可以有效地预防、解决公司债务的发生

1. 建立财务评价体系

财务支付能力是衡量企业财务状况的一项重要指标，也是对公司经营状况的客观反映。公司可以先从自身财务系统中建立一个以现金支付能力为标准的公司财务评价体系，在建立该财务评价体系后，公司可以对经营现状所反映出的各项数据进行记录并持续跟进。在财务评价体系中包括付现能力分析、变现能力分析、现金流量预测分析等关键评价标准。

其中付现能力分析通过对公司现金流动负债比、现金债务总额比的分析，

结合公司的实际确定现金支付比率范围，以现金支付率来动态控制公司现金持有决策。变现能力分析对速动资产真正能在一年内变现的资产进行分析，分析应收账款的账龄，对其中拖欠时间长，回收无望的账款做特别处理，从而向经营者提供一个可以准确判断公司债权债务情况的客观标准，以进一步确定优先解决那部分债权债务的缓急程度。

2. 建立资金管理体系

公司在法律上可以看作一个"人"，这个人就是我们常说的法人。如果说公司是一个人的话，那资金便是公司的血液。作为公司而言，提高公司资金运行效益，能够让资金真正地"活"起来，使钱能生钱，保证资金合理、安全使用是增强公司抵御财务风险能力的必要措施。

公司可以成立自己的内部资金结算中心，通过规模运作，加强资金调度，降低公司运营中的整体资金成本。而在资金的管理上，公司必须明确财务总监、财务主管等工作人员的职责权限，保障其能有效地发挥作用，同时建立资金预算管理、资金划拨管理、借还款管理和资金管理评价制度，规范资金业务流程，实现资金的预算控制、日常业务管理控制和资金支付风险控制。

3. 公司应当建立风险评估体系

公司应当建立一套完整的风险评估体系，对经营风险、财务风险、市场风险、政策法规风险和债务风险等进行持续的监控、跟踪。以债务风险为例，当公司为债权人时，公司法务部、贷后管理部门或者风险控制部门的工作人员应当对债务人的经济状况、财务管理状况，以及其偿还银行贷款或者偿付他人债务等情况进行全方位的把控、持续的跟踪。

一旦发现公司的债务人可能要将资金偿还他人的债权或者用于其他投资项目，公司的相应工作人员应当将此情况及时反馈给经营者，以便于经营者快速判断、及时决策，从而避免公司债务成为呆账、坏账的风险。

4. 加强成本控制管理

公司应建立有效的内部成本控制管理体系，制定科学的目标利润管理指标，生产过程实行严格的成本核算和监控制度。在准备项目投资或者运营过程中，首先，要考虑合同履行期限、债务方经营条件、目标责任成本等因素，制定出科学先进、经济合理的项目合作方案，达到缩短回款期限、提高双方的合作质量、降低成本的目的。其次，公司要大力推行责任成本管理，及时开展项目回款等工作，把成本费用控制在责任成本范围内。最后，在项目投资或者合作过程中要尽可能地对债务人的公司经营状况、财务状况等实施监管措施。

二、建立健全公司外部的风险管理制度，是公司债务强有力的解决之道

1. 规范经济类合同的形式和实质要件

合同的签署是经济交易中必不可少的环节，作为公司的经营者，应当先在公司内部加强对合同相关法律知识的培训，增强公司合同管理的法律意识。合同双方主体的姓名或者名称和住所、合同标的、数量、质量、合同约定的价款或者报酬、合同的履行期限、地点、和方式、违约后需承担的责任等都需要在合同中进行明确且详细的约定。合同在经济关系中的重要性便可想而知了。

所以，如何使经营合同规范化，就要实行合同规范要求：一是正确签订合同，履行经济合同，按照合同等相关法律规定进行经济交易，依法解决并且提高合同的签约率和履行率。二是必须要使用规范的合同文本，将所交易的具体事项详尽、清晰地记入合同中。三是公司委派员工签订合同之时，必须有公司的授权委托书，以此来避免不必要的法律纠纷。因此，在签订合同时，该公司员工必须提供《授权委托书》后方能行使签订合同的权力。

公司应当加强对经济合同订立、履行等过程进行全面、有效的监督管理，有利于对因经济合同引起的责任进行分析、审查，为处理因合同引起的债务纠纷提供依据。

2. 加强应收账款的管理

在市场经济的宏观条件下，由于各行业公司间竞争的需要，公司往往将

赊销作为一种重要的销售手段。为此，公司应当权衡由于采用应收账款给公司带来的收益和风险信用的成本。

公司也可根据不同的情况制定符合当下的赊销方案，使公司在尽可能利用应收账款扩大销售规模的同时，确保垫付应收账款的资金安全。这就需要针对公司自身的特点，制定适应本公司的信用规定。比如，确定平均应收账款回款期，即赊销期限，提高流动资金的周转率，给予合理的现金折扣，从而加强应收账款的回款。也可以区分不同债务人的信用状况给予适度的信用限额，或者分等级采用不同的销售方式。

公司还可以完善赊销手续，在订立经济合同时，从应收账款回款的安全度考虑风险因素，制定对债务人的约束条件，严格注明交货方式、品名、交货环节和违约责任。

3. 加强公司债务约束

债务约束是指当应收账款等债务到期时，债务人能否有足够的支付能力。强化公司债务的约束措施，要求公司必须建立一种强有力的、可以使债务人到期偿还债务的机制。一般常见的便是通过诉讼等法律手段，由债权人对债务人迟延履行付款义务的行为向人民法院提起诉讼。

其实，对于公司当前债务纠纷，之所以得不到较好的解决，导致像应收账款等此类债务形成公司的"债务链"最重要、也是最直接的原因是因债务人完全丧失了偿还债务的能力。

因此，解决债务纠纷的根本出路就在于增强公司的盈利能力和偿债能力。这就要求公司在解决债务时必须对债务人的经营情况、财务情况甚至是其负债情况进行全方位重点把控，不能放松对债务人偿债能力的持续跟踪。一旦发现债务人出现资不抵债或者经营情况不善甚至转移财产等情况，必须及时做出反应，采取诉讼等有效措施，使得公司能够快速解决债务，从而使实现公司债权。

以上介绍的都是在非法律层面上如何能够有效地解决公司债务，下面将详尽地说明在法律层面上，作为公司，如何快速、有效地解决债务。

三、通过和解解决公司债务纠纷

和解就是诉讼当事人之间为处理和结束诉讼而达成的解决争议问题的妥协或协议，也指当事人在自愿互谅的基础上，就已经发生的争议进行协商并达成协议，自行解决争议的一种方式。一般来说，和解的结果是撤回起诉或中止诉讼而无须判决。在这种情况下，和解作为当事人之间有约束力的契约，可以防止重新提出诉讼。当事人双方也可以将和解的条款写入一个协议判决，由人民法院记录在卷。

因为和解是建立在债权债务当事人自愿、互谅的基础上，可以直接进行协商或邀请第三人从中斡旋达成和解协议，从而快速解决公司债务纠纷。当公司的债权到期或即将到期时，债务人暂无能力偿还债务但有还款诚意的时候，债权人可以就履行债务的期限、方式、数额等同债务人进行磋商，敦促债务人履行债务或签订还款协议。如果该债权有抵押担保或者有第三人提供担保的，债权人可与抵押人或者保证人进行协商，使抵押人以足额的抵押资产抵偿债务，或者由保证人来代偿债务。

四、充分利用人民法院的调解

公司作为债权人可向所在地的人民调解委员会提出书面调解申请。根据《人民调解工作若干规定》第五条之规定，根据《最高人民法院关于审理涉及人民调解协议的民事案件的若干规定》，经人民调解委员会调解达成的、有民事权利义务内容，并由双方当事人签字或者盖章的调解协议，具有民事合同性质。当事人应当按照约定履行自己的义务，不得擅自变更或者解除调解协议。

由此可见，债权债务当事双方一旦在人民法院或者人民调解委员会的调解下达成调解协议后，任何一方都无法擅自变更或者解除该调解协议。

申请调解应当具备如下条件：(1) 有明确的被申请调解人，如公民、法人等的基本情况。(2) 有具体的调解要求，如要求被申请人履行还款义务等。(3) 有提出调解申请的事实依据，如借款合同、担保协议等。(4) 该纠纷属于人民调解委员会的受理范围。经调解达成协议后债务人应按约履行义务，不得擅自变更或解除协议。对于签订协议后债务人又反悔或部分反悔的，债权人可以向人民法院起诉，请求判令对方当事人履行调解协议。

五、可以向仲裁委员会申请仲裁裁决

仲裁实行协议管辖，也就是说，公司作为债权人在向仲裁委员会申请仲裁裁决的前提，是在合同中明确约定当事人双方发生争议或者纠纷时，应当向仲裁委员会申请仲裁。仲裁还具有专家断案的特点，也就是说，在民商事纠纷中往往涉及特殊的知识领域，会遇到许多复杂的法律、经济贸易和有关的技术性问题，所以专家裁判更能体现专业权威性。因此，由具有一定专业水平和能力的专家担任仲裁员是仲裁公正性的重要保障。根据《中华人民共和国仲裁法》的规定，仲裁机构都备有分专业的、由专家组成的仲裁员名册供当事人进行选择，专家仲裁由此成为民商事仲裁的重要特点之一。仲裁一裁终局，即仲裁裁决一经仲裁庭作出即发生法律效力，这使得当事人之间的纠纷能够迅速得以解决。仲裁委在审理仲裁案件时是不公开的，相关法律和规则也同时规定了仲裁员及仲裁秘书人员的保密义务。对公司而言，其在经济交往中的商业秘密和贸易活动不会因仲裁活动而泄露，仲裁表现出极强的保密性。

另外，仲裁解决纠纷还具有时间短、速度快、成本低、程序简便、方式灵活、保密等特点。也因仲裁具有诸多优势，公司以此种方式解决公司债务，不失为一个较好的选择。

根据《中华人民共和国仲裁法》的规定，仲裁统一实行或裁或审、一裁终局制度，同诉讼的两审终审制相比，仲裁更有利于当事人之间迅速解决纠纷。当事人申请仲裁应向仲裁机构递交仲裁协议、申请书及副本。申请书要详细载明当事人的姓名、性别、年龄、职业等情况及事实理由。通过仲裁方式解决债务纠纷，具有较强的保密性，当事双方大多没有激烈的对抗性。

六、通过向人民法院起诉以解决公司债务纠纷

向人民法院诉讼、走司法程序就是老百姓口中常说的"打官司"。公司的债务纠纷诉讼其实属于民商事领域，也就是说打民事官司。对一些较为复杂、疑难或者通过其他途径很难解决的案件，公司作为债权人就可以优先选择向人民法院诉讼来解决。诉讼有以下几个方面的优势：

1. 诉讼程序是两审终审制，若一方对一审判决不服选择上诉，那上诉后的判决或者裁决便是最终的，也就是说，人民法院处理债务纠纷是最终的、具有强制执行力的解决方式。

2. 诉讼时限受法律的严格限制。《中华人民共和国民事诉讼法》规定，法院在受理民事起诉状立案后，民事案件的第一审分为简易程序及普通程序，简易程序的审理期限为 3 个月，普通程序的审理期限为 6 个月，有特殊情况也可延长至 6 个月；而当事人一方或者双方若不服第一审判决的，其可向上一级人民法院提起上诉；不服第一审裁定的，当事人一方或者双方须在 10 日内向上一级人民法院提起上诉，民事案件的二审审理期限为 3 个月。

选择向人民法院提起民事诉讼可以充分全面保护当事人的合法权益，维护司法公正，判决或者裁决的结果生效后具有终局法律效力。另外，若判决债务人需承担金钱给付义务等，其怠于履行时，公司还可以直接向人民法院申请对债务人的强制执行。

七、申请支付令

根据《中华人民共和国民事诉讼法》第二百二十五条之规定，债权人请求债务人给付金钱、有价证券，符合下列条件的，可以向有管辖权的基层人民法院申请支付令：（1）债权人与债务人没有其他债务纠纷的；（2）支付令能够送达债务人的。申请书应当写明请求给付金钱或者有价证券的数量和所根据的事实、证据。

支付令具有同生效判决相同的法律效力。如果债务人在收到支付令之日起 15 日内既不清偿债务又不向人民法院提出书面异议，那么支付令就具有同

生效判决相同的法律效力，即具有拘束力、确定力和执行力。

支付令的拘束力是指人民法院非经法定程序不得变更或者撤销支付令，也不得受理当事人对同一案件的再次起诉。同时，支付令对社会也产生了普遍的拘束力。

支付令的确定力是指支付令生效以后就确认了民事权利义务，债务人必须依据支付令向债权人清偿债务，即使对支付令不服也不能提起上诉或者申请再审。

支付令的执行力即支付令生效后就具有同生效判决一样的强制执行力，债权人自支付令生效之日起有权请求人民法院予以强制执行。

由此可见，支付令的作用主要表现为：

1. 支付令从申请到签发的时间之短是普通诉讼程序无可比拟的，有利于及时地保障债权人实现债权。

2. 确保债务人履行债务。人民法院受理支付令申请后，须征询被申请人对申请支付令的意见。支付令生效后，债务人必须履行偿还债务的义务。

3. 减少讼争。债务人接到支付令后应当自动履行，从而减少讼争，避免讼累。既可以节省当事人的时间、人力和财力，又可降低人民法院审案成本，提高办案效率。

4. 中断诉讼时效。由于支付令是债权人通过法院向债务人主张了权利，从而诉讼时效得以中断。

八、强制执行公证

根据《中华人民共和国民事诉讼法》第二百二十五条和《中华人民共和国公证法》第三十七条的规定，经公证的以给付为内容并载明债务人愿意接受强制执行承诺的债权文书依法具有强制执行效力。债权人或者债务人对该债权文书的内容有争议，直接向人民法院提起民事诉讼的，人民法院不予受理。但公证债权文书确有错误，人民法院裁定不予执行的，当事人、公证事项的利害关系人可以就争议内容向人民法院提起民事诉讼。

强制执行公证，即公证机关根据当事人的申请，对于追偿债款、物品的文书，经审查核实认为无疑议的，对债权文书进行公证，并依法赋予其强制执行效力。

《最高人民法院关于人民法院进一步深化多元化纠纷解决机制改革的意见》第十一条规定："加强与公证机构的对接。支持公证机构对法律行为、事实和文书依法进行核实和证明，支持公证机构对当事人达成的债权债务合同以及具有给付内容的和解协议、调解协议办理债权文书公证，支持公证机构在送达、取证、保全、执行等环节提供公证法律服务，在家事、商事等领域开展公证活动或者调解服务。依法执行公证债权文书。"由此可知，公证债权文书制度不仅极大地维护了债权人权益的实现，更是人民法院利用多元化的手段来减少诉讼的方式之一，所以要充分发挥赋予公证债权文书强制执行效力制度在多元化纠纷解决机制中的作用。

通过本节的介绍，无论是从非法律层面还是法律层面，解决公司债务最先要做到的便是公司自身的风险防控机制。有了健全的风险防控机制后，一旦发生债务人无法按时偿还债务，公司便可以通过本节介绍的各种方法来快速解决公司债务问题。

第十八计 "涉外债务"的解决路径

作者的话

> 欠债人欠债不还，甚至躲到境外，并在朋友圈晒风晒月晒自由，债权人望洋兴叹，那这些债真的要被晒干了吗？现实生活中，债的形成有因合同、侵权行为、无因管理、不当得利以及法律规定的其他多种情形。债权人被欠债的情况不仅涉及国内，甚至有大量的债权债务关系发生在境外。如何追要老百姓眼里的涉外债权，还需要结合具体案例来了解解决路径。

一、哪些债务是涉外债务

1. 发生争议的法律关系主体涉外，该主体国籍或经常居住地涉外，换句话说，债权人或债务人的国籍或经常居住的地方是境外。

2. 系争标的物涉外，如买卖合同中，标的物就是指所买卖的物品，房屋租赁合同中，标的物就是指所租赁的房屋。

3. 发生争议的事项所涉法律关系内容涉外，也即产生、变更、消灭的法律关系的法律事实涉外。比如，赠与、结婚等行为发生在境外。

> 典型案例

翠花是土生土长的甲国居民，与我国内地居民铁蛋一直有买卖丝绸业务。2022年8月，铁蛋再次根据与翠花的约定发货后，翠花只付了三分之一的货款。经铁蛋多次催要，翠花一直以各种理由拒绝支付，铁蛋没有办法，只能通过起诉追要。因翠花是甲国居民，根据《最高人民法院关于适用〈中华人民共和国民事诉讼法〉的解释》，该案属于涉外民事案件。

> 相关规定

《最高人民法院关于适用〈中华人民共和国民事诉讼法〉的解释》

第五百二十条 有下列情形之一，人民法院可以认定为涉外民事案件：

（一）当事人一方或者双方是外国人、无国籍人、外国企业或者组织的；

（二）当事人一方或者双方的经常居所地在中华人民共和国领域外的；

（三）标的物在中华人民共和国领域外的；

（四）产生、变更或者消灭民事关系的法律事实发生在中华人民共和国领域外的；

（五）可以认定为涉外民事案件的其他情形。

另外，人民法院审理涉及我国香港特别行政区、我国澳门特别行政区和我国台湾地区的商事诉讼案件，可以参照适用涉外商事诉讼程序的特别规定。

二、不同类型的"涉外"债权债务处理

1. 与中国公民在中国境内发生的债权债务关系，债务人欠债后到境外的情况

> 典型案例

白某与黄某是发小，2021年8月13日晚，白某接到黄某的电话，称急需资金周转，向白某借款25万元，并答应一周后归还。白某先后5次将25万元

借款通过银行转账方式转给黄某。黄某未按约定期限还款，后经白某多次催讨，黄某均以各种理由拖延。

2021年9月底，白某诉至法院。法院经审理，判决黄某偿还25万元借款及利息。2021年12月，律师接受白某的委托向法院申请了强制执行，经查，被执行人黄某名下暂无财产可供执行。

2022年1月，黄某留学国外，律师发现黄某的朋友圈发布了境外旅游、佩戴名表及享用名贵烟酒的小视频和图片，遂向法院提交申请，请求法院向黄某发出限制消费令，并将黄某的微信名片推送给法院执行人员，法院通过微信向黄某送达了执行通知书、财产报告令、限制消费令等，督促其尽快履行生效判决确定的义务。但黄某仍未按法院要求在指定期间申报财产，也不主动履行还款义务。2022年3月7日，法院依据律师提出的申请，将黄某列入失信被执行人名单并处以3000元罚款。

2022年4月8日，律师在向执行法院跟进案件执行情况时获取法院网络查控系统反馈的与黄某关联保单的大致情况，遂立即向法院提交了调查令申请，律师通过调查黄某的保单详情，发现黄某的母亲作为投保人为黄某购买了4份保险。律师通过微信与黄某联系，告知其已获悉上述保险信息及未来可能对该财产权益申请法院采取强制性措施等。黄某听到要惊动母亲，不再沉默，连声承诺会尽快还款。半个月内，黄某将案涉本金和应付利息全部履行完毕。

上面的案例告诉我们，针对债务人有能力支付却没有主动还款，在形式上债务人无财产可供执行的情况下，债权人可以积极收集债务人的财产线索或能反映债务人有履行能力的信息并及时向执行法院提供，从而实现官司打赢了、钱也回笼了的实际效果。

相关规定

《最高人民法院关于限制被执行人高消费及有关消费的若干规定》

第一条 被执行人未按执行通知书指定的期间履行生效法律文书确定的给付义务的，人民法院可以采取限制消费措施，限制其高消费及非生活或者经营必需的有关消费。

纳入失信被执行人名单的被执行人，人民法院应当对其采取限制消费措施。

第四条 限制消费措施一般由申请执行人提出书面申请,经人民法院审查决定;必要时人民法院可以依职权决定。

《最高人民法院关于公布失信被执行人名单信息的若干规定》

第一条 被执行人未履行生效法律文书确定的义务,并具有下列情形之一的,人民法院应当将其纳入失信被执行人名单,依法对其进行信用惩戒:

(一) 有履行能力而拒不履行生效法律文书确定义务的;

(二) 以伪造证据、暴力、威胁等方法妨碍、抗拒执行的;

(三) 以虚假诉讼、虚假仲裁或者以隐匿、转移财产等方法规避执行的;

(四) 违反财产报告制度的;

(五) 违反限制消费令的;

(六) 无正当理由拒不履行执行和解协议的。

2. 与外国公民在中国境内形成的债权,怎么追债?

> **典型案例**

2018年3月,阿牛与约翰在呼和浩特市通过微信商定碧根果买卖事宜。2019年6月,阿牛将碧根果分两批次各6000件发往约翰所在的国家,每件单价238元。约翰收货后陆续付款人民币990000元,余款人民币438000元未付。约翰曾提出第二批货物等级与订货时所看图片不一致,阿牛表示可将货物退给其在当地的合作伙伴大伟,约翰未退货。协商中,约翰称所剩货物以380000元赔本贱卖。那么,阿牛应该在哪个国家维权呢?

> **法律分析**

《中华人民共和国涉外民事关系法律适用法》第四十一条规定:"当事人可以协议选择合同适用的法律。当事人没有选择的,适用履行义务最能体现该合同特征的一方当事人经常居所地法律或者其他与该合同有最密切联系的法律。"这个规定的意思是,当事人在订立合同时可以协商出现争议时选择适用哪个国家的法律,对此没有约定的,应适用履行买卖合同义务最能体现合同特征的一方当事人经常居所地法律或其他与该合同有最密切联系的法律。

具体到本案中，买卖合同订立于呼和浩特市，法院认为中华人民共和国的法律与该合同有最密切联系，故本案应适用中华人民共和国法律，最终法院判决支持了阿牛的全部诉讼请求。

律师支招

中国公民与境外其他国家的公民发生合同关系时，在订立合同前首先要和对方就发生争议时选择法律适用问题作出约定，或者在合同中明确合同签订地，为将来履行合同中可能发生的争议在自己住所地法院维权解决做好铺垫，以减少可能要去境外追债产生的维权成本。

3. 外国人怎么在中国要账？

典型案例

大山是英国人，2021 年 5 月，就一环保项目工程，投资马六公司人民币 300 万元，工程结束后，马六公司迟迟未按合同约定返还投资款，也未支付收益部分，双方经几次协商，均因收益部分未达成共识而无果，大山找其英国的律师朋友代为起诉。法院以案件系涉外民事案件、英国律师代理诉讼不符合法律规定为由不予受理。

法律分析

大山的账应该怎么去要呢？根据《最高人民法院关于适用〈中华人民共和国民事诉讼法〉的解释》第五百二十条的规定，当事人一方或者双方是外国人、无国籍人、外国企业或者组织的，人民法院可以认定为涉外民事案件。具体到本案中，因大山是外国人，所以其提起的诉讼系涉外民事诉讼，针对涉外民事诉讼案件，《中华人民共和国民事诉讼法》关于涉外民事诉讼程序的特别规定是，外国人在法院起诉，需要委托律师代理诉讼的，必须委托中华人民共和国的律师，故大山委托其国家的律师朋友代理在中国的诉讼事宜，显然不符合中国的法律规定。后大山委托中国的律师代理，从英国托交的授权委托书，经英国公证机关证明，并经中国驻英国使领馆认证，在 2023 年 1 月终于收回了投资款及投资收益。

律师支招

外国人在中国提起民事诉讼，如果需要委托诉讼代理人，必须委托中国的律师，且从外国寄交或托交的授权委托书，必须经其所在国公证机关证明，而且须经中国驻该国使领馆认证，或者履行中国与该所在国订立的条约中规定的证明手续。（1）外国人、外国企业或者组织的代表人在人民法院法官的见证下签署授权委托书，委托代理人进行民事诉讼的，人民法院应予认可。（2）外国人、外国企业或者组织的代表人在中华人民共和国境内签署授权委托书，委托代理人进行民事诉讼，经中华人民共和国公证机构公证的，人民法院应予认可。（3）当事人向人民法院提交的书面材料是外文的，应当同时向人民法院提交中文翻译件。当事人对中文翻译件有异议的，应当共同委托翻译机构提供翻译文本；当事人对翻译机构的选择不能达成一致的，由人民法院确定。（4）涉外民事诉讼中的外籍当事人，可以委托本国人为诉讼代理人，也可以委托本国律师以非律师身份担任诉讼代理人；外国驻华使领馆官员，受本国公民的委托，可以以个人名义担任诉讼代理人，但在诉讼中不享有外交或者领事特权和豁免。

相关规定

《中华人民共和国民事诉讼法》

第二百七十四条 外国人、无国籍人、外国企业和组织在人民法院起诉、应诉，需要委托律师代理诉讼的，必须委托中华人民共和国的律师。

第二百七十五条 在中华人民共和国领域内没有住所的外国人、无国籍人、外国企业和组织委托中华人民共和国律师或者其他人代理诉讼，从中华人民共和国领域外寄交或者托交的授权委托书，应当经所在国公证机关证明，并经中华人民共和国驻该国使领馆认证，或者履行中华人民共和国与该所在国订立的有关条约中规定的证明手续后，才具有效力。

4. 债务人是外国人或债务人的资产在国外的债权怎么追讨？

有些债权债务关系形成于中国人与外国人之间，债务人为外国人；有些国内的债务人，为逃避债务，选择将家产转移海外。上述债务人在中国域外、资产也在域外的情形，给中国境内的债权人进行债务追偿和资产追回造成了相当大的难度。

> **典型案例**

2015年1月，冀州公司与某几内亚装修公司在一次交流会上相识，并开始洽谈合作。2015年3月，冀州公司向某几内亚装修公司出口一批装饰装修建材，约定的付款方式为：某几内亚装修公司支付100000美金的预付款，尾款见提单复印件支付。货物发运后，某几内亚装修公司迟迟不支付，最后彻底失联。失联前双方公司的法定代表人之间签订了一份还款协议。

2021年8月，冀州公司委托律师进行催收。王律师调查发现，某几内亚装修公司在2014年已被当地工商局吊销了营业执照，所以某几内亚装修公司与冀州公司的业务处于违法经营、无证经营状态。鉴于双方法定代表人之间签订了还款协议，律师于2021年9月向某几内亚装修公司的法定代表人个人发送催收函，并通过打电话、发微信等多种方式跟进催收进程。2021年10月底，某几内亚装修公司迫于压力与律师联系，但表示自己资金周转困难，无力支付欠款。律师多次从信用和法律层面对某几内亚装修公司施压，最终某几内亚装修公司迫于压力开始协商还款事宜，于2022年年初支付冀州公司尾款。

> **典型案例**

小花经营小额贷款公司，小美多年做连锁餐饮，因周转资金需要，小美陆续从小花的公司借款380万元，但因连续投资失败，导致小美债务缠身。2021年8月，小美携全家移民澳大利亚，移民前将全部家产同时转移。小花通过打电话、微信沟通等多种方式追要借款，小美均没有积极回应。对于这笔钱，小花该怎么追讨呢？

经咨询律师，为节约维权成本，小花委托了澳洲律师在澳洲法院进行债务追偿。律师在正式起诉之前，先向小美发出了一封催款信。小美收到该催款信后，仍然采取沉默、不回应的策略。根据律师的要求，小花填写了一份起诉书，并由律师将其提交给有管辖权的法院登记处登记，至此，迫于压力，小美归还欠款，小花最终追回了380万元的借款本金及相应利息。

> **律师支招**

对于类似境外债权的追讨，运用好催款信是实现回款的关键动作。催款信发出的前提是债务人欠债不还，并且几经债权人催要无果，这通常是启动法律程序前的最后一步。催款信要说清楚欠款金额、欠款事实以及需要支付的时间。它通常包括一个警告，即如果在指定的日期前不支付款项，债权人将采取法律行动。催款信应列明以下内容：

1. 所欠金额的细节，所欠的工作或货物以及要求付款的日期；
2. 文件的副本，如合同、发票、催款信及任何其他相关信件；
3. 在所提出的付款要求没有得到满足的情况下，债权人将考虑采取的任何法律行动。

债权人需要保留好催款信的副本作为记录，因为启动法律程序时会需要。最好的办法是通过邮寄以及电子邮件发送催款信，以确保对方能接收到。如果催款信中表明债务在指定日期前没有得到满足，就会在没有通知的情况下采取法律行动，那么，债权人并不需要等待对方的回应，在该日期到期后即可采取法律行动。所以，有时候催款信在商业诉讼实务中被认为有一定的警示作用。

在催款信发出后的要求日期内，债务人如果还想将业务做到可持续发展，债务人就会积极回应债权人，从而实现和解解决。如果债务人属于债多了不还型，催收信之后，紧接着就得通过法律程序去实现债权了。

为避免境外公司、个人逃债，在和境外公司、个人发生业务合作之前，应尽可能多地收集客户的相关信息，或向对方索要其公司注册登记文件等，判断对方公司真实情况；如遇大额交易，或对客户不放心，可对客户做详细的资信调查，通过调取对方的企业信用报告，进行多方信息交叉验证，像本案件中的无证经营，通过报告查询完全可以避免。遇到债务人恶意拖欠，自行催收一定期限无果（两三个月内），应及早委托专业人员清收。

综上，涉外类债权债务，在债务人出现不接电话、不回短信等释放恶意赖账的信号后，要及时催收，或找专业机构追收，方能实现快速回款的效果。

第十九计　要账的两条路之最优解

作者的话

> 无论您想与不想，无论您怎么想，当面临欠款问题时，摆在您面前的只有两条路，一条路是和解，另一条路是打官司。不管是个人之间还是合作伙伴之间，我们讲究的都是以和为贵，所以当面临欠款问题时，解决的路径也是以和解为主，如果和解成功，既能快速的解决事情，又能不伤及各方情面；如果最后没有和解成功，可以再通过诉讼来主张自己的权益。所以和解是解决欠款问题的最优解，当然，和解有方法，也有规律，只有在遵循方法和规律的前提下，才能获得收回欠款的更大可能性。和解又称之为调解，是使用谈判方式和策略来促使对方偿还债务。

一、基本理念

安全：可实现。是指通过谈判，以及相关法律文件的签署，确保客户利益诉求可实现。

快速：回款快。是指通过谈判，使客户与对手免于诉累，客户回款能够较为快速到位。

双赢：关系好。是指通过谈判，为客户与对手制定双赢方案，尽量保持双方关系良好。

二、基本原理

调解、谈判案件是否能够成功，主要取决于两个因素：一是对手的履行能力；二是对手的调解意愿。因此，在我们启动调解流程前，需要先判断对手分类。所谓谈判，是先判后谈——先做好判断，再进行谈判。

三、和解流程

流程一：调查对手履行能力

初查履行能力：只要对手未出现失信、限高、终止本次执行等情况的，初步视为具备履行能力。

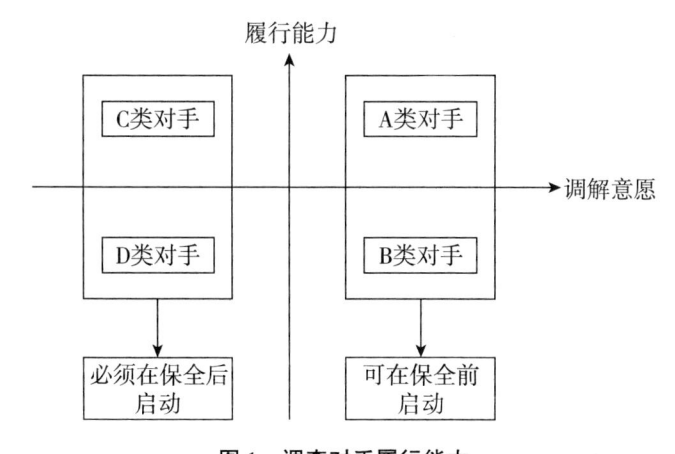

图1　调查对手履行能力

流程二：确认对手调解意愿

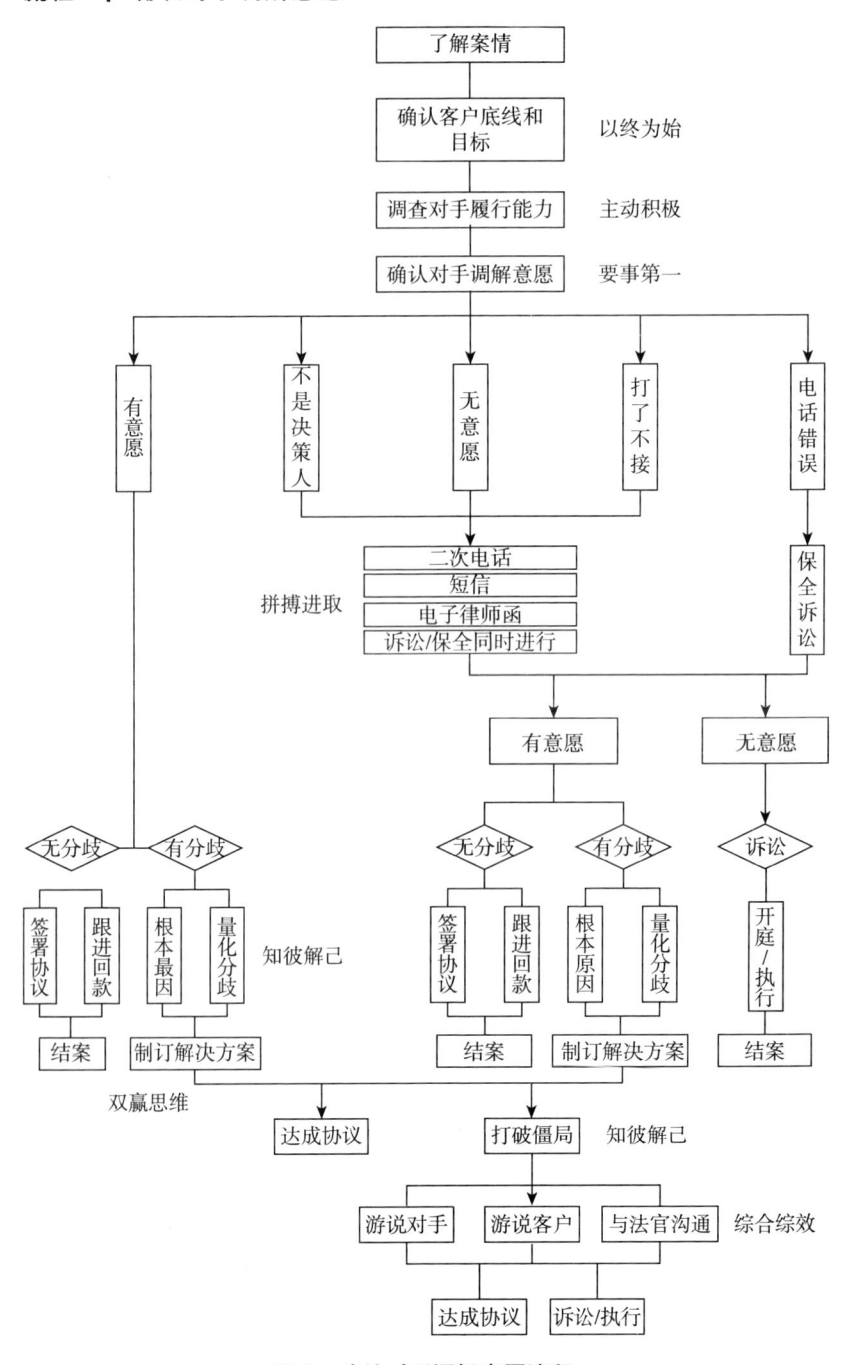

图 2　确认对手调解意愿流程

流程三：沟通解决方案

1. 开局流程

在首次与对手进行沟通时，需按照如下结构，开启良好的对话窗口：

（1）开局破冰

话术示例：××您好，我是××律师事务所调解委员会。××将他与您的案件委托我们律所，按照我们律所的办案程序，在正式提起诉讼前，都会由我们调解委员会主动联系，看看是否能够帮助双方协商解决这个争议。所以，我们给您来电，是想询问您，是否有意向通过协商、沟通的方式来解决您与××的案件？

（2）营造氛围

话术示例：之所以在这个阶段不是办案律师与您沟通，而是由我们专门设置的调解委员会沟通，就是想站在中立的立场上，为双方寻求一个双赢的解决方案。尽量帮助双方和平、圆满的解决双方的误会和争议。

（3）建立信任

话术示例：您愿意跟我沟通一下，一直没有给××付款的具体原因吗？看看我能从中帮您什么忙？

对方沟通意愿表

意愿类型	有意愿	无意愿	不是决策人	不接电话	电话打不通
应对策略	推进签约	激发意愿			推进诉讼保全

按照以上结构，完成与对手的第一阶段沟通后。可能会出现上表列出的几种情形，我们需要针对不同的情形分别采取不同的措施，推进调解继续进行，针对有意愿对手，按照如下的中局流程和结局流程进行推进：

情形1：针对有意愿情形

对于有意愿调解的对手，通常会出现对我方主张有分歧和无分歧两种情况。

（1）无分歧：快速签约，跟进回款。

注意事项：①尽快确认协议条款；②及时与客户反馈关注进展和工作成

果；③尽快签署调解协议，协调律师和法院出具调解书；④关注、跟进回款；⑤关注律所代理费的支付。

（2）有分歧：追溯根因，量化分歧

在第一阶段，完成了开局破冰—营造氛围—建立信任之后，需要按照以下流程，推进与对手的沟通。我们将这个阶段的沟通，定义为中局沟通流程。

2. 中局流程

（1）倾听陈述

需要集中精力听取对方的陈述，不要轻易打断对手的发言。此环节的目的有三点：第一，如对手觉得其委屈或者有难处，让其有一个释放情绪的通道。第二，收集对己方有利的敏感信息。例如，"我在审批银行贷款，我不希望诉讼影响我招投标"等。建立信任后，在对方倾诉的过程中，不可打断对方的发言。第三，了解对方未付款的理由以及存在的分歧，以便于在接下来的对话中，有针对性地进行引导、确认和说服。

（2）总结复述

在对方倾诉完毕之后，我们需要总结复述对方的观点，并与对手确认。如果对手未确认，又进行了相关陈述，则我们需要继续倾听，根据对手前后沟通的信息，再次进行总结复述。

具体的技巧为：第一，如果有情绪和抱怨的，我们应当先稳定情绪，表达理解和收到；第二，总结复述对方的意见，按照无分歧事项—较小分歧事项—较大分歧事项的逻辑顺序进行总结复述。原因在于，可以在接下来的对话中，顺着分歧较大的事项，探寻根因和进一步量化分歧，以便于不断地消除、缩小分歧氛围。最终，提供双赢的解决方案。因此，该环节，需要按照接收情绪—总结无分歧事项—总结较小分歧事项—总结较大分歧事项的逻辑顺序来进行。

（3）探寻根因

在对方确认了我方的总结陈述之后，我们可以用双方分歧较大的事项为切入口，询问对手为何会对该部分有如此大的不满和意见？此环节的目的是找到双方分歧的根本原因。只有确认了根本原因，才有可能提供合理的双赢方案。

(4) 量化分歧

在探寻根因结束之后，调解专员可根据对手陈述的情况，首先总结双方分歧的类型。分歧类型一般分为四种：第一，金额上的分歧；第二，时间上的分歧；第三，事实上的分歧；第四，法律上的分歧。

如果是金额上的分歧和时间上的分歧，则需要调解专员，先向对手明确无分歧的金额或时间；再向对手明确有分歧的金额或时间。以便于尽可能地缩小分歧范围，提供解决方案。

如果是事实上的分歧或法律上的分歧，调解专员只需要与对手确认该分歧，并结束通话。与客户、律师进一步沟通，确认能否将已知的事实或法律上的分歧，量化为金钱或时间上的分歧。

(5) 方案沟通

在与对手第一次沟通过程中，如果双方分歧为金额或时间上的分歧，且已被量化和确认，则可以直接针对该分歧提供解决方案；如果双方分歧为事实或法律上的分歧，则需要结束本次通话，与律师、客户，确认相关证据或法律依据，进一步将事实或法律上的分歧转化为金额或时间上的分歧。在分歧被量化后，制定出相应的解决方案，再次与对手进行沟通，给对方发送同类案件判例。

(6) 达成共识

不论是第一次沟通时，已对解决方案达成合意，还是第二次沟通时达成合意，在通话结束前，均需要与对手确认双方最终达成的条件和解决方案。

(7) 锁定时间

在与对方确认双方达成的共识后，需要锁定签署协议的时间。尽快高效推进调解协议签署和调解书的出具。和解协议支付时间为 3 天—7 天—15 天—30 天—3 个月之内付款，最长不得不超过 1 年时间。超过 1 个月付款周期的需要法院出具调解书。

3. 结局流程

(1) 客户反馈

在与对手达成共识并锁定时间之后，需在第一时间向客户反馈沟通情况。

并告知客户接下来签署协议所需要他进行配合的事项。

（2）制作文书

协调律师，对已达成合意的案件，进行法律文书制作、并联系法院出具调解文书。

（3）关注回款

根据协议书或调解书的内容，关注客户的回款情况，如有异常应及时提示对手。如案件存在风险代理的代理费的，则在客户回款后，关注我方的代理费支付。

情形2：针对无意愿、不是决策人、不接电话情形

针对无意愿、不是决策人、不接电话的对手，按照激发意愿流程推进。激发意愿流程推进结束后，按照有意愿的谈判流程（开局流程—中局流程—结局流程）或无意愿的诉讼流程继续推进。激发意愿流程分为以下几个关键动作：

动作1：发送短信

如第一次沟通后出现了对手无意愿、不是决策人或不接电话等情形，则需要我们针对不同情形，发送短信。在短信中，适当释放震慑型筹码。比如，对手接收到短信后，重启对话窗口，可以按照上述开局流程—中局流程—结局流程推进。

动作2：发送律师函

如发送短信之后，对手仍拒绝沟通，则需制作律师函（内附二维码：限高消费影响），并通过电子律师函的形式发送给对方。发送电子律师函的注意事项：

（1）需列明事实和法律依据，让对方知晓即便诉讼，其需要承担的法律后果是有充足的事实和法律依据的。

（2）需释放震慑型筹码，告知对手如果被列为失信被执行人，对其生产、生活的影响，如限制高消费、限制招投标、限制贷款等，还需附失信被执行人子女就读私立学校受限的规定及新闻，以及目前的悬赏提供财产线索的报道和法律依据。在律师函中，需尽量在法律后果方面，从生产、生活影响、声誉、商誉等因素综合考量，通过正确的震慑型筹码和正确的释放方式，激发对手重启谈判对话窗口。

确定对方收到了律师函以后，在 24 小时之内联系对方，如能重启谈判对话窗口，则按照上述开局流程—中局流程—结局流程推进。

动作 3：同时进行诉讼、保全

在第一次电话沟通后，可直接启动诉讼和保全程序。比如，在动作 2 和动作 3 推进时，对方重启对话窗口，则双方均可在诉讼程序中推进调解书的签署。如对方未能重启对话窗口，则我们可以在保全后的庭前调解程序中与对方展开沟通调解。

起诉保全后，在收到立案短信或者受理通知书资料以后，拍照发送给对方，催促对方和解，如能重启谈判对话窗口，则按照上述开局流程—中局流程—结局流程推进。

流程四：打破僵局

按照流程三，在确认意愿、沟通解决方案完成后，双方仍未达成合意的，视为调解谈判进入僵局。因此，针对打破僵局，分为三个动作或三个选择，视案件的具体情况，选择其中一个或选择多个来解决僵局问题。

1. 游说对手

在我方客户拒绝让步的前提下，委婉地、有针对性地向对手释放震慑型筹码，使得对手与我方达成合意。

2. 游说客户

游说客户做一些让步，以达成对手与客户同时让步、缩小分歧的目的，在中间值达成合意。

3. 与法官沟通

开庭传票确定开庭日期前一周再次致电对方是否和解，如能重启谈判对话窗口，则按照上述开局流程—中局流程—结局流程推进。在双方无法达成合意的情况下，可联系法院，告知法院调解员或法官，双方目前仅存的争议是什么，之前做出的调解沟通工作是什么，希望法院帮助调解。

第二十计　强制执行的步骤（最强"老赖"黑名单）

作者的话

> 经常有人会问：法院都判决他给我钱了，为什么他还不给我钱啊？那个人就是个"老赖"，也有人会说：为什么我花了钱打了官司还是拿不到钱？还有人说：他的钱都转到他老婆名下了，能不能查他老婆名下的财产？限制高消费和失信对"老赖"有什么影响？判决书下来是不是就意味着可以拿到钱了？

1. 确定判决生效的时间，欠款人到底应该什么时间履行判决确定的给付义务？

典型案例

小张于2022年7月18日收到法院邮寄过来的判决书，判决内容为：小刘和小韩于判决生效后10日内给付小张借款120万元，案件受理费由小刘承担，如不服本判决，可在判决书送达之日起15日内，向法院递交上诉状，并按对方当事人的人数或者代表人的人数提出副本，上诉于某中级人民法院。小张于2022年7月28日去找法官申请强制执行，却被法官告知该判决书还没有生效，还在上诉期内，让小张回去耐心等待，小张于2022年8月15日去找法官，法官还是说判决没有生效，因为现在还在履行期内，小张又于2022年8月26日再次找法官申请执行，法官说还是没有生效，因为小韩的判决书没有送达到被退回法院了，需要再次送达，被告小韩签收时间是2022年8月3日，判决生效时间是2022年8月29日，小张百思不解，判决明明写了10天，都等了一个月了，为什么判决还没有生效？为什么还不能执行？

法律分析

判决书中一般都会写：判决被告××于本判决生效后十五日内给付原告××欠款××元及违约金。如不服本判决，可在判决书送达之日起十五日内，向本院递交上诉状，并按对方当事人的人数或者代表人的人数提出副本，上诉于某中级人民法院。

计算判决生效的时间从原（被）告签收之日起（如果多个原告或者多个被告以最后一个签收日为准）开始计算15天是上诉期，过了15天的上诉期才会进入履行期，履行期一般为10—30天，过了上诉期和履行期之后（如果涉及公告送达的以公告日期满后计算履行期），法官才会开具生效证明，证明本判决已经生效可以启动强制执行程序。

2. 错过执行时效，后果要自负。

典型案例

刘某诉张某买卖合同纠纷一案，经法院出具判决确认：张某于2016年6月30日前一次性付清刘某货款64万元，2019年11月20日，刘某一直没有等到张某给付的货款，经过跟法官沟通后遂向法院申请执行，执行过程中，张某提出执行异议，认为刘某申请强制执行已经超过了法律规定的申请执行期限，应予驳回，执行法院认为，生效民事判决书确定，刘某的债务履行期限是2016年6月30日，根据《中华人民共和国民事诉讼法》规定，刘某向法院申请强制执行的期间应当从2016年6月30日起计算至2018年6月29日止。但刘某于2019年11月20日才向法院申请执行，已经超过了法律规定的申请期限，异议人主张执行异议成立，遂裁定终止本案执行，刘某不服，向中级人民法院申请复议，未获支持。刘某仍不服，向省高级人民法院申诉，认为其在两年内虽然未申请法院执行，但曾向张某主张过权利，因此并未超过申请执行期限。经过省高级人民法院审查，刘某虽然说向张某主张过权利，但是没有提交任何证据，法院不予支持。

法律分析

《中华人民共和国民事诉讼法》规定，申请执行的期间为两年，申请执行时效的中止、中断，适用法律有关诉讼时效中止、中断的规定。实践中，很多申请执行人在两年期间内如果仅仅是向被执行人主张债权，而没有向法院申请执行，此时并不构成申请执行时效的中断。

3. 强制执行还需要立案吗？为啥都判决了还让我再立案啊？法官说他已经结案了，可我钱还没有拿到。

典型案例

小明拿着法院的生效判决书找到法官，请求法官让被告还钱，被告知需要再去立案窗口立案，因为法官这边已经结案了，小明到立案窗口咨询，被告知不但要重新立案，还需要写强制执行申请书、提供生效证明、提供送达地址确认书、提供财产线索。

法律分析

一般法院会分为审判庭和执行局，执行局就是专门负责在判决作出后，被告不能如期履行时需要强制执行的机构。首先，判决生效后需要到法院执行立案，执行立案一般是在立案窗口，有的法院是在执行局立案，需要的材料有：执行申请书、判决书、生效证明（部分法院需要裁判法官在系统上点击生效）、个人身份信息、限制高消费申请书、纳入失信申请书、申报财产线索、送达地址确认书，准备好这些材料在立案窗口立案后，一定要记得拿到立案受理通知书、询问分配执行法官时间、执行局电话等，如果立案15天内没有消息，要去立案庭查询，或者通过电话拨打12368查询。

4. 执行立案后，多久可以拿到钱？我还需要做哪些工作？

典型案例

A公司与B公司买卖合同纠纷一案，法院判决确定B公司支付A公司货款782314元，A公司于2019年8月1日向法院申请强制执行，此后，A公司忙于经营，公司法务也因为工作调动去了别的项目，直到2020年2月3日，A公司突然收到法院终本裁定书，裁定显示"因被执行人B公司在法律文书确定的期限内未履行给付义务，申请执行A公司于2019年8月6日向我院申请执行，我院立案后，于2019年9月24日向被执行人B公司送达了执行通知书、报告财产令、财产申报表等法律文书，并通过最高人民法院总对总网络查询系统对被执行人银行账户、不动产登记、车辆登记等信息进行查询。未发现被执行人有可供执行财产，申请执行人亦未能向本院提供被执行人有可供执行财产的线索，本院裁定如下：终结本次执行程序"。

法律分析

作为申请人有向法院提供被执行人财产线索的义务，在法院立案后，一定要在30天内提交被告财产线索，要求执行法官对被告名下所有财产进行查询，包括银行账户、微信账户、支付宝账户、医保账户、不动产、车辆、股票、基金、证券、保险等，并向执行法官要查询查控反馈结果。

5. 被执行人公司名下没有财产，但是被执行人有好几家公司，法院为什么说不能执行？

典型案例

申请人赵××与被执行人北京×××物流有限公司机动车交通事故责任纠纷一案，法院判决确定北京×××物流有限公司赔偿赵××731694元。判决生效后，被申请人拒绝履行判决义务，申请人已向法院申请强制执行。现申请人查明张××为个人独资企业北京×××物流有限公司的法人及股东，并持有北京×××物流有限公司100%的股权，北京×××物流有限公司所有盈利也归其所有。根据《最高人民法院关于民事执行中变更、追加当事人若干问题的规定》第十三条第一款之规定"作为被执行人的个人独资企业，不能清偿生效法律文书确定的债务，申请执行人申请变更、追加其投资人为被执行人的，人民法院应予支持"，申请人现申请追加张××为被执行人。法院认为作为被执行人的一人有限责任公司（或者个人独资企业），财产不足以清偿生效法律文书确定的债务，股东不能证明公司财产独立于自己的财产，申请执行人申请变更、追加该股东作为被执行人，对公司债务承担连带责任的，人民法院应予支持，裁定：追加张××（公司法人股东）为该案被执行人。

法律分析

如果被执行人系公司，一定要查清公司性质和经营模式、股东情况、最终收益；如果是一人有限公司、自然人独资企业或者个体工商户，一定要第一时间追加涉案公司股东、法定代表人、实际经营者或者最终受益人为被执行人，承担涉案欠款给付责任。

6. 法官说给他上了黑名单了？什么是黑名单？为什么他的微信转账还可以用？

> 典型案例

小霞和小明民间借贷纠纷一案，2017年9月18日，法院出具判决书，判决确定小明于判决生效10日内给付小霞借款67万元，因小明未能履行判决确定的给付义务，小霞向法院申请强制执行，执行法官查询之后告知小霞需要提供小明明确的财产线索，因小霞不能提供明确的财产线索，法院告诉小霞，法院对小明实行限高消费措施后终结本次执行程序。几个月后，小霞通过朋友打听得知小明的微信转账账号一直没有被冻结，且可以自由转账，小霞很诧异这到底是怎么回事？法官说已经都冻结了啊！

> 法律分析

现今社会微信和支付宝支付已经成为人们生活中的一种习惯，但是微信和支付宝也存在不足，2018年之前，法官冻结微信账户，只能足额冻结，如果微信钱包的钱不够冻结额度，只要交易金额不超过冻结金额还是能正常交易的，后来执行力度加强，微信和支付宝冻结可以实时冻结，但是只能冻结债权人本人名下的微信和支付宝账户，如果债权人用家人的身份证注册的微信号或者支付宝账户都是可以正常使用的，且不影响交易。

7. 法院查封了他的车辆，但是法官为什么还说执行不了？

> 典型案例

万先生与北京×××运输有限公司机动车交通事故责任纠纷一案，法院判决确定北京×××运输有限公司赔偿616471元，法官在执行过程中发现北京×××运输有限公司名下有挂靠货运车辆10多辆，法官对其名下车辆作了查封，但是2年过去了，还是一分钱也没有执行到，万先生找到法官，法官告知万先生因为没有控制车辆，且没有在有效期内续封，申请人应于查封期限届满7日前向法院提出书面续冻结、查封申请。因冻结、查封期限届满导致冻结、查封的账户及财产自动解除冻结的后果由申请人承担，现在车辆是解封状态，需要恢复执行后才能再次查询车辆情况，并需要万先生提供有效的执行线索才可以再次启动查询。

法律分析

在执行过程中的车辆查封，如果没有控制车辆，法官查封的仅仅是车辆的买卖和过户的手续，不影响车辆所有人正常使用，法院查封的车辆可以正常年检使用。法院查封对当事人的财产或者争议的标的物采取的是一种限制权利人处分的强制性措施，故对被法院查封的车辆，只是影响车辆所有人或者有权处分的人处分权利，而不会影响到车辆的正常使用及年检。

如果找到车辆所在的具体位置，可以第一时间联系执行法官执行并移交车辆到法院停车场，然后再进行评估、拍卖、执行、发放执行款项。

8. 被执行人死亡了，我应该向谁要这笔欠款？

典型案例

申请人杨××与被执行人刘××机动车交通事故责任纠纷一案，法院判决确定被执行人赔偿申请人283294.67元，判决生效后，被申请人拒绝履行判决义务，申请人向法院申请强制执行，因被执行人于2021年3月3日死亡，根据《最高人民法院关于民事执行中变更、追加当事人若干问题的规定》第十条的规定，作为被执行人的自然人死亡或被宣告死亡，申请执行人申请变更、追加该自然人的遗产管理人、继承人、受遗赠人或其他因该自然人死亡或被宣告死亡取得遗产的主体为被执行人，在遗产范围内承担责任的，人民法院应予支持。申请人现申请追加刘甲、刘乙、刘丙、为本案被执行人，2021年6月28日，法院出具裁定书，裁定受遗赠人刘甲、刘乙、刘丙为本案被执行人，在遗产范围内对本赔偿款承担给付责任。

法律分析

作为被执行人的自然人死亡或被宣告死亡，申请执行人申请变更、追加该自然人的遗产管理人、继承人、受遗赠人或其他因该自然人死亡或被宣告死亡取得遗产的主体为被执行人，但是如果被执行人故意放弃遗产继承，这个时候我们就要做好执行不能的准备了。

9. 法官说这是被告的养老金、保险账户？为什么不能全额执行？还要给被告预留生活费？

典型案例

申请人李××与被申请人卢××民间借贷纠纷一案，申请人李××于2022年9月13日向法院申请财产保全，申请利用网络执行查控系统，对被申请人卢××名下的银行存款及其他财产进行查询，并冻结查询到的银行存款及其他财产476049元。李××提供476049元保函作为担保。"申请人李××自被申请人卢××的收入银行账户被冻结当月起，每月垫付给被申请人卢××基本生活费604元至被申请人银行账户解冻时止"，收到这个执行裁定，李××百思不得其解。自己没有拿到钱还要垫付给被申请人604元，这到底是怎么回事？

法律分析

被执行人应得的养老金（社保账户、工资卡）应当视为被执行人在第三人处的固定收入，属于其责任财产的范围，依照《中华人民共和国民事诉讼法》之规定，人民法院有权查封、扣押、冻结、拍卖、变卖被执行人应当履行义务部分的财产，但应当保留被执行人及其所扶养家属的生活必需品。《中华人民共和国民事诉讼法》同时规定，人民法院决定扣押、冻结、划拨、变价财产，应当作出裁定，并发出协助执行通知书，有关单位必须办理。《最高人民法院关于人民法院执行工作若干问题的规定（试行）》第三十六条也规定："被执行人在有关单位的收入尚未支取的，人民法院应当作出裁定，向该单位发出协助执行通知书，由其协助扣留或提取。"依照前述规定，社会保障机构作为养老金发放机构，有义务协助人民法院冻结、扣划被执行人应得的养老金。

10. 被执行人的唯一住房且是夫妻共同所有能否被执行？

典型案例

田××与江××民间借贷纠纷一案，法院作出民事判决书且已发生法律效力。后田××向法院申请强制执行，法院于2022年4月8日作出执行裁定，裁定"查封、冻结、划拨、拍卖、变卖被执行人应当履行义务部分的财产"。刘××（江××配偶）作为案外人对执行被执行人财产（包括但不限于银行存款、动产、不动产等）不服，于2022年4月10日向法院提出书面执行异议申请，法院审查后作出执行异议裁定书，裁定："驳回刘××的异议请求。"现刘××不服上述裁定，向法院提起案外人执行异议之诉，理由如下：一、涉案被执行财产均系刘××与江××夫妻共同财产，刘××与江××目前正处于离婚诉讼析产中，对于刘××应享有的共有财产份额不应予以执行，尤其不应予以拍卖、变卖。刘××与江××于2019年登记结婚，目前正处于离婚诉讼中。名下于2020年取得的涉案房产及存款均系夫妻婚姻关系存续期间共有财产。而本案诉争标的系江××个人债务，该借款与刘××无关，其不应承担夫妻关系存续期间江××所应负担的个人债务。法院未待离婚案件析产，更未经开庭、未与刘××核实情况，便先行针对刘××所享有的个人共有份额部分予以执行，尤其于2021年6月对被执行不动产中位于"某小区×单元××层××室"进行公示网络询价结果，并出具网络询价平台出具的三份网络询价报告行为，显然违反了法律程序。法院根据法律之规定："被执行人未按执行通知履行法律文书确定的义务，人民法院有权扣留、提取被执行人应当履行义务部分的收入。但应当保留被执行人及其所扶养家属的生活必需费用"刘××认为，即使本案应当履行义务，该义务也是江××个人债务，不应侵害和剥夺刘××的权利，涉案被执行不动产是刘××唯一居住房屋，法院可以查封，但不得拍卖、变卖或者抵债。刘××获悉法院准备对涉案房产进行评估、拍卖，尤其于2022年3月已对被执行不动产中位于"某小区×单元××层××室"进行公示网络询价结果，并出具网络询价平台出具的三份网络询价报告行为。但是涉案被执行不动产是刘××仅有的唯一居住房屋。根据《最高人民法院关于人民法院民事执行中查封、扣押、冻结财产的规定》关于"对被执行人及其所扶养家属生活所必需的居住房屋，人民法院可以查封，但不得拍卖、变卖或者抵债"之规定，法院不能对涉案房产进行评估拍卖、变卖或者抵债，应依法立即停止对于涉案房产的执行行为。退一步而言，即使按照《最高人民法院关于人民法院办理执行异议和复议案件若干问题的规定》第二十条之规定及田××所述，田××

应先按照当地廉租住房保障面积标准为刘××及所抚养家属提供居住房屋后，方可对上述房产申请执行，而不仅仅是口头承诺。更何况，法院在未查明涉案财产权属的前提下，即便可以查封、扣押、冻结，也不应进行拍卖、变卖，法院已将涉案房产中的一套进行网络询价，已实质上进入了拍卖程序，其行为已违反法律规定。综上所述，刘××认为，田××与江××民间借贷纠纷案，被执行标的欠款系江××个人债务与刘××无关，恳请法院中止对本案的执行，并解封、解冻被执行财产，待双方离婚诉讼析产后，再行针对江××个人共有份额部分予以执行。

刘××向法院提出书面异议。该案审查过程中，经询问，申请执行人田××表示如涉案房屋系被执行人本人及所扶养家属维持生活必需的居住房屋，其同意参照当地房屋租赁市场平均租金标准从该房屋的变价款中为被执行人保留五年至八年租金。

一审法院认为，《最高人民法院关于适用〈中华人民共和国民事诉讼法〉的解释》第三百一十条第一款规定："对案外人提起的执行异议之诉，人民法院经审理，按照下列情形分别处理：（一）案外人就执行标的享有足以排除强制执行的民事权益的，判决不得执行该执行标的；（二）案外人就执行标的不享有足以排除强制执行的民事权益的，判决驳回诉讼请求。"根据上述规定，案外人就执行标的享有的民事权益是否足以排除强制执行，是本案的审查重点。

根据《最高人民法院关于人民法院民事执行中查封、扣押、冻结财产的规定》第十二条规定："对被执行人与其他人共有的财产，人民法院可以查封、扣押、冻结，并及时通知共有人。共有人协议分割共有财产，并经债权人认可的，人民法院可以认定有效。查封、扣押、冻结的效力及于协议分割后被执行人享有份额内的财产；对其他共有人享有份额内的财产的查封、扣押、冻结，人民法院应当裁定予以解除。共有人提起析产诉讼或者申请执行人代位提起析产诉讼的，人民法院应当准许。诉讼期间中止对该财产的执行。"根据上述规定，即便刘××主张该房产系其与江××夫妻共同财产，法院对该房产即涉案房屋采取相应的查封措施并无不当，刘××对涉案房屋享有的民事权益亦不足以排除强制执行，刘××对涉案房产的民事权益可在财产分割阶段实现。据此，即便刘××为涉案房产共有人之一，其对涉案房产享有的权利亦不足以排除对该房产的强制执行。同理，刘××即便对江××银行账户中存款享有权利，该权利亦不足以排除强制执行，刘××提出涉案被执行不动产是刘××唯一居住房屋，法院可以查封，但不得拍卖、变卖或者抵债。金钱债权执行中，符合下列情形之一，被执行人以执行标的系本人及所扶养家属维持生活必需的居住房屋为由提出异议的，人民法院不予支持：（1）对被执行人有扶养义务的人名下有其他能够维持生活必需的居住房屋的；（2）执行依据生效后，被执行人为逃避债务转让其名下其他房屋的；（3）申请执行人按照当地廉租住房保障面积标准为被执行人及所扶养家属提供居住房屋，或者同意参照当地房屋租赁市场平均租金标准从该房屋的变价款中扣除五年至八年租金的。本案中，田××已明确表示如涉案房屋确系被执行人本人及所扶养家属维持生活必需的居住房屋，同意参照当地房屋租赁市场平均租金标准从该房屋的变价款中扣除五年至八年租金。刘××以涉案房屋系其唯一居所为由要求排除执行，缺乏事实和法律依据。法院对于刘××该项意见不予支持。根据《中华人民共和国民事诉讼法》的规定，当事人有答辩并对对方当事人提交的证据进行质证的权利，本案被告江××经法院合法传唤，无正当理由拒不出庭应诉，视为其放弃了答辩和质证的权利。依照《中华人民共和国民事诉讼法》第一百四十七条、第二百三十四条，《最高人民法院关于适用〈中华人民共和国民事诉讼法〉的解释》第三百零九条、第三百一十条第一款第二项，《最高人民法院关于人民法院办理执行异议和复议案件若干问题的规定》第二十条第一款第三项的规定，判决驳回刘××的全部诉讼请求。

法律分析

系被执行人唯一住房、无证房产、被执行登记在他人名下之房产、在集体土地上未经批准建造的房屋、在租赁的集体土地上建造的厂房及厂区内的办公楼、宿舍等财产、在国有建设用地上建造的无证房屋、预售商品房都是可以在法定条件下被执行的。

11. 什么是限制高消费？

根据 2015 年 7 月 22 日起施行的《最高人民法院关于限制被执行人高消费及有关消费的若干规定》第三条规定，限制如下高消费：

(1) 乘坐交通工具时，选择飞机、列车软卧、轮船二等以上舱位；

(2) 在星级以上宾馆、酒店、夜总会、高尔夫球场等场所进行高消费；

(3) 购买不动产或者新建、扩建、高档装修房屋；

(4) 租赁高档写字楼、宾馆、公寓等场所办公；

(5) 购买非经营必需车辆；

(6) 旅游、度假；

(7) 子女就读高收费私立学校；

(8) 支付高额保费购买保险理财产品；

(9) 担任国企高管限制；

(10) 担任事业单位法定代表人限制；

(11) 担任金融机构高管限制；

(12) 担任社会组织负责人限制；

(13) 招录（聘）为公务人员限制；

(14) 入党或党员的特别限制；

(15) 担任党代表、人大代表和政协委员限制；

(16) 入伍服役限制等；

(17) 限制投标人、招标代理机构、评标专家以及其他招标从业人员招投标活动；

(18) 限制支付宝，芝麻信用等网络支付工具和授信；

(19) 限制网签备案等不动产交易行为；

(20) 限制开立新的银行账户和微信支付账户。

12. 关于"老赖"有哪些强制措施？

(1) 执行被执行人的银行存款、微信账户、支付宝账户、网络平台社交账户；

(2) 执行被执行人的机动车、船舶、航空器等运输工具；

（3）执行被执行人的不动产房产（包含无证房产、被执行人登记在他人名下之房产、在集体土地上未经批准建造的房屋、在租赁的集体土地上建造的厂房及厂区内的办公楼、在国有建设用地上建造的无证房屋、预售商品房、网签房）；

（4）执行被执行人的机器、设备等动产；

（5）执行被执行人的所在公司股权；

（6）执行被执行人的股票：包括境内上市公司股票，特别是可流通股票、基金等；

（7）强制执行被执行人的知识产权（专利权、商标权、著作权）；

（8）执行被执行人的到期债权、法院裁判权益等对应财产；

（9）执行被执行人的债券等其他有价证券；

（10）执行被执行人的金银、期货等财产；

（11）执行被执行人配偶及子女名下财产；

（12）执行被执行人手机号码、社交平台账号等；

（13）执行被执行人的保险所对应的现金价值。

第二十一计　破产申请要点

作者的话

企业已经没有可供法院执行的财产怎么办？企业的法人和股东不承担债务怎么办？企业财产被第三方侵占和破坏怎么办？企业有不能清偿的到期债务，且资产不足以清偿全部债务或者明显缺乏清偿能力的情形出现怎么办？此时，可以书面向人民法院申请破产。进入破产程序后，债权人可通过债权申报的方式追回部分损失。

从经济意义上来说，破产就是企业或者自然人存在资不抵债、无法清偿到期债务的一种状态。从法律意义上来说，破产就是指在债务人具备潜在的破产原因之时，相关权利人，如债权人向人民法院请求按照破产法律等相关规定对债务人进行债务清理的法律程序。

从法律意义上来说，破产又有狭义和广义之分。狭义的破产程序仅指破产清算程序；而广义的破产程序的范围较广，包含了破产重整、破产和解和破产清算等三个程序。

一般来讲，破产原因较为简单，就是当债务人丧失对债务的清偿能力的状态。这也是人民法院是否受理权利人对债务人提出的破产申请的审查标准，亦是破产程序启动的原因，尤其对于整个破产程序都是至关重要的。

所以，在介绍破产申请要点之前，首先要为大家详细解释作为权利人，如何确定债务人的破产原因。

一、如何确定破产原因

债务人具有破产原因是破产程序启动的前提，权利人在提出破产申请之前应当首先确定债务人是否具有破产原因。根据《中华人民共和国企业破产法》的相关规定，债务人具有破产原因的前提是不能清偿到期债务，这是债务人进入破产程序的必要条件，而选择性要件则是债务人资不抵债或者明显缺乏清偿能力，这两个要件必须具备其中之一才可能最终形成债务人的破产原因，即债务人具有破产原因的情形包括不能清偿到期债务及资不抵债，或者债务人不能清偿到期债务及明显缺乏清偿能力。

针对债务人不能清偿到期债务，主要是根据债务人是否具有清偿能力。一是债务人有清偿能力但拒不履行到期债务，如果债务人有条件履行到期债务而不清偿的，权利人即债权人可以通过诉讼等方式进行维权，而不能向人民法院申请债务人破产。二是债务人没有清偿能力形成的不能清偿到期债务，而《中华人民共和国企业破产法》规定的不能清偿到期债务就是属于第二种情形。

针对债务人资不抵债或者明显缺乏债务清偿能力的，《中华人民共和国企业破产法》将资不抵债和明显缺乏债务清偿能力作为并列条件，缺一不可。但是资不抵债明显属于债务人缺乏债务清偿能力的表现。所以一般在司法实践中，判断债务人是否具有破产原因之时首先要看债务人是否存在不能清偿到期债务的情形，其次要注意债务人是否具备清偿能力。

二、破产申请要点

通过以上对破产原因的介绍，想必大家对能否向人民法院对债务人申请破产有了详细的了解。下面，重点为大家介绍在破产程序中破产债权的申请要点有哪些。

1. 债权申报期限

人民法院在受理破产申请后，需要确定债权人申报债权的期限。除企业职工债权外的债权人，均应当在人民法院确定的债权申报期限内向管理人申报自己的债权。其实对于绝大多数的债权人来说，参与破产程序中的财产分配几乎成为实现自身债权的最后途径。而债权申报则是获得债权人资格以及参与破产财产分配的前置条件。

根据《中华人民共和国企业破产法》第十一条之规定，人民法院受理破产申请的，应当自裁定作出之日起 5 日内送达申请人。债权人提出申请的，人民法院应当自裁定作出之日起 5 日内送达债务人。债务人应当自裁定送达之日起 15 日内，向人民法院提交财产状况说明、债务清册、债权清册、有关财务会计报告以及职工工资的支付和社会保险费用的缴纳情况。根据第十四条之规定，人民法院应当自裁定受理破产申请之日起 25 日内通知已知债权人，并予以公告。

而一般在司法实践中，债权申报期限由人民法院与管理人共同协商后确定，自人民法院发布破产申请的公告及债权申报通知之日起开始计算。其实从保护债权人合法债权的角度上来说，债权申报的期限不可太短，应当让债权人有充分、足够的时间准备关于破产债权的申报材料。所以，人民法院在确定债权申报期限时会同时兼顾债权人权利保护和破产效率。

2. 债权申报通知

《中华人民共和国企业破产法》第十四条明确规定了人民法院应当通过通知和公告两种方式告知债权人，以最大限度地让所有债权人知晓债权申报事宜并及时行使权利。债权申报通知包括口头通知及书面通知两种方式，一般来讲管理人应当采用书面通知方式，通知已经知晓的债权人及时申报自己的债权。

管理人对于债务人的债务情况，可以通过查阅债务人的财务资料或者相关的合同档案等得知具体债务情况。在实践中，由于各种原因，如债务人本身的财务账册不齐全或者债务人没有向管理人交接相关的财务账册、合同档案等，管理人有可能不能全面掌握债务人的所有债权人的情况。为了防止债务人主观上将财务等相关材料不如实向管理人交接，法律便规定了对债务人此种行为的惩罚措施。即根据《中华人民共和国企业破产法》第一百二十七条之规定，债务人违反本法规定，拒不向人民法院提交或者提交不真实的财产状况说明、债务清册、债权清册、有关财务会计报告以及职工工资的支付情况和社会保险费用的缴纳情况的，人民法院可以对直接责任人员依法处以罚款。债务人违反本法规定，拒不向管理人移交财产、印章和账簿、文书等资料的，或者伪造、销毁有关财产证据材料而使财产状况不明的，人民法院可以对直接责任人员依法处以罚款。

为了防止此种情况的发生，就要求债权人密切地关注债务人的行动，及时发现并采取措施，以免错过债权申报时间。

3. 债权申报材料应当直接交予破产管理人

债权申报材料的接收人一般就是破产管理人，而非向受理债务人破产申请的人民法院申报债权。在管理人收到债权申报后必须要按照法律规定的形式进行登记和管理。也就是说，管理人应当对债权申报材料进行登记造册并进行审查，同时编制债权表。

债权人在将债权申报材料交给管理人后，管理人应当让债权人填写《债权申报通知书》《债权申报须知》以及《送达地址确认书》等相关材料给债权人，同时管理人要及时向债权人出具《债权申报回执》。

如果债权人的申报材料不完整或者存在缺陷，管理人应当一次性告知债权人并要求债权人对申报材料或者证据材料进行补正。

如果债权人申报的债权涉及诉讼，还应当提交与诉讼相关的材料原件，包括已经终止或者正在审理的案件起诉书、生效判决、执行申请等文书材料。

4. 债权申报后的变更及撤回

债权人在申报债权后、申报期限届满之前，要求对已经申报之前的性质或者数额进行变更的，应当直接向管理人提交书面申请，管理人在收到债权人变更的书面申请后应当进行变更登记。

如债权人在债权申报期限届满之后才对申报期内所申报过的有财产担保的债权不再主张财产担保或者减少债权总额的，债权人在破产财产最终分配方案出具前可以随时要求变更。如债权人在债权申报期限届满后对申报期限内所申报的债权金额增加或者作出有损于其他债权人权利的变更，管理人应当按照债权申报期限届满后补充申报的要求进行处理。

债权人在申报债权后、债权申报期限届满前，向管理人提出要求撤回已经申报的债权的，应当向管理人提交书面申请。管理人在收到债权人要求撤回的书面申请后，应当向其说明未申报债权的法律后果，并要求债权人退还其已经申报的材料。其实债权人的撤回权是根据意思自治原则，民事主体在不违反法律强制性规定的前提下，得依自己意志安排私法关系，而不受国家权力或他人非法干预。而债权人作为独立自由之民事主体，选择申报或者不申报债权以及申报债权后加以放弃，均属于自主设定变更终止民事权利义务关系的私法范畴。债权人撤回债权申报后，在破产财产最终分配完毕前仍可补充申报债权，而管理人应按照《中华人民共和国企业破产法》规定要求其承担因审查和确认补充申报债权所产生的费用。

5. 债权的逾期申报

根据《中华人民共和国企业破产法》第五十六条之规定，在人民法院确定的债权申报期限内，债权人未申报债权的，可以在破产财产最后分配前补充申报；但是，此前已进行的分配，不再对其补充分配。为审查和确认补充申报债权的费用，由补充申报人承担。债权人未依照本法规定申报债权的，不得依照本法规定的程序行使权利。债权人逾期申报的相关法律后果都有哪些呢？

（1）债权人未在申报期限内申报债权的，不再享有债权人参与破产程序的所有程序性的权利。例如，参加债权人会议的权利、表决权、异议权、决定接受破产财产分配的权利等。即根据《中华人民共和国企业破产法》第五十九条之规定，依法申报债权的债权人为债权人会议的成员，有权参加债权人会议，享有表决权。债权尚未确定的债权人，除人民法院能够为其行使表决权而临时确定债权额的外，不得行使表决权。对债务人的特定财产享有担保权的债权人，未放弃优先受偿权利的，对于本法第六十一条第一款第七项、第十项规定的事项不享有表决权。债权人可以委托代理人出席债权人会议，行使表决权。代理人出席债权人会议，应当向人民法院或者债权人会议主席提交债权人的授权委托书。债权人会议应当有债务人的职工和工会的代表参加，对有关事项发表意见。

（2）债权人未按期申报债权的，已经分配的财产不再对其进行补充分配。即使债权人在破产财产最后分配方案确定前进行了补充申报，但此前已进行过的分配仍不再对其补充分配，并且债权人应当承担因管理人审查和确认补充申报债权的相关费用。

如果债务人已经进入重整程序，债权人没有在申报期限内申报债权的，在重整计划执行期内债权人不得行使任何要求清偿债权的权利。但债权人还未丧失其要求偿还债务的实体权利，因此债权人还是享有在针对债务人重整计划执行完毕后，按照重整计划规定的同类债权的清偿条件行使自身权利。即根据《中华人民共和国企业破产法》第九十二条之规定，经人民法院裁定批准的重整计划，对债务人和全体债权人均有约束力。债权人未依照本法规定申报债权的，在重整计划执行期间不得行使权利；在重整计划执行完毕后，可以按照重整计划规定的同类债权的清偿条件行使权利。债权人对债务人的保证人和其他连带债务人所享有的权利，不受重整计划的影响。

如果债务人进入破产和解程序后，债权人未能如期申报债权，在和解协议计划执行期限内，债权人不得行使任何要求其偿还债务的权利。但债权人并未丧失其要求偿债的实体权利，因此债权人还是享有在针对债务人的和解协议执行完毕后，按照和解协议计划规定的清偿条件行使自身权利。即根据《中华人民共和国企业破产法》第一百条之规定，经人民法院裁定认可的和解协议，对债务人和全体和解债权人均有约束力。和解债权人是指人民法院受理破产申请时对债务人享有无财产担保债权的人。和解债权人未依照本法规定申报债权的，在和解协议执行期间不得行使权利；在和解协议执行完毕后，可以按照和解协议规定的清偿条件行使权利。

6. 特殊债权的申报

（1）未到期的债权

根据《中华人民共和国企业破产法》第四十六条之规定，未到期的债权，在破产申请受理时视为到期。附利息的债权自破产申请受理时起停止计息。

未到期的债权在破产申请受理之时便视为债权已到期。如果该债权约定了利息，应当一并计算债权本金及以该本金为基数至破产申请受理之时所产生的利息金额，破产申请受理后该利息是不可计入破产债权之中的。若申报债权之时未申报债务人应给付的利息、违约金等的，则视为债权人放弃此项权利主张。

（2）附生效条件的破产债权

根据《中华人民共和国企业破产法》第四十七条之规定，附条件、附期限的债权和诉讼、仲裁未决的债权，债权人可以申报。根据本法第一百一十七条之规定，对于附生效条件或者解除条件的债权，管理人应当将其分配额提存。管理人依照前款规定提存的分配额，在最后分配公告日，生效条件未成就或者解除条件成就的，应当分配给其他债权人；在最后分配公告日，生效条件成就或者解除条件未成就的，应当交付给债权人。

附生效条件的破产债权，应当按照未到期的破产债权计算债权总额。如果是附解除条件的破产债权，则应当按照普通破产债权计算债权本金及以该本金为基数至破产申请受理之时所产生的利息金额。

（3）因合同解除所产生的损害赔偿请求权

债权人因债务人或者破产管理人解除合同所产生的损害赔偿请求权的破产债权金额的，该金额应当仅限于解除合同给债权人造成的直接的、可计算的损失，不应当包括债权人的既得利益。如发生争议之时，则应当依据人民法院的生效判决来进行确认。其法律依据即为根据《中华人民共和国企业破产法》第五十三条之规定，管理人或者债务人依照本法规定解除合同的，对方当事人以因合同解除所产生的损害赔偿请求权申报债权。

(4) 对有连带责任保证的债权申报

根据《中华人民共和国企业破产法》第五十一条之规定，债务人的保证人或者其他连带债务人已经代替债务人清偿债务的，以其对债务人的求偿权申报债权。债务人的保证人或者其他连带债务人尚未代替债务人清偿债务的，以其对债务人的将来求偿权申报债权。但是，债权人已经向管理人申报全部债权的除外。根据本法第五十二条之规定，连带债务人数人被裁定适用本法规定的程序的，其债权人有权就全部债权分别在各破产案件中申报债权。

由上述法律规定可知，债务人的保证人或者其他连带债务人已经代替债务人清偿债务的，以其对债务人的求偿权进行债权申报；债务人的保证人或者其他连带债务人尚未代替债务人清偿债务的，以其对债务人的将来求偿权进行债权申报，但是债权人已经向管理人申报全部债权的除外。

也就是说，债务人的连带债务人适用《中华人民共和国企业破产法》规定的破产程序，其债权人有权就全部的债权分别在各破产案件中申报债权。连带债务人之一或者数个人申请破产的，债权人可以选择就全部债权向债务人或者各个债务人行使权利即申报债权。

通常情况下，由于破产案件的最终清偿率相对较低，债权人即使通过多个破产程序也可能难以实现全部债务的清偿。而《中华人民共和国企业破产法》之所以规定债权人或者连带责任保证法律关系中的其他连带债务人可以在破产程序中向破产债务人申报债权，主要是基于使相关债权得到最大限度的清偿，也为了能够充分实现债权人设立连带责任保证的目的。

(5) 对有财产担保债权的申报

根据《中华人民共和国企业破产法》第一百零九条之规定，对破产人的特定财产享有担保权的权利人，对该特定财产享有优先受偿的权利。根据本法第一百一十条之规定，享有本法第一百零九条规定权利的债权人行使优先受偿权利未能完全受偿的，其未受偿的债权作为普通债权；放弃优先受偿权利的，其债权作为普通债权。

根据以上法律规定，出于保证实现债权的目的，债权人与破产债务人之间在签订、履行相关合同的过程中设定了在破产债务人的特定财产上的担保物权。而根据担保物权的法律规定，其包含抵押权、质权和留置权。享有担保物权的权利人在债务人不能履行到期债务或者发生当事人双方约定的实现担保物权的条件之时，权利人依法享有就担保财产的优先受偿权。也因此，对破产债务人的特定财产享有担保权的权利人，在破产债权的申报过程中、清算中等，均享有优先受偿权。

优先受偿权在债权人申报债权时没有相关特殊的规定，其应当与普通债权一样遵守申报流程。而管理人也是依照普通债权的审核流程对有关债权进行审核。只有在破产财产分配之时，享有担保权利的债权人才可针对破产债务人的特定担保财产行使优先于普通债权受偿的权利。

这就要求债权人在破产申报有财产担保债权之时，应当特别需要注意对能够证明自己享有担保物权的相关证明材料准备充足、齐全。一旦对此问题有所忽视，就有可能丧失对破产财产的优先受偿权。

企业破产是一项独特的法律制度，通过对债权申报要点的介绍，相信大家都感受到了破产业务的实践性极强。从专业角度来看，破产法律其实涉及《中华人民共和国民法典》《中华人民共和国公司法》《中华人民共和国民事诉讼法》等诸多法律内容。一个企业（债务人）如果进入了破产程序，恐怕便是债权人实现自身债权的最后途径了。所以，在破产债权的申报上，债权人应当注意把握各个节点，了解自身持有的债权在破产程序中都享有哪些权利，从而在破产程序的债权申报之初，有针对性地做好申报工作。

图书在版编目（CIP）数据

借贷实务与要账攻略 / 北京天用律师事务所编著；王熙主编 . —北京：中国法制出版社，2024.4
ISBN 978-7-5216-4410-4

Ⅰ.①借… Ⅱ.①北… ②王… Ⅲ.①借贷-经济纠纷-研究-中国 Ⅳ.①D923.24

中国国家版本馆 CIP 数据核字（2024）第 061652 号

策划编辑/责任编辑：黄会丽　　　　　　　　　　　　封面设计：周黎明

借贷实务与要账攻略
JIEDAI SHIWU YU YAO ZHANG GONGLÜE

编著/北京天用律师事务所
主编/王熙
经销/新华书店
印刷/保定市中画美凯印刷有限公司
开本/710 毫米×1000 毫米　16 开　　　　　　　印张/15.75　字数/194 千
版次/2024 年 4 月第 1 版　　　　　　　　　　　 2024 年 4 月第 1 次印刷

中国法制出版社出版
书号 ISBN 978-7-5216-4410-4　　　　　　　　　　定价：56.00 元

北京市西城区西便门西里甲 16 号西便门办公区
邮政编码：100053　　　　　　　　　　　　　　传真：010-63141600
网址：**http：//www.zgfzs.com**　　　　　　　编辑部电话：**010-63141784**
市场营销部电话：010-63141612　　　　　　　　印务部电话：**010-63141606**

（如有印装质量问题，请与本社印务部联系。）